U0625189

乡村振兴背景下农村产业振兴研究

王雪梅　王利红　著

群言出版社
QUNYAN PRESS

·北 京·

图书在版编目（CIP）数据

乡村振兴背景下农村产业振兴研究 / 王雪梅，王利红著 . -- 北京：群言出版社，2022.11
　　ISBN 978-7-5193-0777-6

　　Ⅰ . ①乡⋯ Ⅱ . ①王⋯ ②王⋯ Ⅲ . ①乡村—农业产业—产业发展—研究—中国 Ⅳ . ① F323

中国版本图书馆 CIP 数据核字 (2022) 第 190364 号

责任编辑：侯　莹
封面设计：知更壹点

出版发行：群言出版社
地　　址：北京市东城区东厂胡同北巷 1 号（100006）
网　　址：www.qypublish.com（官网书城）
电子信箱：qunyancbs@126.com
联系电话：010-65267783　65263836
法律顾问：北京法政安邦律师事务所
经　　销：全国新华书店

印　　刷：三河市明华印务有限公司
版　　次：2022 年 11 月第 1 版
印　　次：2023 年 1 月第 1 次印刷
开　　本：710mm×1000mm 1/16
印　　张：17
字　　数：340 千字
书　　号：ISBN 978-7-5193-0777-6
定　　价：72.00 元

【版权所有，侵权必究】

如有印装质量问题，请与本社发行部联系调换，电话：010-65263836

作者简介

　　王雪梅，女，汉族，河北唐山人，中共唐山市委党校讲师，硕士研究生学历，研究方向为习近平新时代中国特色社会主义思想、"三农"问题、唐山市情研究。主持市厅级课题7项、市委决策咨询课题1项，其中有3项主持课题被省委党校鉴定为优秀课题，在省级以上刊物发表理论文章十余篇，作为唐山市"我到基层讲党课"志愿者和丰南区"走基层"巡回宣讲团成员多次到基层授课，获得广大党员和群众的广泛好评。

　　王利红，女，汉族，河北唐山人，任职于唐山市财政局，高级经济师，本科学历，研究方向为经济学、"三农"问题。工作以来，发表多篇学术论文，其中在核心期刊发表学术论文1篇，多次参与课题研究，目前为河北省会计学会会员、唐山市会计学会会长、唐山市财政投资评审专家库成员，多次被河北省注会行业、资产评估行业授予"优秀党务工作者"称号。

前　　言

民之所呼，政之所应。党的十九大报告正式提出乡村振兴战略，这是我国迈入农业农村现代化新阶段的重要标志。其中，推动农村产业振兴是实施乡村振兴战略与深化农业供给侧机构改革的关键内容，也是农民增收、农业增效的重要抓手，更是实现农业农村现代化的必经之路。

全书共七章，第一章为推进乡村振兴的重大战略导向，主要涵盖乡村振兴战略的提出、乡村振兴战略的内容、乡村振兴战略实施的要求、乡村振兴战略规划的编制等内容；第二章为实现农村产业振兴的重要意义，主要涵盖农村产业振兴的基本内涵、农村产业振兴的主要原则、农村产业振兴的重点任务、乡村产业振兴背景下推进产业振兴的意义等内容；第三章为乡村振兴战略与农村产业振兴的理论基础，主要涵盖乡村振兴战略的理论基础、农村产业振兴的理论基础等内容；第四章为乡村振兴背景下农村产业发展现状，主要涵盖农村产业发展取得的成绩、农村产业振兴面临的问题、农村产业振兴存在问题的原因、农村产业振兴的发展趋势等内容；第五章为乡村振兴背景下农村产业振兴模式，主要涵盖美丽乡村引领型、电商平台助推型、基层党组织引领型、农旅一体化带动型、纵向一体化延伸型等内容；第六章为国外农村产业振兴现状与经验，主要涵盖日本、韩国、美国、德国及荷兰农村产业振兴概况等内容；第七章为乡村振兴背景下农村产业振兴发展策略，主要涵盖新时代农村未来发展趋势、农民是产业振兴的主体、农村产业振兴发展策略等内容。

王雪梅与王利红共同撰写此书，其中第一章、第二章、第三章由王雪梅负责，共14万字，第四章至第七章由王利红负责，共20万字。

在撰写过程中，笔者借鉴了许多前人的研究成果，在此表示衷心的感谢！并真诚期待这本书在读者的学习生活以及工作实践中结出丰硕的果实。

探索知识的道路是永无止境的，本书还存在着许多不足之处，恳请前辈、同行以及广大读者进行斧正，以便改进和提高。

目　录

第一章　推进乡村振兴的重大战略导向

本章分为乡村振兴战略的提出、乡村振兴战略的内容、乡村振兴战略实施的要求、乡村振兴战略规划的编制四部分，主要包括乡村振兴战略提出的背景、乡村振兴战略提出的意义、明确总体思路、乡村振兴战略规划编制的基础与分类、乡村振兴战略规划编制的注意事项等内容。

第一节　乡村振兴战略的提出

一、乡村振兴战略提出的背景

（一）政策发展

1. 以城带乡、积极惠农

2002 年 11 月 8 日—14 日，中国共产党第十六次全国代表大会（简称"十六大"）通过了题为《全面建设小康社会，开创中国特色社会主义事业新局面》的报告。在部署农业农村工作时，报告使用了"全面繁荣农村经济，加快城镇化进程"的标题，首次把"全面繁荣农村经济"和"加快城镇化进程"并列，并要求"消除不利于城镇化发展的体制和政策障碍，引导农村劳动力合理有序流动"。从中可以看出，此时中共中央的战略思路是优先发展城镇，进而以城镇带动乡村。

中国的城乡关系之所以以 2002 年召开的中共十六大为转折点，演变的方向发生了根本性变化，是有一系列深层次原因的。具体来说，就是中国的工业化进程到了中期阶段。工业化是对一个国家、地区经济发展水平或现代化水平的总体评价，主要表现为随着工业化、现代化水平的提高而带来的人均收入的增长和经济结构的转换，并不是单纯的工业发展。具体表现为五大方面：一是国民收入中制造业所占比重上升，并逐渐占主导地位；二是制造业就业人数增加，占劳动力总量的比重不断上升；三是制造业的技术水平不断提高，产业结构不断升级；四是城镇规模不断扩大，城镇化率不断提升；五是人均收入不断增加。根据上述指标数值的不同，工业化可以被划分为不同阶段。不同发展阶段的城乡关系呈现出不同的特点：当一个国家或地区处于工业化初期阶段的时候，工业基础薄弱，主要依靠农业为其提供发展资金；进入中期阶段，工业体系基本形成，开始反哺农业；进入后期阶段，农业的自我积累能力逐渐形成，工、农两大产业的差距逐渐缩小。

很多学者研究了 20 世纪 90 年代后期和 21 世纪初期中国工业化所处的阶段，认为在 1996—2000 年整个"九五"期间，中国处于工业化初期的后半阶段，2002 年进入中期阶段，是工业化进程的转折之年。2002 年，中国国内生产总值（GDP）总量达到 12.2 万亿元，人均 9506 元，财政收入总额 1.89 万亿元，其中农业各税比例降到 4% 左右。恰恰在这一年，党的十六大召开，提出了"统筹城乡经济社会发展"的理念和政策。可见，中国共产党为了适应经济社会发展的需要，及时地提出了发展理念并转变了发展战略。在 2004 年 9 月召开的中国共产党第十六届中央委员会第四次全体会议上，胡锦涛同志首次提出了"两个趋向"的论断，即在工业化初始阶段，农业支持工业、为工业提供积累是带有普遍性的趋向；工业化达到相当程度以后，工业反哺农业、城市支持农村，实现工业与农业、城市与农村协调发展，也是带有普遍性的趋向。这一论断和我们前面分析的工业化不同阶段的工农关系是一致的。2004 年 12 月召开的中央经济工作会议指出："必须坚持把解决好'三农'问题作为全党工作的重中之重，任何时候都不能放松。"并作出"我国现在总体上已到了以工促农、以城带乡的发展阶段"的判断，同时提出"我们应当顺应这一趋势，更加自觉地调整国民收入分配格局，更加积极地支持'三农'发展。要站在全局的高度重视发展农业，动员全党全社会都来关心和支持农业"。"两个趋向"重要论断的提出，为中国在新阶段形成"工业反哺农业、城市支持农村"和"多予、少取、放活"的政策框架定下了基调，标志着国家发展的基本方略开始发生根本性转变。从 2004 年起，每年的中央一号文件都聚焦在"三农"（即农村、农业和农民）领域，实施了一系列具有"真金白银"的惠农政策。

中央财政实施的农业补贴政策从良种补贴开始。2002 年，中央财政在东北地区推广高油大豆良种补贴项目，示范面积 1000 万亩 [①]；2003 年，中央财政继续实施高油大豆良种推广补贴项目，同时实施优质专用小麦良种补贴政策；2004 年，中央一号文件要求良种补贴进一步扩大到小麦、大豆、水稻、玉米四个品种，此后，补贴资金不断增加、补贴范围不断扩大。目前已经实现水稻、小麦、玉米、棉花等主要作物品种的全覆盖，同时扩大到油菜、马铃薯、青稞、花生等作物品种。

实施种粮农民直接补贴政策，是推进粮食流通体制改革、提高种粮农民收入水平和保障粮食产出的重要举措。2004 年中央一号文件提出了粮食主产区种粮农民直接补贴政策（简称"种粮直补"），资金来源主要是中央和地方的粮食风险基金。2005 年要求有条件的地方进一步加大补贴力度；2006 年明确提出粮食主产区要将种粮农民直接补贴的资金提高到粮食风险基金的 50% 以上；2007 年则进一步将这一比例要求延伸至全国各地。种粮直补政策成为中央财政支持"三农"的基本政策之一。

2004 年中央一号文件提出："提高农业机械化水平，对农民个人、农场职工、农机专业户和直接从事农业生产的农机服务组织购置和更新大型农机具给予一定补贴。"即农机购置补贴政策。当年中央财政投入补贴资金 3295 万元，在全国 66 个县进行试点。此后，实施区域和补贴数额不断扩大、增加，到 2008 年覆盖全国所有的农牧业县。2004—2014 年十年间，仅中央财政投入的补贴资金就达到千亿元。从比例补贴到定额补贴，补贴的额度一直保持在农机价格的 20% ~ 30%，对于 21 世纪以来中国农业机械化水平的提高起到了巨大的推动作用。

2006 年，由于国际石油价格上涨而带动国内柴油、化肥等生产资料价格快速上涨，由此对农业生产造成了不利影响。为此，国家财政紧急拨付 120 亿元资金，用于对农民生产成本快速上升的补贴，这项补贴政策在当年取得了良好的效果。因此，2007 年及以后几年的中央一号文件均要求进一步加大农业生产资料综合补贴力度。后来又提出完善农业生产资料综合补贴动态调整机制，即根据农资价格上涨幅度和农作物实际播种面积及时加大补贴力度。

上述四大补贴政策对于促进粮食生产和农民增收、推动农业农村发展发挥了积极的作用。值得一提的是，随着经济发展和财政收入水平的提高，2005 年 12

---

① 　（1 亩 ≈666.67 平方米，下同）

月 29 日，第十届全国人民代表大会常务委员会第十九次会议作出决定，自 2006 年 1 月 1 日起废止《中华人民共和国农业税条例》。这就意味着，在中国历史上有文字记载的延续了 2600 余年之久的"皇粮国税"从此退出历史舞台。这是中国历史上一件划时代的大事，具有深远的历史影响和重大的现实意义。

除了四大补贴外，党的十六大以后还实施了其他一系列惠及"三农"的政策和补贴。如 2005 年中央一号文件提出的测土配方施肥补贴项目，对各地进行的土壤成分检测和配方施肥推广工作予以经费补贴；2005 年开始组织实施的"科技入户工程"，对科技示范户进行扶持和补贴；2005 年设立了小型农田水利设施建设补助专项资金，对农户投工投劳开展小型农田水利设施建设予以支持；等等。除了上述补助和补贴外，2004 年，国家对市场供求偏紧的稻谷首先实行了最低收购价格政策；2006 年，把小麦纳入最低收购价格范围；2007 年，国家在吉林、内蒙古、新疆等六省区进行农业保险试点，费用由中央财政给予补贴。当年补贴资金为 21.5 亿元，补贴品种包括小麦、水稻、玉米、大豆、棉花、能繁母猪。

2005 年 10 月 11 日，中国共产党第十六届中央委员会第五次全体会议（简称"十六届五中全会"）通过了《中共中央关于制定国民经济和社会发展第十一个五年规划的建议》，提出："建设社会主义新农村是我国现代化进程中的重大历史任务。要按照生产发展、生活宽裕、乡风文明、村容整洁、管理民主的要求，坚持从各地实际出发，尊重农民意愿，扎实稳步推进新农村建设……建立以工促农、以城带乡的长效机制……通过农民辛勤劳动和国家政策扶持，明显改善广大农村的生产生活条件和整体面貌。"

2006 年中央一号文件对社会主义新农村建设工作予以具体部署。新农村建设的要求包括了农村工作的方方面面，但在执行过程中，各地大多侧重于"村容整洁"，即侧重于农村道路、房屋、改水、改厕等工作，农村面貌得到了一定程度的改善。近年来的农业农村工作都与十六届五中全会精神密切相关。

2006 年 10 月 11 日，中国共产党第十六届中央委员会第六次全体会议通过了《中共中央关于构建社会主义和谐社会若干重大问题的决定》，提出："完善公共财政制度，逐步实现基本公共服务均等化。"确立了到 2020 年基本建成"覆盖城乡居民的社会保障体系"的目标。

在农村公共事业投入方面，2006 年中央一号文件提出对西部农村义务教育学生全部免除学杂费，2007 年则进一步提出对全国农村义务教育学生全部免除学杂费，极大地促进了农村义务教育的发展。2007 年 7 月，国务院下发了《关于在全国建立农村最低生活保障制度的通知》，决定自 2007 年起在全国建立农村最低生活保障制度，对符合最低生活保障标准的农村人口给予保障，将符合条件的农村贫困人口全部纳入保障范围，稳定、持久、有效地解决全国农村贫困人口的温饱问题。在社会保障体系中，最低生活保障归属于社会救助范畴，处于社会保障的最低层级，是社会保障的"保底政策"，也是建设农村社会保障体系的基石，具有十分重要的意义。

新型农村合作医疗政策的实施是这期间值得大书特书的重大事件之一。20 世纪 90 年代开始的医院市场化改革严重摧毁了自 20 世纪 60 年代建立的农村合作医疗体系，1998 年第二次国家卫生服务调查资料显示，农村合作医疗覆盖率下降到 6.6%，农民完全依靠自费医疗的比重达到 87.32%。1998 年农村居民中因伤病而致贫的家庭占贫困家庭总数的 21.62%，因劳动力减少而致贫的占 23.13%，而劳动力减少又主要为疾病所致；农民两周患病未就诊率达到 33.2%，应住院而未住院比例为 35.54%，其中有 65.25% 是由于经济困难而未能住院。

2000 年 6 月，世界卫生组织对全球 191 个成员卫生系统的业绩进行量化评估，中国排名倒数第四，是卫生系统"财务负担"最不公平的国家之一。为此，中共中央、国务院于 2002 年 10 月发布了《关于进一步加强农村卫生工作的决定》，要求建立和完善农村合作医疗制度和医疗救助制度，提出的具体措施是："从 2003 年起，中央财政对中西部地区除市区以外的参加新型合作医疗的农民补助每年不低于人均 10 元，具体补助标准由省级人民政府确定。"从此，农村合作医疗制度转变为由国家资助的新型合作医疗制度。

2003 年 1 月 23 日，国务院办公厅转发了卫生部、财政部和农业部联合发布的《关于建立新型农村合作医疗制度的意见》，提出了到 2010 年在全国建立基本覆盖农村居民的新型农村合作医疗制度的目标，并从当年开始试点。

2006 年，卫生部等部门联合发布《关于加快推进新型农村合作医疗试点工作的通知》，要求至 2006 年底试点县（市、区）数量达到全国县（市、区）总数的 40% 左右。当年试点县覆盖范围超过了总数的一半（50.7%）。

这一时期，随着一系列政策补贴、补助政策的出台，国家支农惠农政策体系基本形成。经过这个时期的努力，农民收入和粮食产量都扭转了 1999—2001 年的低位徘徊局面，进入了稳定增长期，形成了"连增"的局面；农村居民家庭恩格尔系数五年间降低了 3.1 个百分点，但农民收入持续低于城镇居民收入，城乡居民收入差距呈扩大状态，这说明"三农"状况的改变需要经过长时期的努力。

2. 城乡一体、促农发展

如前所述，从 2002—2007 年，中央层面的支农惠农政策密集出台，一些财政能力较强的地方政府也出台配套措施，有效改变了"三农"发展状况下滑的局面，使得党的十六大提出的统筹城乡经济社会发展的任务基本完成。2007 年 10 月，中国共产党第十七次全国代表大会（简称"十七大"）报告尽管仍以"统筹城乡发展，推进社会主义新农村建设"为题部署农业农村工作，但同时提出："要加强农业基础地位，走中国特色农业现代化道路，建立以工促农、以城带乡长效机制，形成城乡经济社会发展一体化新格局。"说明城乡统筹到了新的阶段，即城乡一体化阶段。从党的十七大到十九大，经过十年的努力，中国城乡关系发生了重大转变。

（1）农业：从保护到提高竞争力

2007 年党的十七大以后，前一个阶段实施的农业补贴政策继续实施，有的地方加大了补贴力度，如农机具购置补贴、农业生产资料综合补贴等；有的地方扩大了补贴范围，如增加了良种补贴，不仅在种植业领域不断扩大补贴范围（如从最初的大豆、小麦扩大到水稻、马铃薯、青稞、花生等作物），还扩大到畜牧业良种的繁育和采用（如生猪冻精补贴、奶牛冻精补贴等）。截至 2017 年 10 月党的十九大召开前，中央层面的农业补贴项目大约有 50 种，由相关部门执行，分散甚至会重复。而且四大补贴中的良种补贴、种粮直补、农业生产资料综合补贴由于难以解决生产面积精准化的难题，已经演化为收入补贴，对生产的激励作用很小，与早期设定的政策目标差距越来越大，政策效能降低，政策效应减弱。这种情况决定了对农业补贴的政策改革势在必行。2015 年 5 月，财政部、农业部联合发布了《关于调整完善农业三项补贴政策的指导意见》，实行"三补合一"，20% 的农业生产资料综合补贴存量资金、种粮大户补贴试点资金和农业"三项补贴"增量资金，统筹用于支持粮食适度规模经营，重点支持建立完善农业信贷担保体系；剩下的 80% 加上种粮直补和良种补贴资金则用于耕地地力保护。2015 年，财政部、农业部选择安徽、山东、湖南、四川和浙江等五省，由省里选择一部分县、市开展农业"三项补贴"改革试点，并于 2016 年在全国范围内实施。2016 年 6 月，财政部、农业部印发了《农业支持保护补贴资金管理办法》，从而使这一补贴项目的实施有了制度保障。

2007—2015 年，小麦、稻谷的最低收购价格政策继续实施，并逐年提高价格。2008 年，全球金融危机导致大豆、棉花等农产品价格暴跌。为保护农民利益，国家分别对玉米（包括黑龙江省、吉林省、辽宁省、内蒙古自治区在内的"三省一区"）、棉花（新疆）、大豆、糖料和油菜籽实行临时收储政策，稳定了各产业的收入水平，保护了农民利益，极大地调动了广大农民的生产积极性。

总的来看，经过这一时期的努力，对中国农业的支持保护体系基本形成。从结构上看，目前中国已经初步建立了以保障粮食安全、促进农民增收和农业可持续发展为主要目标，由农民直接补贴、生产支持、价格支持、流通储备、灾害救济、基础设施、资源与环境保护以及政府间转移支付等各类支出组成，涵盖了农业产前、产中、产后各个环节和主要利益主体的农民支持保护政策体系。如果仅从"黄箱"补贴的角度来看，中国的补贴总量已经超过了同期的日本、美国及欧盟等发达国家和地区。但这些国家和地区的关税水平一般较高，而且大量采用较为复杂的关税形式。如日本、美国、欧盟的农产品平均关税水平分别为41.8%、11.3%和22.8%，还可以分别对其12%、9%和31%的农产品税目使用以数量和价格自动触发为特征的特殊保护机制，而中国农产品平均关税水平只有15.2%。在这样的国际环境下，中国以价格保护为重要内容的农业支持保护政策必然会抬高国内主要农产品价格，降低国际市场竞争力。

事实上，21世纪以来，农产品成本上升的压力越来越大。加入世界贸易组织时，中国主要农产品成本普遍低于美国。到了2014年，中国每公斤稻谷、小麦、玉米、大豆的生产成本分别比美国高40%、16%、112%和104%，其中人工成本高6～25倍，土地成本高10%～130%。成本上升必然推动价格上涨，国家的最低收购价格是在核算成本和必要盈利后确定的，当然也要上涨。事实上，稻谷的最低收购价格自2007年后连续8年上涨，小麦的最低收购价格自2008年开始连续7年上涨，其他属于临时收储的农产品价格也呈刚性上涨趋势。因此，中国在刚开始实行价格保护的2005年前后，主要农产品价格均低于国际市场价格，表现出明显的竞争力；而到了2015年前后，仅过了十年时间，小麦、稻谷、玉米、肉类等主要农产品价格均全面高于国际市场价格，玉米、稻谷等主要农产品还出现了产量、进口量、储备量"三量齐增"的局面。因此，必须改革农产品价格形成机制，逐步提高主要农产品的国际市场竞争力。为此，2015年，国家对东北三省及内蒙古自治区玉米的临时收储价格每50斤降低12元，同时保证各个品种的小麦、稻谷最低收购价格维持不变，这就对农民发出了中央政府要进行主要农产品价格改革的强烈信号。

2014年起，国家发改委会同有关部门启动了为期三年的新疆棉花、东北和内蒙古大豆目标价格改革试点，改革的目的就是充分发挥市场在资源配置中的决定性作用，以促进产业上下游协调发展。

2016 年，国家取消了玉米临时收储制度，按照"市场定价、价补分离"的原则，将以往的玉米临时收储政策调整为"市场化收购"加"定向补贴"的新机制。从结果来看，国内玉米价格已经接近于国外玉米的到岸价格，进口量大幅度下降，同时国内玉米加工、储运等各类市场主体纷纷入市，改革效果十分明显。2016 年，国家降低了早籼稻的最低收购价格；2017 年，全面降低了各类稻谷品种的最低收购价格，表现出明显的以价格引导生产的改革意向。

2017 年 11 月，国家发改委发布了《关于全面深化价格机制改革的意见》，强调要"完善稻谷、小麦最低收购价政策""深化棉花目标价格改革""探索开展'保险 + 期货'试点，促进新疆棉花优质稳定发展"。显然，改革的方向就是市场化，改革的目标就是提高产业竞争力。

（2）农村：从接续到整合

党的十七大以后，中央侧重于从体制上解决城乡社会保障的差距问题。2008年召开的中国共产党第十七届中央委员会第三次全体会议（简称"十七届三中全会"）提出了 2020 年中国农村改革发展基本目标任务，包括"城乡基本公共服务均等化明显推进，农村文化进一步繁荣，农民基本文化权益得到更好落实，农村人人享有接受良好教育的机会，农村基本生活保障、基本医疗卫生制度更加健全，农村社会管理体系进一步完善"。因此，要"扩大公共财政覆盖农村范围，发展农村公共事业，使广大农民学有所教、劳有所得、病有所医、老有所养、住有所居"。

2009 年 9 月，国务院颁布了《关于开展新型农村社会养老保险试点的指导意见》，明确建立新型农村社会养老保险（简称"新农保"）制度，并提出 2009年新型农村社会养老保险制度试点覆盖面为全国 10% 的县（市、区、旗），以后逐步扩大试点范围直至在全国普遍实施，2020 年之前基本实现对农村适龄居民的全覆盖等目标。这个文件的发布标志着中国农村社会养老保险制度的建立。

2010 年 10 月 28 日，第十一届全国人民代表大会常务委员会第十七次会议通过了《中华人民共和国社会保险法》，规定"国家建立和完善新型农村社会养老保险制度"，"新型农村社会养老保险制度实行个人缴费、集体补助和政府补贴相结合"，确认了新农保的法律地位和政府对新农保的法律责任。

2011 年，全国人大通过的《中华人民共和国国民经济和社会发展第十二个五年规划纲要》提出："推进基本公共服务均等化。把基本公共服务制度作为公共产品向全民提供，完善公共财政制度，提高政府保障能力，建立健全符合国情、比较完整、覆盖城乡、可持续的基本公共服务体系，逐步缩小城乡区域间人民生活水平和公共服务差距。"

2012 年，国家发改委、卫生部等六部门发布了《关于开展城乡居民大病保险工作的指导意见》，提出大病保险的保障范围要与城镇居民基本医疗保险、新型农村合作医疗（简称"新农合"）相衔接，大病保险主要在参保（合）人患大病、产生高额医疗费用的情况下，对城镇居民基本医疗保险、新农合补偿后需个人负担的合规医疗费用给予保障。这一制度的实施大大降低了城乡居民因患大病而致贫、返贫的概率。

2014 年，国务院颁布了《国务院关于建立统一的城乡居民基本养老保险制度的意见》，提出将新农保与城镇居民社会养老保险（简称"城居保"）制度合并实施，并与职工基本养老保险制度相衔接。至此，中国覆盖城乡居民的社会养老保障体系基本建立，中国农村社会养老保险也从"老农保"到"新农保"，最后进入"城乡居民养老保险"阶段，在政策层面上基本实现了养老保险的城乡统筹发展。这一阶段，城乡居民在医疗保险水平的接续、统筹方面取得了实质性进展。

2015 年，国务院办公厅发布了《关于全面实施城乡居民大病保险的意见》，提出在 2015 年底前大病保险覆盖所有城镇居民基本医疗保险、新农合参保人群，2017 年建立起比较完善的大病保险制度的目标。

2016 年，国务院发布了《关于整合城乡居民基本医疗保险制度的意见》，提出要在全国范围内建立起统一的城乡居民基本医疗保险制度，统一覆盖范围、统一筹资政策、统一保障待遇、统一医保目录、统一定点管理、统一基金管理。至此，城乡居民在医疗保险方面实现了完全接续。

此外，在 2021 年 2 月 19 日，我国医保局向外发布一个名为《医疗保障基金使用监督管理条例》的通知，其中就明确规定了医保卡的使用条例。

（二）乡村整体发展现状

乡村振兴是一项复杂的工程，结合当前乡村振兴战略的实施进程，可从以下五个方面分析农村的发展现状。

1. 城乡发展不平衡，农民获得感不强

改革开放 40 多年来，工业化和城镇化的快速发展使我国经济社会迈入新阶段，乡村社会经济也取得了巨大的发展成果。但是城乡之间的差距逐步扩大，城乡发展不平衡已成为我国发展中最大的不平衡，也成为乡村振兴进程中面临的一大难题之一。

（1）城乡基础设施建设发展不平衡

城市基础设施发展又快又好，对比之下农村基础设施建设力量薄弱。乡村基础设施存在建设不到位、结构不合理、投资主体单一等问题，极大程度上制约了农村基础设施总体效应的发挥，进一步导致基层社会不安定因素的堆积。另外，在管理和维护上，乡村基础设施长期持续工作却得不到及时的维护，从而大大减少了公用设施的使用寿命，导致设施资源利用率低下、浪费现象严重。但城市地区有专门的单位进行后续管理工作，拥有较为完备的维管体系。

（2）城乡公共服务水平不平衡

城乡在教育、医疗卫生、社会保障等公共服务体系建设和享受服务的水平方面存在差距，其具体表现如下：一是教育资源分配不均衡。政府在教学设施、实验设备、师资配备等教育资源的分配方面，对城市学校的投入力度远大于对乡村学校的投入，使得乡村学校师资力量薄弱，学校设备相对陈旧落后，缺乏必需的教学设施。二是医疗保障和卫生服务水平存在较大差距。相比较来说，城市的卫生保障体系比较健全，具有较完备的管理和服务体系；而乡村医疗卫生设施不完善，医护人员缺乏，整体医疗水平相对落后。三是乡村社会保障体系不断趋于完善，但城乡之间仍有差距。当前，我国农村地区已基本实现新型农村社会养老保险的全覆盖，但在工伤、失业、重点医院报销等方面依然存在差距，而且乡村保险涉及面比较单一，难以形成连锁反应。

（3）城乡居民收入水平差距较大，农民富裕程度不高、获得感不强

城市居民收入增长速度快于乡村居民，农村居民收入水平低、收入增长速度缓慢。尽管我国城乡居民收入比持续下降，但我国城乡居民收入依然呈现不平衡的发展趋势。近年来，由于多种因素的影响，农民的收入增速缓慢、增长乏力，导致农户的实际收入水平下降。在现代农业发展过程中，农民的收入渠道比较狭窄，大多是靠小规模家庭经营获得收入，收入方式相对单一，同时农民自身的受教育水平不高且技能不足，其收入来源比较少。总体上农民和城市居民富裕程度依然存在差距。

2.乡村产业发展缓慢，现代化水平不高

产业兴旺为实施乡村振兴战略提供了坚实的基础和强劲的依托，是实现乡村振兴的压舱石，关系着乡村振兴的成效。当前乡村产业振兴工作进行得如火如荼，乡村旅游业、休闲业、农村电子商务等产业快速发展，呈现良好态势，但乡村产业振兴仍面临亟待解决的难题。

（1）农村一、二、三产业融合程度不高

当前，我国乡村产业融合处于起步阶段，产业间界限明显，产业融合规模小、"三产"融合程度不高，导致农村产业经济效益较低。一方面，农村产业链条短，没有实现完整产业链条的一体化融合发展。一条完整的产业链涉及生产、加工、物流、销售等多个环节，乡村农产品生产类产业大多只提供初级农产品，很少进行加工与销售，产业链条被缩短，农产品附加值难以实现。另一方面，农业与第二、第三产业衔接不紧密，融合程度低。如在加工产业方面，乡村设备与附加值高的加工技术比较落后，缺乏深度加工与精加工；在旅游、休闲等生态服务业方面，农业资源与生态环境有效结合发展程度较低。有些具有乡情乡韵特色的农作劳动体验项目开发不足，只能体验浅层农业休闲旅游，没能深入开发农业文化；"门票经济"现象广泛存在，新元素、新产品与新业态引入不足，生活、生态、文化体验型旅游模式还没形成。

（2）尚未形成农业品牌

农业品牌，一方面是指农产品质量安全有保障，另一方面指生产、加工、包装实现标准化生产，形成规模化生产和经营方式。当前，我国农业以一家一户小规模生产经营为主，而且生产者各自为政，无法形成联动机制，难以形成量化生产、规模化经营；农村生产技术落后、质量监管体系不完善，农产品质量水平参差不齐，质量方面难以把控；生产经营者并未取得农产品质量认证，无法从产品质量安全上获得认可，造成大多数农产品市场认可度不高，农业品牌发展举步维艰。

3.乡村生态问题突出，环境有待优化

近年来，我国加大对乡村环境发展的扶持力度，大力推行乡村人居环境整治行动，使得乡村生态文明发展取得显著成效。但是乡村环境仍面临一系列问题，与"生态宜居"的总要求依然有很大距离，还需要走相当长的一段路。

当前，乡村生态环境面临的发展困境具体表现如下。

（1）自然生态系统遭到不同程度的破坏

原始森林、草原、湿地、湖泊、河流等自然生态系统分布在乡村，为人类的生存和发展提供必需的资源和条件。近年来，工业化、城镇化加快发展，乡村自然生态系统遭到不同程度的破坏，再加上对生态系统的不合理开发，导致了水土流失、土地沙漠化、植被被破坏、河流湖泊被污染、生物多样性锐减等一系列的生态问题。

（2）乡村环境受到污染

首先，农业污染是乡村环境污染的一方面。农民为了提高产量、预防病虫害，过多使用农药和化肥。然而农药、化肥残留大多附着在土壤上，并随着水循环浸入土壤中，造成土壤和地下水污染。对禽畜粪便的不合理利用也增加了土壤中兽药残留物和有害菌等的含量，使得土壤健康功能下降，加大乡村生态环境恶化的风险。近年来，大棚被广泛应用于农业生产活动中，但是乡村对于塑料大棚残膜、化肥农药包装废弃物的回收处理水平较低、处理力度不够，致使这些废弃物大多都被留在土壤中，影响耕地土壤板结，使土壤结构变差、土地承载能力下降。据数据显示，一亩地的塑料薄膜残留物竟达到 7 公斤，直接造成农作物减产量达到 9%，加剧了环境污染。

其次，乡村工业污染是乡村环境污染的另一方面。乡村工业是乡村产业的支柱，为农民提供了就业岗位，增加农民收入，促进乡村经济发展，带来了正面效益。然而乡村工业以"低小散差"的状态客观存在于乡村发展过程中，对乡村环境造成了不同程度的污染。乡村中大多是以牺牲环境、浪费资源为代价谋求发展的高耗能、高污染企业，其自身生产技术落后、处理污染能力和效率不高、缺乏环保措施，因此生产加工过程中产生的大量废水、废气、废渣等污染环境的排放物会直接排入空气、河流甚至田地中，由此加剧乡村生态环境污染，影响了村民的生活环境和身心健康，进一步阻碍"生态宜居"目标的实现。

（3）乡村人居环境有待美化

首先，乡村生活垃圾处理设施缺口较大，村民将垃圾随意排放在村周围，既影响村容村貌，也对人居环境有所破坏。

其次，从垃圾源头处理上来说，乡村对生活垃圾的无害化处理水平仍然较为低下，与城市存在明显差距。有关数据显示，"2016 年城市生活垃圾无害化处理率为 96.64%"，而"同年乡村生活垃圾处理率为 70.37%，镇乡级特殊区域生活垃圾处理率为 63.85%。"

再次，乡村生活污水、工业废水等污水也是影响乡村人居环境的重要因素。由于污水中存在大量有毒物质，而乡村污水处理设备不健全、处理率不高，排放到河流中直接污染了乡村水源，间接影响到村民身体健康。

最后，乡村厕所革命是整治人居环境的重要抓手，关乎生态文明建设大局，但目前依然存在一些问题。一方面，乡村厕改区域差别大。由于中西部地区经济发展水平落后于东部地区，水资源呈现东多西少的分布状态，使得中西部地区厕改水平明显低于东部。另一方面，乡村厕改多采用三联沼气池式和完整下水道冲水式处理粪水，这种处理方式已达到无害化处理。但乡村整体技术水平依然有待提高，而且对厕所节能设备、水循环装置和废物资源化设施缺少管制措施，使得厕所污水改造无害化、清洁水平尚为低下。

4.乡村文化建设乏力，文化发展水平整体偏低

党的十八大以来，我国大力扶持乡村文化建设，加大乡村公共文化产品供给力度，提升文化服务效能，丰富乡村文化内容和发展形式，增强乡村文化发展活力。但文化发展速度依然落后于经济、政治，在文化建设方面仍面临着发展难题。

（1）乡村文化基础设施建设方面存在问题

从整体来看，我国乡村文化基础设施整体较落后，主要体现在：首先，文化场所少，多数村庄只在村落广场修建健身器材，供村民锻炼身体，而图书阅览室、广播站、电影观看室等文娱场所少之又少，缺乏文化设施载体。其次，公共文化产品供给少，且文化资源供给有效性不强。以图书为例来说，大多村庄提供的图书资料屈指可数，并且供需不对称，多是几年前出版的图书与刊物，跟不上时代步伐。图书的闲置和废弃资源居多，不能真正满足村民对文化生活的需求。最后，文化活动形式不丰富、趋于单一，而且有些活动内容没有考虑民众需求，不符合农村实际，对民众吸引力较小，使得村民文化受益感不强。

（2）农民整体文化素质偏低，思想观念较落后

随着城镇化的快速发展，农村中受教育水平高的人大多去大城市发展就业，留在村庄生活的农民整体受教育文化程度较低。一方面，村民文化素质水平偏低，他们更多的是注重物质享受，而忽视文化对自身发展的重要性，也不能客观、准确地理解文化建设对乡村发展所起的推动作用。因而在参与文化活动时村民积极性不高，对文化建设活动盲目排斥，这就造成乡村文化发展速度趋于缓慢。另一方面，农村思想观念落后，迷信鬼神、个人主义、小农主义等不良

思想在农村盛行，客观上阻碍了乡村先进文化的传播，制约了乡村文化建设的步伐。

（3）乡村陈规陋习未根除，不良乡风尚存

陈规陋习是影响乡村文明向前发展的一大障碍，主要表现在：一是乡村酒席多，人情债务多。由于乡村传统习俗的延续，无论哪家有喜事，村民都会过来捧场，参加酒席的人情支出就在所难免。在各个村调研发现的一个普遍现象是，"村民一边抱怨人情支出负担重，一边又强调这些事情不得不参加，自己也很纠结和无奈"，而这无形之中加重了农民的负担。二是存在不良风气。在盲目攀比之风的影响下，有些村民好面子、讲排场、比阔气，大操大办红白喜事，厚葬薄养现象也越来越突出，既让广大村民不堪重负，也损害了乡村文明风气。三是不良文娱活动尚存。农民在空闲时间无所事事，缺乏应有的、健康的、大众的文化生活，他们利用打麻将、玩扑克等方式打发时间。而长此以往下去，不仅增加了家庭经济支出，让村民精神萎靡不振，更重要的是影响家庭和谐，容易造成家庭矛盾，不利于营造科学健康、文明向上的乡村风貌。

5. 乡村基层治理水平不高，治理格局尚未形成

实现乡村治理有成效是实现乡村振兴的基础，也是广大农民群众生产生活最有力的保障。在新形势下，乡村社会处于转型阶段，经济社会结构发生深刻变化，乡村发展正在发生新的变革，同时乡村基层治理面临着很多新矛盾和新挑战。

（1）农村基层党组织的领导核心作用弱化

该问题主要表现在：一方面，党组织内部人员结构不合理。村干部大多数是民选干部，工资待遇低，事务繁杂，很难吸引有能力、文化素质高、有技能、有水平的年轻人，大多是由上了年纪、文化水平不高的老人担任，班子成员整体文化素质偏低、年龄偏大。再加上农村缺乏优质的后备党员队伍，因而农村地区党组织内部人员结构不合理、建设结构失衡。另一方面，农村党组织软弱涣散，政治引领作用退化。大多数党员干部的理论学习教育不足，缺乏应有的理论素养，对于政策理论的掌握程度不高，难以领会、把握上级党组织在农村的各项方针政策；而且对如何发挥党组织的核心作用、怎样更好实现党的领导缺乏科学认知，没有足够的能力去引领农村经济社会发展。不想事、不谋事、不干事，责任担当意识薄弱也是农村党组织普遍存在的问题，有的党员干部对村级事务放任不管，容易忽视农民利益诉求，对村内、党内问题事不关己、高高挂起，不能很好地发

挥党员模范带头作用。党员的凝聚力、组织力、建设力、号召力逐步减弱，主导地位也随之下降。

（2）乡村治理体系中法治、德治支撑性不足

乡村法治与德治有机融合是促进乡村治理现代化的必要途径，是乡村治理变革必不可少的有效手段。当前，村民法治观念不足、法治意识薄弱、乡村道德传承力量不足成为构建乡村自治、法治、德治相结合的乡村治理体系的短板。一方面，乡村法治氛围不浓厚。基层组织作为乡村治理的主体，不能真正懂法、守法，多数干部执法意识薄弱，执法能力不强，不能维护好乡村良好的法治环境。另外，村民没有坚定的法治信仰，不能真正地信任法律，他们在维护自身利益、解决纠纷时运用法律途径的积极性、主动性不足，往往是依托私人利益关系或是寻求其他世俗权力的帮助来解决问题。另一方面，德治支撑不足。乡村熟人社会中蕴含着传统的道德规范，而"传统的伦理价值逐渐被现代契约规则价值所取代，传统的熟人乡村正在瓦解"。在市场经济文化的冲击下，人民群众越来越不看重诚实守信、耕读传家等传统美德，有些传统道德甚至遭到质疑，"仁义礼智信"所发挥的道德教化作用逐渐减弱。

（3）村民参与乡村基层治理的程度不高

在现实生活中，受传统小农经济的影响，村民自治意识比较薄弱，更多的是参与民主选举，而缺乏民主决策、民主管理、民主监督领域内的有效参与。而且多数村民缺乏民主协商意识，对参与公共事务管理的兴趣不大，多数情况下很少参与到公共事务的基层治理实践中。此外，部分乡镇政府、村委会基层干部的民主意识薄弱，他们习惯性自主决策，而很少听取村民的意见，忽视了村民的民主权利。

二、乡村振兴战略提出的意义

新时代乡村振兴战略是马克思主义中国化最新理论成果，是布局乡村工作的基本依据，是实现小康社会和中国梦的基础工程，具有重要的理论意义和实践意义。

（一）乡村振兴战略提出的理论意义

1. 丰富和发展了马克思主义乡村发展理论

马克思主义产生于19世纪中期，这时期欧洲资本主义已处于发展阶段。马

克思的乡村发展理论主要是针对当时资本主义私有制下欧洲国家的农村发展状况。在欧洲资本主义国家发展过程中，由于圈地运动或其他原因，大量的农业经营者被迫转化为无产阶级。在西欧国家当时的社会状况下，无产阶级队伍庞大，他们处于生活的最底端，受剥削程度深。因此，无产阶级是改造旧社会、建立新政权的新型阶级力量。马克思、恩格斯断言在工业化进程中，小农经济将被社会化大生产取代，由于机器大工业的快速发展，农民将沦为雇佣工人，最后成为无产阶级的一员。马克思主义经典作家认为乡村城市化是城乡发展的大趋向，不太强调乡村的独特价值，我国基于基本国情而走城镇化道路。总之，马克思主义产生于19世纪的欧洲，必然带有一定的时空特色。虽然社会发生了巨大变化，但马克思的乡村发展理论具有基本的理论价值，可为我国城乡发展提供一定的指导。

我国实施乡村振兴战略是立足国情、紧跟时代发展潮流的必然选择，并有其前瞻性、时代性。我国的现代化进程是在外敌入侵的状况下启动的，中国共产党在革命和建设的进程中，先后实行了土地革命和农村领域的社会主义改造，保障了农民的基本生存权，激发了农民阶级参与革命和建设社会主义的积极性。20世纪80年代进行农村改革时，实行家庭联产承包责任制，这是对马克思主义农业合作化理论的创新与发展。农村土地归集体所有，激励农民参与并支持工业化和城市化进程，农民在国家工业化、城市化进程中发挥了不可替代的作用。作为一个农业大国，我国的农民阶级在百年乡村建设进程中被完整保留下来，避免了一些发展中国家存在的农民因失地涌入城市而形成贫民窟的状况。乡村振兴战略发展了城乡统筹和城乡一体化的政策，要求农业农村优先发展，肯定了乡村在缓解大城市病、旅游观光等方面的价值。

2. 丰富和发展了中国特色社会主义理论体系

立足新的思维方法思考新时代中国乡村振兴。一是运用战略思维方法思考新时代我国乡村振兴，高瞻远瞩、纵览全局，把握事物发展的总体趋向，既抓重点，又统筹兼顾。乡村振兴是在抓住经济建设这个中心任务的同时，协调推进农村教育、卫生、科技、文化、治理和生态的全面发展。乡村振兴战略的目标指向是农村，期望乡村实现现代化。中央领导集体是这一战略的提出和实施主体，振兴乡村的持久动力是广大人民群众。二是运用系统思维方法思考新时代我国乡村振兴工作。乡村振兴战略的总要求是统一整体，彼此相互促进、相互联系；乡村振兴战略的目标是实现农业农村的全面进步，与国家现代化相统一；实施乡村振兴战略的主体包括政府、农民、农业经营主体、返乡人员等，这些主体在利益关系上具有整体性、系统性。三是运用历史思维方法思考新时代我国乡村振兴。乡村振兴战略是我国百年乡村建设政策的延续，每个阶段有每个阶段的任务和目标。

20 世纪 20 年代的乡村建设注重农民文化教育；四五十年代注重农业增效，关注农业发展的配套设施；七八十年代注重给农民减负，深化乡村改革；进入21 世纪，将农村建设纳入其中，关注乡村生活环境，后期引入生态环境；党的十九大后全面振兴乡村，注重公共服务的均等化，文化、旅游等被纳入建设范畴内。新时代乡村振兴战略伴随我国现代化强国建设的全过程。在 2017 年 12 月的中央农村工作会议上，提出了乡村振兴战略的任务与目标，我们要有步骤、有顺序地推进。

针对乡村振兴战略的总要求、总目标、总方针、关键环节、"五个振兴""八大基本原则""七大路径"等相关论述，丰富和发展了中国特色社会主义理论。发达国家的乡村建设基本上起步于 20 世纪五六十年代，历时 40 年使各国实现城乡发展一体化。我国农村人口多，因历史、政治等原因形成的城乡二元结构现状要求乡村振兴必须立足国情、村情。在产业层面，确保国家粮食安全，保证 14 亿多人的吃饭问题；建设新型的农业体系，对农业的生产力、生产效率和经营模式都提出了更高的要求；培育新时代的农业经营主体和专职化的农民，提升农业从业人员的科学文化素质；实现从事小规模经营的个体农户和现代化的农业生产方式的有效结合，正视小农户的长期存在，维护小农户的物质利益。在农民增收方面，注重乡村物质生产部门和非物质生产部门协调发展，给农业从业者提供更多的机会，让其有能力改变自身的生活状况；实现贫困人口摆脱贫困，使全体人民共享发展成果。在乡村改革方面，深化以土地、宅基地、集体经营性建设用地为主的集体产权制度改革，增加农民收入。在乡村发展方面，实施"三治结合"的乡村治理模式，促进治理有效；培养"三农"工作队伍，带领农村发展；农业农村优先发展，弥补发展不足短板；农村现代化与"四化"同步发展，使得现代化更加完整。这些内容丰富了中国特色社会主义乡村建设理论，从而进一步丰富和发展了中国特色社会主义理论体系。

（二）乡村振兴战略提出的实践意义

乡村振兴战略具有丰富又深刻的内涵，不仅丰富了马克思主义城乡关系思想，而且丰富和发展了党的"三农"思想，具有十分重大的理论意义。同时实施乡村振兴战略激发了乡村作为主体的内生动力，有助于乡村从"输血"式发展转为"造血"式发展；为国家提供可持续发展的动力；为世界各个国家在解决乡村发展问题上提供中国智慧和中国方案，具有十分重要的实践意义。

1. 为乡村发展提供内生动力

在认识取向上，内生发展是一种自我积累的"造血式"可持续发展，而不是仅靠外界资源输入的"输血式"不可持续发展。乡村振兴战略遵守党和国家的发展宗旨，广泛动员农民群众积极参与乡村振兴建设，一方面促使农民主体地位不断强化和提高，实现自身发展动力的逐步积累；另一方面集体经济的壮大发展实现了农民对占有资本的不断积累，使得乡村发展内生动力不断提高，推进乡村的可持续发展。

乡村振兴战略的实施并不只是一时帮扶乡村，它的意义在于为乡村提供源源不断的发展动力，驱动乡村进入新的发展阶段，其具体表现在：一大批新型职业农民、新型经营主体的培育和发展，打破了传统小农经济生产规模小、难以扩大再生产的局限，实现了农业生产经营专业化、规模化发展，实现农业增效创益；农民自身主体性被强化，摒弃"等要靠"思想，实现自觉、自主式发展，积极主动创业并参与到经济活动中；集体经济的壮大发展增强了村级经济实力，不再依靠政府财政拨款支撑村级发展，实现农村"造血式"发展；乡村自治制度的完善使农民积极参与管理乡村事务，实现了"村民自己管理自己，村级事务自己说了算"的治理效果，一定程度上调动农民的创造性、主动性，依靠自身内部动力实现不断发展。

乡村振兴战略有助于提升乡村内生动力，让农民群众在自己的故土家园充分发挥主体作用，促使乡村不断提高满足城乡居民所追求的美好生活的水平。

2. 为国家提供可持续发展的动力

实施乡村振兴战略是新时代做好"三农"工作的总抓手，是着力从根本上解决"三农"发展问题的新思路，不仅可以有效破解当前国家面临的主要矛盾，而且有利于推进农业现代化，全面建成小康社会，实现中华民族伟大复兴的中国梦，有助于为国家的健康有序发展提供可持续发展的动力。因此，实施乡村振兴战略意义重大。

（1）为我国社会主要矛盾的解决提供实施路径

进入新时代，我国社会主要矛盾已经转化为人民日益增长的美好生活需要和不平衡不充分的发展之间的矛盾。而发展的不平衡不充分在农业农村方面表现得最为突出，是最大的发展不平衡不充分，因此解决农业农村发展问题，缩小城乡和区域差距势在必行。乡村振兴战略的实施打破了城乡发展体制机制的局限，建立健全城乡融合发展体制机制，实现城乡发展互联互通，推进城乡基本公共服务均等化发展，推动城乡、工农协调发展，实现城乡融合发展，有利于缩小城乡差距。一方面，它使得农村经济实现繁荣发展，农民增收渠道拓宽，收入水平有所提升，与城市居民的收入差距逐步缩小；另一方面，使得农村基础设施建设更加完善，农民生活水平不断提高，享受到更全面的社会保障制度和更优质的公共服务。另外，乡村振兴战略的实施目标是"产业兴旺""生态宜居""乡风文明""治理有效""生活富裕"，是"五位一体"总体布局在乡村领域的具体实施，涉及乡村发展的方方面面。既为城乡居民提供了绿色、健康、有机的生态农产品，也为城乡居民提供具有中国乡土气息并超越乡土中国的乡村，让城乡居民感受到具有乡村文化气息的乡风民俗、农耕文明，更好地满足城乡居民对美好生活的需要。因此，实施乡村振兴战略是缩小城乡差距、满足人们对美好生活需要的题中要义，是解决社会主要矛盾的迫切要求。

（2）为建设社会主义现代化强国提供强大的战略支撑

党的十九大明确提出我国现代化建设战略目标：从2020年到2035年，基本实现社会主义现代化；从2035年到21世纪中叶，在基本实现现代化基础上全面建设社会主义现代化强国。没有农业农村的现代化，就没有国家的现代化。因此在建设社会主义现代化强国的进程中，必须统筹推进农业、农村、农民的现代化。实施乡村振兴战略是建设现代化经济体系的有机组成部分，也是建设社会主义现代化强国的重要组成部分，它旨在加快推进农业农村实现现代化，促进"农业、农村、农民成为现代化进程的'共商、共建、共享者'"。

一方面，实施乡村振兴战略有利于高效协调农业资源，形成合理的农业产业结构，加快现代农业产业体系的构建；有利于转变农业生产方式，实现农业大规模、标准化、机械化生产，提高了劳动生产率，促进现代农业生产体系的建立健全；有利于培育新型农业经营主体，创新农业经营模式，发展多种形式的社会化服务，并且推动农业经营主体和社会化服务有效耦合，助推现代农业经营体系的高效运转。农业产业体系、生产体系、经营体系的建立健全，为社会主义现代化强国提供全面升级的现代农业。

另一方面，乡村振兴战略的实施推动农村实现现代化，在生态发展方面实现生态环境优化发展、人居环境宜居，为全面建设社会主义现代化强国构筑了牢固的生态安全基础；在治理方面形成"多元主体共治、三治融合"的乡村治理格局，实现乡村治理能力现代化；广大农民综合素质得到整体提高，实现全面发展。因此实施乡村振兴战略可为国家踏上社会主义现代化征程提供重要支撑，同时也是"实现'两个一百年'奋斗目标的必然要求"。

3. 为世界各国解决乡村问题贡献中国智慧

中国的方案、智慧以及力量在整个世界的影响力日益突出。在现代化进程中，世界各国尤其是发展中国家普遍面临乡村衰落这一难题，如何有效解决乡村衰退问题仍需进行积极探索。

乡村振兴战略的提出不仅为中国解决农业农村发展问题发出号召，同时也对世界各国在解决乡村发展问题上起到启示和引领的作用，开放地为其他国家提供经验借鉴。中国乡村振兴实践还可以为世界各国在城乡关系发展上提供中国方案，使其借鉴中国城乡融合发展经验。乡村振兴战略的实施将走出具有中国特色的乡村发展道路，为世界各国在解决乡村发展面临的问题方面贡献中国智慧、方案和力量。

第二节　乡村振兴战略的内容

一、坚持城乡均衡发展理念，促进融合发展

落实乡村振兴战略，疾步稳健地走城乡融合发展之路，必须将工业与农业、城市与乡村、城镇居民与农村居民作为一个整体纳入现代化建设的全过程中。要明确乡村在现代化建设中的突出地位，从根本上改变以工统农、以城统乡，以扩张城市减少农村、减少农民的发展路径，明确城乡融合发展是实施乡村振兴战略，推进农业、农村现代化的有效途径。进一步理顺工农城乡关系，按照产业兴旺、生态宜居、乡风文明、治理有效、生活富裕的总要求，建立健全城乡融合发展体制机制和政策体系，统筹推进农村产业发展、生态优化、文化传承、社会建设和组织建设。加快推进乡村治理体系和治理能力现代化，在干部配备上优先考虑、在要素配置上优先满足、在资金投入上优先保障、在公共服务上优先安排，以补齐农业农村发展的短板，缩小城乡差距，实现城乡平衡、充分发展。

二、完善农村基本经营制度，促进农民增收

稳定农村土地承包关系是中共中央确立的农村承包土地"三权"分置改革的制度基础。把农户承包经营权落实到地块，使农户承包地权属更加明晰，农民流转承包地就能更踏实，利益预期就更明确，农户才能放心流转、稳定流转。巩固和完善农村基本经营制度是构建现代农业产业体系的基石。巩固和完善农村基本经营制度可以不断推进农业经营体制创新，不断壮大农村新型经营主体，促使农业经营方式实现"两个转变"，即家庭经营向采用先进科技和生产手段方向转变，增加技术、资本等生产要素投入，着力提高集约化水平；统一经营向促使农户联合与合作，形成多元化、多层次、多形式经营服务体系方向转变。当前，要壮大集体经济，增强集体组织服务功能，培育农民新型合作组织，发展各种农业社会化服务组织，鼓励龙头企业与农民建立紧密型利益联结机制。充分尊重农民的意愿，把小农户经营引到现代农业规模化、集约化的发展轨道上来。

三、深化供给侧结构性改革，促进质量兴农

绿色兴农不仅是质量兴农的有机组成部分，而且关系到乡村人居环境。农业投入和资源要素等是直接影响农产品质量的重要因素，只有走农业绿色发展道路，才能实现乡村产业兴旺，建设生态宜居乡村。走质量兴农之路，要加快推进农业由增产导向转向提质导向，实现农业、农村发展动能转换。要满足消费者对更高质量、更加安全和绿色生态农产品食品的需求，必须加快构建优质优价机制，强化优质绿色农产品生产的激励机制。推进农产品质量分等分级，强化质量、塑造品牌，消除农产品市场信息不对称的弊端，促进农业标准化生产。

要加快现代农业产业体系建设，促进农牧业循环发展和农村新产业、新业态发展，推进农村第一、二、三产业融合发展，使优质绿色农产品价格在产业链和价值链中充分反映出来。要通过社会化服务和订单农业等途径促进小农户和现代农业发展的有机衔接，形成质量兴农经营体系。要深化粮食收储制度改革，在以保障国家粮食安全为底线的基础上，更加注重实施优质优价机制，为绿色优质农产品的发展创造更大空间和有利条件。要加大科技创新力度，为优质绿色农产品生产流通提供科技支撑。只有强化制度性供给，探索健全质量兴农体制机制和政策体系，走质量兴农的道路，才能迈开实质性步伐。

四、坚持人与自然和谐共生，促进绿色发展

乡村的永续发展以自然资源的永续利用和良好的生态环境为基础。绿色发展能保护好、积蓄好、奠定好宜耕宜牧的土壤环境、宜饮宜灌的水体环境、宜呼宜吸的大气环境等，从而为农业永续发展提供不竭动力。实现乡村绿色发展，要着力构建绿色农业产业结构。根据市场需求推进农业结构调整，依靠科技引领推进农业转型升级，增加绿色优质农产品供给，逐步建立起增收效果好、环境效益高、可持续发展的产业结构体系。打造生态宜居乡村环境，加强农村突出环境问题综合整治，统筹山水林田湖草系统治理，以绿色发展引领生态振兴，重点解决土壤修复、污水治理、垃圾处理、旱厕改造等难题。充分发掘、创新性继承发展乡村传统绿色文化，建立绿色发展支持体系、促进乡村绿色发展的补贴政策体系及市场化多元化生态补偿机制。做好宣传工作，引导更多人树立绿色发展理念，促进其自觉参与绿色发展实践。完善执法队伍，确保执法到位，营造良好的法治保障。

五、传承发展农耕文明，促进文化繁荣

乡村振兴离不开文化振兴，传承乡土文化就是留住华夏文明之魂。要深化对乡村文化价值的认识与理解，增强对传统乡土文化的认同感和信心，让有形文化留得住、活态文化传下去，焕发新的魅力。要高度重视古村落保护，挖掘和展示其独有的文化内涵。在确保当地百姓的生活更加便利的同时，科学、合理地编制古村落保护发展规划，既要让有形的乡村文化留得住，还要让活态的乡土文化传下去。对广袤农村孕育出的民间艺术、戏曲曲艺、手工技艺等非物质文化遗产，要将大力保护传承和开发利用有机结合，实现活态传承和经济发展双赢，让历史悠久的乡土文化在新时代焕发出新的魅力和风采。要科学引导乡村移风易俗，坚持用农民易于接受的形式进行宣传，让文明新风成为乡风主流。坚持把老百姓身边的好故事、好榜样讲出来、演出来、唱出来，让新风尚在广阔乡村生根发芽。

六、健全创新乡村治理体系，促进乡村善治

乡村善治与否关系到乡村的和谐稳定和国家的长治久安。随着工业化、城镇化步伐的加快以及农村社会人口流动性的不断加大，部分农村已经出现了空心

化状态，给乡村治理带来了新的挑战。为了给乡村振兴营造一个和谐、安宁的社会环境，要努力做到以自治实现乡村治理共建格局、以法治实现乡村治理共治格局、以德治实现乡村治理共享格局的"三治融合"。要切实解决好农民权益保护、农村空心化、农村基础设施和公共事业发展滞后、村民自治实践不够完善、乡村治理主体的参与度不高、"返乡族"作用的充分发挥等问题，就必须充分调动农民的积极性、主动性与创造性，发挥乡贤领头羊、带头人、中介与桥梁的作用。加强基层自治组织体系的制度建设和乡村党组织建设，强化党在乡村社会中执政的组织基础，积极引导村民自治，组织和调动相关道德权威人物的力量调解矛盾纠纷。创新村民自治的组织形式，鼓励乡村社会组织的发展，持续推进民主法治村、社的创建，通过发现典型、梳理经验，推动法治在基层落地生根、开花结果。创新村干部工作方式，不断增强其运用法治思维和法治方式开展工作的能力。积极发挥村规民约的区域性功能。加强村民个体的教育与培养，注重不良道德行为的惩戒，注重乡村道德人物的塑造与宣扬，发挥其道德标杆和道德引领的作用，并给予其必要、适当的物质奖励和精神鼓励。

第三节　乡村振兴战略实施的要求

在中国特色社会主义新时代，必须立足国情、农情，顺势而为，把握实施乡村振兴战略的总体要求。具体来讲，乡村振兴战略实施的要求包括以下几方面。

一、明确总体思路

党的十九大报告创造性地提出了实施乡村振兴战略，确立了从根本上解决"三农"问题的指导思想和工作方针，是我们党"三农"理论发展的最新成果。

（一）指导思想

实施乡村振兴战略，要全面贯彻党的十九大精神，以习近平新时代中国特色社会主义思想为指导，加强党对"三农"工作的领导；坚持稳中求进的工作总基调，牢固树立新发展理念，落实高质量发展的要求，坚持把解决好"三农"问题作为全党工作的重中之重；坚持农业农村优先发展，紧紧围绕统筹推进"五位一体"总体布局和协调推进"四个全面"战略布局，按照产业兴旺、生态宜居、乡风文明、治理有效、生活富裕的总要求，建立健全城乡融合发展体制机制和政策体系，统筹推进农村经济建设、政治建设、文化建设、社会建设、生态文明建设和党的建设；加快推进乡村治理体系和治理能力现代化，加快推进农业农村现代化进程，走中国特色社会主义乡村振兴道路，让农业成为有奔头的产业，让农民成为有吸引力的职业，让农村成为安居乐业的美丽家园。

（二）基本原则

坚持党管农村工作。毫不动摇地坚持和加强党对农村工作的领导，健全党管农村工作方面的领导体制机制和党内法规，确保党在农村工作中始终总揽全局、协调各方，为乡村振兴提供坚强有力的政治保障。

坚持农业农村优先发展。把实现乡村振兴作为全党的共同意志、共同行动，做到认识统一、步调一致，在干部配备上优先考虑，在要素配置上优先满足，在资金投入上优先保障，在公共服务上优先安排，加快补齐农业农村短板。

坚持农民主体地位。充分尊重农民意愿，切实发挥农民在乡村振兴中的主体作用，调动亿万农民的积极性、主动性、创造性，把维护农民群众根本利益、促进农民共同富裕作为出发点和落脚点，促进农民持续增收，不断提升农民的获得感、幸福感、安全感。

坚持乡村全面振兴。准确把握乡村振兴的科学内涵，挖掘乡村多种功能和价值，统筹谋划农村经济建设、政治建设、文化建设、社会建设、生态文明建设和党的建设，注重协同性、关联性，整体部署，协调推进。

坚持城乡融合发展。坚决破除体制机制弊端，使市场在资源配置中起决定性作用，更好发挥政府作用，推动城乡要素自由流动、平等交换，推动新型工业化、信息化、城镇化、农业现代化同步发展，加快形成工农互促、城乡互补、全面融合、共同繁荣的新型工农城乡关系。

坚持人与自然和谐共生。牢固树立和践行"绿水青山就是金山银山"的理念，落实节约优先、保护优先、自然恢复为主的方针，统筹山水林田湖草系统治理，严守生态保护红线，以绿色发展引领乡村振兴。

坚持改革创新、激发活力。不断深化农村改革，扩大农业对外开放，激活主体、激活要素、激活市场，调动各方力量投身乡村振兴。以科技创新引领和支撑乡村振兴，以人才汇聚推动和保障乡村振兴，增强农业农村自我发展的动力。

坚持因地制宜、循序渐进。科学把握乡村的差异性和发展走势分化特征，做好顶层设计，注重规划先行、因势利导，分类施策、突出重点，体现特色、丰富多彩。既尽力而为，又量力而行，不搞层层加码，不搞"一刀切"，不搞形式主义和形象工程，久久为功，扎实推进。

二、明确重点方向

实施乡村振兴战略是社会主义新农村建设的升华版，同社会主义新农村建设相比，乡村振兴战略的内容更加充实，逻辑递进关系更加清晰，为在新时代实现农业全面升级、农村全面进步、农民全面发展指明了重点和方向。

（一）产业兴旺是乡村振兴战略的基础

乡村振兴战略目标的实现需要以产业兴旺为基石。只有农村产业兴旺，才能焕发生机，加速推进乡村振兴战略步伐。反之，如果乡村振兴缺少产业支撑，农村将难以获得发展机遇，乡村振兴的目标也就无法实现，因此产业兴旺是乡村振兴的第一要义。

产业兴旺为农民提供了良好的生活保障，激发了群众的生产积极性，为乡村振兴战略目标的实现创造了基础条件。随着经济、社会的不断发展和城镇化水平的提高，农民对于生活质量的要求也逐步提高。近年来我国城乡居民家庭恩格尔系数逐步降低，人们对生活的要求已不满足于解决温饱问题，对美好生活有着更高的期待和要求。这一变化的出现是因为食品质量得到了保证，基本需求得到了满足。农村产业兴旺为满足人们日常生活必需提供了保证，食品数量、质量和安全都能得到可靠保障。

产业兴旺为农民提供了更多的就业机会，使农民有了稳定可靠的收入来源，有利于缩小城乡差距。从当前情况来看，农民家庭收入来源呈现多元化，除传统的农业生产收入之外，还包括经营收入、劳务收入和其他资产类收益，但总体来看，劳务收入在农村家庭中占据较大的比重，是多数家庭的主要收入来源。农民进城务工赚取收入，导致了农村土地摆荒、留守儿童等多种问题的出现，不利于农村的长远发展。农村产业兴旺能够为农民提供更多的就业机会，拓宽收入渠道，实现农民收入的稳定性，进一步缩小城乡收入差距，满足农民不断增长的物质和文化生活需求。

产业兴旺能为乡村振兴凝聚人才，推进"三农"工作进程。乡村振兴战略目标的达成，人才是重要资源，也是关键因素。当前农村劳动力大量外流，拥有高学历或专业技术的人员更是匮乏，乡村振兴需要政府引导支持、农民参与，也需要更多的人才参与建设。只有在农村实现产业兴旺的前提下，才能提供更好的创业环境，提供更多的就业机会，吸引进城务工农民返乡就业，吸引其他优秀人才投身农村发展建设，共同推进乡村振兴战略目标的实现。

产业兴旺是实现生态宜居、乡风文明、治理有效、生活富裕总要求的基础。只有产业兴旺，才能为农村经济、社会发展提供源源不断的动力，农民才能够通过产业发展进行物质和财富积累，逐步达到生活富裕。农民生活水平的提高为发展农村文化和精神文明建设奠定了良好的基础。农民安居乐业、邻里关系和睦，村民更加积极参与村庄公共事务管理，促使基层治理更加民主有序。农民对美好生活的向往是相同的，愿意为乡村持续繁荣贡献力量的意愿是一致的，产业兴旺使得农民生活水平大幅提高之后，村民更加愿意为村庄的持续发展做出努力，因而会自觉规范自己的行为，督促本村成员遵守村规民约、遵纪守法，改善村庄风气，形成良好村风。农村产业的高度发展也为农村环境治理提供了物质基础和有利条件，尤其是以乡村旅游为主要产业的村庄，优美的田园环境就是其核心竞争力，村民们更加愿意参与环境的改善和治理，并为之购买公共服务或产品，使美丽乡村建设更加高效。

实现乡村产业兴旺要把握好这样几个原则：一是要坚持农村土地集体所有制。解放农业生产力，实现产业兴旺，就必须要有能适应发展需要的土地制度。农村土地的集体所有制具有鲜明的中国特色，是实践证明了的正确的制度，也是我们进行农村改革的制度基础。在集体所有制的基础上，激发家庭生产积极性，实现公平和效率的统一，是实现乡村振兴的正确途径。二是要坚持发展壮大集体经济。以家庭为单位进行的农业生产经营活动需要大量的资金和技术服务支持，每家每户都需要办的共同事务分散到每家各自进行，则会"不好办"也"办不好"，因此需要集体发挥这方面的作用，为小农户提供社会化服务，在不改变家庭经营的基础上，充分利用资源，使农业生产获得规模化效益。三是要始终维护农民利益。农民是产业发展的主体，是建设者也是受益者，农民能否在产业发展的过程中获得稳定收入、提高生活质量，对于乡村振兴战略能否顺利实施具有关键作用，因此要落实好、维护好农民的权益。

（二）生态宜居是乡村振兴战略的关键

改善乡村人居环境、建设生态宜居美丽乡村是实施乡村振兴战略的一大重要任务。2018 年的中央一号文件中明确指出，生态宜居是实施乡村振兴战略的关键所在。

建设生态宜居乡村是改善乡村人居环境的现实需求。当前，我国乡村生态环境存在一些突出问题，如化肥农药等的过度使用、生活污水无序排放、生活垃圾处置不当、地下水过度开采等，这些问题的存在使得村民居住质量得不到提高，无法获得满足感和幸福感。自然环境是发展的基础，任何发展经济的活动都不能以破坏环境为代价，必须兼顾好环境效益。因此在推进乡村振兴的过程中，也必须持续推进"美丽乡村"建设，解决乡村的突出环境问题，实现生态宜居的建设目标。生态宜居不仅仅要求村容整洁，更注重生态建设的内核，因此，实现生态宜居的建设目标一方面要树立领导干部的生态文明意识，提高生态文明建设水平；另一方面要加强对生态文明理念的宣传，培育群众的生态文明意识。在具体实践中要加强乡村规划和管理的科学性，整治乱搭乱建、乱堆乱放等现象，还要注重总结经验，根据实际情况开展工作，比如可以倡导村民在房前屋后种花种菜，实现经济效益的同时兼顾环境效益。

建设生态宜居乡村是满足人民日益增长的美好生活需要的重要举措。中国特色社会主义进入新时代，我国社会主要矛盾已经转化为人民日益增长的美好生活需要和不平衡不充分的发展之间的矛盾。随着人民生活水平的不断提高，消费需求更加趋向中高端、多元化和个性化，对安全的农产品、洁净的空气、宁静的田园风光等的需求更为强烈。

面对主要矛盾的变化，既需要创造更多的物质、文化财富以满足人民日益增长的美好生活需要，也要提供更加优质安全的生态产品和优美的生态环境满足人民对美好生活的期盼。乡村是集自然、社会、经济等特征于一体的地域综合体，具有生产、生活、文化和生态等多种功能，与城镇之间相互影响、相互促进。农村的这些功能属性决定了农业是生态产品的主要供给者，农村是生态涵养的主要功能区，农村生态环境如何将直接影响群众的生活质量和体验。建设生态宜居美丽乡村，改善乡村人居环境，打造优美田园生态，既能够为生产更加优质安全的农产品提供生态环境基础，又能够满足人民对于美好生态环境的需要。同时，良好的生态也是乡村的最大优势和最大财富。乡村的生态宜居能够带来更多的产业发展机遇，实现环境保护和经济发展相互促进的新格局，逐步实现乡村振兴。

建设生态宜居乡村是留住乡愁的重要依托和载体。生态宜居具有丰富的内涵，追求村庄空间布局美、田园生态美，还要留得住乡愁。乡村是亿万农民的主要居住地，也是农民对美好生活向往的物质载体和精神归属。留住乡愁，乡村振兴才能扎根土地，有所归依。乡愁是人们心中最深刻的记忆，具体来讲就是乡土味道、田园风貌、地域风情等。建设生态宜居乡村，实现人与自然相和谐、村庄建设与自然环境相和谐，才能真正留得住乡村，使乡愁有所依托，乡村振兴更具底气。

（三）乡风文明是乡村振兴战略的灵魂

在乡村振兴战略的总要求中，乡风文明具有丰富的文化内涵，是乡村振兴的灵魂。坚持以社会主义核心价值观为引领，大力弘扬和发展优秀传统文化助力农村文化建设，解决农民群体存在的思想问题，是乡村振兴战略实施进程中最深沉和持久的力量来源。因此，乡风文明建设好了也就抓住了乡村振兴的灵魂所在。

中国特色社会主义进入新时代，乡风文明在新的历史条件下也有了新的内涵。一是乡风文明是优秀传统文化与现代内容的融合。乡风文明建设的内容既包括弘扬和发展优秀传统文化（如和谐邻里、尊老爱幼、诚实守信等），也包括优良家风的传承和文明村风的树立。同时，乡风文明建设还包括了"五位一体"总体布局和"五大发展理念"中关于文化和乡风文明建设的新要求、新内容。二是乡风文明是乡村文化和城市文化的融合。乡风文明既要求乡村文化建设要重视传统民俗文化、乡村文化等乡村人文文化建设，又要求乡村在留住乡愁的基础上使农民享受到现代化的城市文明。三是乡风文明是中华文化和世界文化的融合。乡风文明的建设，首先要坚定对乡村文化的自信，而乡村文化是中华文化的重要组成部分。经过五千年的发展和实践，乡村文化中包含着很多富有智慧的思想，如生态文明理念等。同时在乡风文明建设的过程中，也要充分借鉴国外乡村文明的优秀成果，实现与时俱进，并在融合的过程中为世界文明发展贡献中国力量。

乡风文明是乡村振兴的重要保障，对产业兴旺、生态宜居、治理有效和生活富裕的实现有着重要作用。乡风文明是乡村振兴的灵魂，能够渗透到乡村振兴的各方面，并且相互促进、互为因果。产业兴旺为乡风文明建设提供了物质基础，乡风文明也为产业兴旺提供了重要资源。乡风文明使乡村更具文化内涵，能够吸引更多城市要素资源向乡村转移，为乡村发展产业提供重要资源，同时也赋予当地农产品和产业更多的文化价值，提高品牌影响力，从而实现农民有效增收。乡风文明是实现生态宜居的重要条件，也是生态宜居的重要内容。生态宜居需要村民树立生态环境意识，采用环境友好型的生产和生活方式，这些意识和行为方式的养成与乡风文明建设密不可分，乡风文明为生态宜居的实现提供了有利的人文环境。乡风文明的建设过程本身就是乡村治理的一个重要组成部分，是治理成效的体现。乡风文明中包含了丰富的优秀传统文化和优良家风，这些家风家训、道德示范和村规民约等有助于构建法治、德治相结合的治理体系，使乡村治理更加有效。

乡风文明建设过程中要注意做好以下几方面工作：一是要做好乡村文化建设，增强感召力。乡村文化是乡风文明建设的重要源头，要留住乡愁就要留住农村的优秀文化形态，传承优秀的文化基因。因此，要做好古镇、古村落的保护和修复工作，实施非物质文化遗产保护，并大力推进具有地方特色的文化名村名镇建设，使优秀的乡村文化得到保护和传承。二是要丰富群众文化活动，做好农村群众精神文明创建工作。要强化农村地区的公共文化基础设施建设，实现文化活动场所和健身器材的村村覆盖；开展流动文化服务，将公共文化服务资源下沉到农村，深入农村进行文化宣传、文艺演出等活动，使城乡文化建设协同发展；开设道德讲堂，对农民进行深入的思想道德教育，提升群众的思想道德水平。三是要发挥模范在乡风文明建设中的示范带动作用。组织开展文明村、文明家庭、文明个人等评选活动，选出一批能够代表新时代文明乡风的先进典型，并支持他们参与村规民约的制定过程，发挥其引领和示范的带动作用。

（四）治理有效是乡村振兴战略的核心

深入实施乡村振兴战略，实现"产业兴旺、生态宜居、乡风文明、治理有效、生活富裕"的目标要求，需要在这些要求的实现过程中寻找相互协调配合的制度，"治理有效"在其中发挥着重要作用。乡村治理是农村建设的一项重要工作，是乡村振兴战略的一项重要内容。乡村治理越有效，乡村振兴战略越能取得好的效果，越能加快实现国家治理体系和治理能力现代化的战略目标。

治理有效是应对农村社会转型期诸多变化的现实要求。2005年10月中国共产党第十六届中央委员会第五次全体会议审议通过的《中共中央关于制定国民经济和社会发展第十一个五年规划的建议》中出现了"管理民主"一词，管理民主是建设社会主义新农村的目标要求和重要手段。在实施过程中，通过民主选举、民主决策、民主管理、民主监督等手段，使农民能够按照自身意愿进行乡村管理，从而实现管理民主的目标要求。因此，可以说管理民主是民主政治建设在乡村的具体表达，是建设社会主义新农村的政治保障。随着城镇化、新型工业化和农业现代化的快速发展，乡村的空心化、老龄化和农业边缘化等问题出现，乡村正在经历重要的转型期。面对乡村的新变化和出现的新问题，党和国家对于乡村治理的内容、任务和目标进行了重新定位。党的十八大以来，党中央不断加强创新社会治理，将社会治理的中心和主体向基层下移，提出了许多关于基层社会治理的新思路和新举措。

党的十九大提出的乡村振兴战略将治理有效作为农村建设发展的总要求之一，2018 年中共中央、国务院下发的《中共中央 国务院关于实施乡村振兴战略的意见》要求进一步加强农村的基础工作，构建乡村治理体系。从"管理民主"到"治理有效"是参与主体、治理任务和制度等多方面的变化，要求乡村建设必须提高组织效能，持续开展民主和法治建设，健全乡村治理体系，推进治理能力现代化，实现从"管理民主"到"治理有效"的转变。

"治理有效"的实现需要从完善治理体系、培育干部队伍和发展集体经济几方面着手。完善乡村治理体系一方面要健全党组织领导乡村治理的体制机制，规范村级事务的运行，抓好村规民约的落实；另一方面要大力弘扬社会主义核心价值观，加强法治宣传教育，健全矛盾纠纷调解机制，以德治与法治相结合的方式解决乡村治理中的问题。培育干部队伍是提高乡村治理能力的根本，要加大对村级干部的选拔和培养力度，提高村干部的工资待遇和保障，调动村干部的工作积极性。同时要发展优秀年轻党员，形成有力的干部梯队，切实发挥乡村基层党组织的战斗堡垒作用。实现治理有效的目标要求需要把发展集体经济纳入乡村经济发展的总体规划，加快推进乡村的产权制度改革，着力培育和壮大集体经济。

（五）生活富裕是乡村振兴战略的根本

在乡村振兴战略的总要求中，生活富裕不仅仅是农民收入增加、家庭恩格尔系数降低等物质上的富足，还包括公共文化服务、文化产品的多样化等精神层面的丰富，是推动农村全面进步、农民全面发展的重要体现，是乡村振兴的根本。

随着中国特色社会主义进入新时代，实现乡村生活富裕的目标具有更加突出的意义。"生活富裕"是对"生活宽裕"标准的提升，是对乡村发展目标的升华。

在社会主义新农村建设时期，我国提出了农民"生活宽裕"的发展目标，经过十几年的努力，农民生活水平得到了极大改善。从"生活宽裕"到"生活富裕"的转变，符合新时代的发展要求，更加注重农民生活水平和质量的共同提高，更能够满足农民对于公正、法治、正义、民主等的多元需求，提升农民的获得感、幸福感和满足感。

乡村生活富裕是实现共同富裕的基本前提，生活富裕与共同富裕二者之间是部分与整体、过程与结果的辩证统一关系。一方面，乡村生活富裕的提出体现了现阶段我国社会的主要矛盾，是满足人民日益增长的美好生活需要的必然要求，也是实现共同富裕的基本前提；另一方面，共同富裕是中国特色社会主义制度优势的重要体现，是生活富裕的价值追求和最终目标。生活富裕需要以农民的全面发展来表现，同时也为农民的全面发展提供了条件和保障，是推动农民全面发展的基础。要实现"农业强、农村美、农民富"的目标任务，要正确把握生活富裕与"三农"之间的逻辑关系，把生活富裕的目标要求融入农民的全面发展之中。

我国实现乡村生活富裕的目标，具有显著的制度优势、政策优势和发展优势。中国特色社会主义制度为乡村振兴实践提供了先进的制度基础，始终将维护和发展广大人民的根本利益作为出发点和落脚点，能够最大限度地激发群众的积极性和主动性，促使他们参与乡村振兴过程。党的政策充分体现了党的人民性，具有宏观性和纲领性的指导作用。从中国共产党成立以来，"三农"问题始终是党全部工作的重中之重，特别是改革开放以来，一系列强农、惠农政策陆续出台。中国特色社会主义进入新时代，中国共产党站在新的历史方位实施乡村振兴战略，以此作为"三农"工作的总抓手，并就"生活富裕"这一目标提出发展农村教育事业、加强乡村社会保障、改善乡村人居环境等六项任务，着力解决农民最关心、最直接和最现实的利益问题。如果离开政策的支持和引导，生活富裕这一目标就无法实现。我国综合国力的增强和工业化、城镇化水平的提高为实施乡村振兴提供了发展优势。我国已经成为世界第二大经济体，国际影响力显著提升，工业化和城镇化的提高也使城市带动乡村、工业支援农业具备了成熟时机，并且使实施乡村振兴战略有了坚实的物质条件基础。

实现乡村生活富裕的目标，要抓住改善民生这一关键。改善民生的第一要务是提供多元化的就业途径，拓宽生活富裕的实现渠道。拓宽就业途径可根据地区条件发展不同产业，如特色农业、乡村旅游、电子商务等，提供多元化的务工和就业方式。改善民生要加强农村基础设施和公共服务配套，补齐人居环境建设短板。要持续加强农村的公路、电网、网络、物流等基础设施建设，完善养老、医疗、教育等保障体系,缩小城乡发展差距;持续开展人居环境整治行动,建设宜居乡村,实现农村发展环境的全面升级。

三、明确目标任务

乡村振兴战略任务体系围绕"三农"问题的产业、生态、乡风、治理、生活等五大短板,依照产业兴旺、生态宜居、乡风文明、治理有效、生活富裕的总要求集中发力,为实现建立健全城乡融合发展的体制机制和政策体系,加快推进农业农村现代化的目标,从深化制度改革,完善农业体系、制度体系、人才体系等方面推动战略实施。

(一)激发产业发展活力

一方面,就农业产业发展而言,现阶段乡村产业发展的现状是农产品多而不精,农业广而不强,农业效益迫使农业产业体系发展。具体来看,乡村农业发展应以质量兴农、绿色兴农、粮食安全为抓手,实现农业高质量发展。同时,要加大科技投入、技能支撑,提高农民的现代设施应用能力,使规模生产与小农生产相结合。但农业功能不能只停留在生产,要通过农业产业业态、内容、链条的丰富、创新、延伸,加快构建农业产业体系、生产体系和经营体系。在农业产业保障方面,要健全农业社会化服务体系,支持保护体系建设,推进农业现代化生产,形成有特色、有竞争力的农业产业,加快实现由农业大国向农业强国的转变。

另一方面,促进产业融合发展,培育新型产业,是形成支柱产业的有效方式。乡村农产品种类丰富,可以搭乘城乡融合之便车,以新型工业为手段,开展农副产品精深加工,搞活"一村一品",打造名优产业。同时依托乡村自然、人文资源,借助教育、旅游、文化、媒体、网络等产业力量,实现多产业融合发展,使绿水青山变成"金山银山",充分发挥生态效益、经济效益、社会效益。但归根结底,产业兴旺需以资源为本,引导全要素生产资源向农村的正向流动至关重要,所以,要通过政策、体制建设配置资源,实现乡村产业发展的各要素向农村聚合,打造优势产业,激活产业价值。

(二)打造生态宜居格局

改善乡村人居环境,建设美丽宜居乡村,是实施乡村振兴战略的一项重要任务。生态宜居对生活环境建设提出了更高要求,其中,宜居是基础,生态是保证。脱离民生讲生态，青山绿水恐为"穷山恶水"。建设生态宜居乡村首先要完善农村基础设施建设和公共服务水平，要在保护环境的前提下，大力改善农村住房条件，建设水电气、交通、通信等基础设施，完善医疗、教育、文化、娱乐等配套设施，使农村生活更加便捷、文明、现代。同时，农村垃圾污水排放、土地土壤污染、资源粗放开发导致生态破坏，对宜居环境造成影响等问题不容乐观，因此要加快实施环境的有效治理，使农村生活更加健康、舒适。其次，良好的生态环境既是农村宜居生活的保障，也是其最大的优势和财富，应以尊重自然、顺应自然、保护自然为前提，运用现代科技和管理手段，对乡村自然资本进行合理开发，加快增值，将乡村生态优势转化为发展生态经济的优势，促进生态和经济良性循环，实现百姓富、生态美的统一。总体而言，要处理好开发与保护的关系，使生态与宜居互动融合，既要生态和谐，又要生活美好。

（三）营造文明文化风尚

乡风文明是乡村振兴战略的灵魂与保障，是乡村优秀文化的重要组成部分。习近平总书记曾强调"文化兴国运兴，文化强民族强"。乡村振兴的物质建设固然重要，但精神文明也不容忽视。既要传承和弘扬中华优秀传统文化，也要发挥先进文化的引领作用，全面提升农民的精神风貌，培育文明乡风、良好家风、淳朴民风，不断提高乡村社会文明程度。

现阶段，乡村绝大多数人民已经达到丰衣足食的物质发展水平，但文化建设相对滞后。一方面优秀传统文化没有得到有力传承与保护，另一方面，一些低俗文化、垃圾文化渗入。因此，乡村文明文化建设亟须大力推进。首先，要明确以村民主动提升为主、以政府制度引导为辅的建设原则。乡风文明文化建设的主体是农民，政府修文化室、建图书馆、搞文化墙等基础性工作是很有必要的，但关键还是要充分调动农民的积极性，有效激发农民的主体责任意识。结合现代科技手段、数字媒体技术，以丰富多样的创新形式将社会主义核心价值观、中国梦理念等思想道德建设内容柔性渗入，激发农民的接受兴趣、学习兴趣。配套建设保障制度，逐步实现教育引领、实践养成的效果。其次，要保护优秀传统、整合民间艺术、挖掘文化能人、树立文化自信。文化不能停留在教育、保护的静态功能上，要充分实现其动态功能，以经济价值的转化实现保护和利用文化的良性循环。因此，要在科学保护传承的基础上，包容并蓄现代文明，赋予传统文化丰富的时代内涵，合理开发利用，实现优秀传统文化的弘扬发展与提升改造。

（四）构建多元治理体系

在乡村振兴的过程中，治理有效是基础，完整的治理结构、多元的治理体系是留住"乡愁"的关键。当前，乡村党政关系、干群关系、乡村债务、村治腐败等乡村治理问题成为阻碍乡村振兴的严重隐患。乡村在历史发展过程中，形成了深厚的自治、德治基础，这是乡村治理体系的有机组成部分。政府可以通过深化村民自治实践，加强农村群众性自治组织建设，健全和创新由村党组织领导的充满活力的村民自治机制。同时，提升乡村德治水平，深入挖掘乡村熟人社会蕴含的道德规范，结合时代要求进行创新，强化道德教化作用，建立道德激励约束机制。但乡村治理工作最终要落实法治，以法治为根本和主导，要坚持法治为本，树立依法治理理念，强化法律在维护农民权益、规范市场运行、农业支持保护、生态环境治理、化解农村社会矛盾等方面的权威地位。在不同治理机制中党的基层组织应始终居于中心地位，要强化农村基层党组织的领导核心地位，防止村级党组织弱化、虚化、淡化、软化、边缘化等现象。因此，应当鼓励和允许乡村以基层党组织为核心，根据自身条件，组成不同的、适合本地情况的治理结构，建设自治、德治、法治相结合的多元治理体系，提高乡村治理效率，推进乡村治理现代化。

（五）塑造美丽幸福风貌

生活富裕是新时代中国特色社会主义的根本要求，是乡村振兴最直接的动力源泉。共同富裕作为一种丰裕的生活状态，最主要的实现标准是社会生产力高度发展，社会财富极大丰富，人民群众物质生活水平得到极大提高。反观乡村发展，财富积累严重不足是当前一切"三农"问题的根源。由于农民收入低下，生活质量难以持续保障与提高，加之城乡收入存在明显差距，农民被迫背井离乡、弃农从工从商，乡村空心萧条，教育、文化、治理等问题随之产生。因此，提高乡村收入水平、促进农村劳动力转移就业、拓宽增收渠道是当前群众最关心、最直接、最现实的利益问题，而推动乡村产业融合、发展新业态新产业、配套乡村经济发展制度体系是解决以上需求的有效方式，也是乡村振兴的当务之急。

此外，与农民息息相关的教育、就业、服务、保障等方面是否全面是最能体现农民生活质量高低、快乐幸福与否的标准。习近平总书记多次强调"中国特色社会主义的发展成果必须更多更公平地惠及全体人民",而农村与城市最大的差距来自医疗、教育、服务、基础设施等公共资源方面。因此,乡村振兴要坚持优先发展农村教育事业,鼓励农民就业创业,推动农村基础设施提档升级,加强乡村社会保障体系建设,持续改善乡村人居环境,实现生活富裕、美丽幸福的"乡村梦"。

（六）强化用人育人机制

实施乡村振兴战略,人才缺失是主要的制约因素之一,要突破乡村发展人才瓶颈,必须探索多元用人、育人政策,着力培育本土人才,积极引进外来人才。

首先,就地取材,完善本地人才培育措施。乡村建设的主体是农民,历史悠久的农业传统造就了农民浓厚的乡土情怀,这是农民最根本的内生动力,应充分调动本地农民参与乡村建设。完善本地能人培育措施,通过建立职业农民制度,创新职业评价机制,培养农业专门人才,使农民职业化、专业化。

其次,多方聚才,创新人才引进机制。以精神激励、物质奖励多措并举引进人才,吸引优秀人才建设农村,引导高校毕业生进村创业兴业。结合人才返乡政策,营造良好的创业就业环境,大力发展文化、科技、旅游、生态等乡村特色产业,提供多渠道就业方式,吸引农民工就地转移就业。制定各界人士服务乡村激励政策,打好感情牌,以"乡情"为纽带激发建乡、扶乡情怀,凝聚社会力量,服务乡村振兴、共建美好家园。

最后,加强"三农"工作基层队伍建设。乡村振兴要坚持党的领导,充分发挥党的基层组织作用,要把懂农业、爱农村、爱农民作为基层工作队伍建设和干部培养的基本要求,加强"三农"工作干部队伍培养、配备、管理、使用,全面提升"三农"干部队伍能力和水平,为高效推进乡村振兴打下组织基础。总而言之,人是乡村振兴中最活跃的因素,要建立一切有利于人才建设的方法、措施,广泛吸引人才、培养人才,发动一切可以发动的人才力量,为乡村建设注入活力。

四、明确评价体系

深入推进实施乡村振兴战略,不仅需要扎实推进乡村振兴政策的执行,还迫切需要对乡村振兴战略的实施进程和成果进行量化评价,以高效地对乡村振兴的进展和成效做出准确的判断。因此,推进和实施乡村振兴战略,必须构建科学完备的评价指标体系。

（一）评价指标的选取原则

1. 科学性与普适性相结合

评价的科学性是指评价的选择应该能够比较客观和真实地反映出乡村振兴在各个方面的现状、综合绩效和可持续改进能力。普适性是指指标体系既能够适用于在全国范围内进行横向比较，也能够对某一省在不同年份的发展水平进行纵向比较，从不同的视角反映每个省乡村振兴发展的实际水平。

2. 系统性与可操作性相结合

乡村振兴内涵丰富，涉及农村政治、经济、文化、社会、生态等方面，其评价指标体系要能够覆盖综合评价要求的所有重要方面。乡村振兴评价指标体系作为一个完整的有机体，从整体上对乡村振兴进行系统评价。评价指标应该可进行定量或定性测量和同类比较，只有这样才能应用到综合评价分析中去，既保证每个指标的经济含义明确，也确保指标评价结果的可操作性。

3. 创新性与历史性相结合

创新性是指评价体系要与众不同。因为对乡村振兴战略实施进行监测评价是一项全新的工作，目前国内还没有一套成熟统一的办法，没有经验可借鉴，因此需要不断尝试、大胆创新。历史性是指评价体系要尊重历史、注重传承。任何社会评价都必须历史地、发展地、全面地看问题，对于乡村振兴战略实施而言，其评价体系也必须与传统的评价体系联系起来看，吸收其先进、可用的养分，去除其过时、落后的成分，以保持其先进性。

4. 硬指标与软指标相结合

硬指标是指评价体系中比较刚性的指标，包括物质激励、经济发展、人均收入、基础设施、社会保障等，这些指标往往是可以直接量化的。软指标是指评价体系中比较柔性的指标，比如文化、道德、社会建设、生态保护、乡村文化遗产保护、乡村人才保护等指标是定性的，无法直接量化，需要进行一定的计算和转换。在以往的一些评价体系中，人们往往比较重视硬指标，因为它们便于量化统计，而不重视定性的软指标，我们需要对此进行纠正。

（二）评价指标体系的设计

基于《乡村振兴战略规划（2018—2022年）》等文件，在结合已有研究乡村振兴指标体系文献的基础上，概括出乡村振兴战略的"20字"总要求：产业兴旺是乡村经济建设的核心；生态宜居是乡村生态建设的重点；乡风文明是乡村文化建设的主线；治理有效是乡村政治建设的根本；生活富裕是乡村社会建设的基石。

1. 产业兴旺指标的设计

该类指标主要用来反映乡村振兴过程中农业结构调整水平、农业产业链延伸水平、农业科技化水平和农业多功能开发利用程度。该指标下设5个二级指标，其中粮食综合生产能力反映农村一定时期的粮食产出能力，确保粮食供应；农业科技进步贡献率可综合地反映出科技进步对经济发展作用的大小；农业劳动生产率是衡量农业劳动者生产效率的指标；农产品加工产值与农业总产值比可反映出加工农产品对农村经济的贡献；休闲农业和乡村旅游接待人次能反映出农村第三产业的发展状况。

2. 生态宜居指标的设计

该类指标主要用来反映乡村振兴过程中农业污染、人与自然和谐共生和乡村人居环境整治情况。该指标下设4个二级指标，其中畜禽粪污综合利用率体现农村对废物处理循环利用的效果；村庄绿化覆盖率是反映农村生态环境保护状况的重要指标；对生活垃圾进行处理的村占比反映农村对垃圾的处理情况，以及能否保持环境整洁；农村卫生厕所普及率反映农村环境卫生面貌的改善和人民群众健康水平的提高。

3. 乡风文明指标的设计

该类指标主要用来反映乡村振兴过程中乡村文化教育建设、公共文化发展和优秀文化传承情况。该指标下设4个二级指标，其中村综合性文化服务中心覆盖率反映农村文化服务水平；县级及以上文明村和乡镇占比可反映农村地区参与文明村镇创建的积极性；农村义务教育学校专任教师本科及以上学历比例反映农村学生接受教育的状况；农村居民教育文化娱乐支出占比反映农民消费理念是否改善。

4. 治理有效指标的设计

该类指标主要用来反映乡村振兴过程中基层组织建设和乡村民主治理情况。该指标下设5个二级指标，包括村庄规划管理覆盖率、建有综合服务站的村占比、村党组织书记兼任村委会主任的村占比、有村规民约的村占比、集体经济强村比重。

5. 生活富裕指标的设计

该类指标主要用来反映乡村振兴过程中农村居民收入和生活水平。该指标下设 4 个二级指标，其中农村居民恩格尔系数是衡量一个农村家庭富裕程度的主要标准之一；城乡居民收入比是衡量城乡收入差距的一个重要指标；农村自来水普及率可看出农村水利基础设施网络建设的状况；具备条件的建制村通硬化路比例反映出农村交通物流设施条件。

第四节　乡村振兴战略规划的编制

一、乡村振兴战略规划编制的基础与分类

编制乡村振兴战略规划要以正确处理好五大关系为基础，在此基础上，要把握好乡村振兴战略的类型与层级。

（一）乡村振兴战略规划制定的基础

乡村振兴战略规划是一个指导未来 30 余年乡村发展的战略性规划和软性规划，涵盖范围非常广泛，既需要从产业、人才、生态、文化、组织等方面进行创新，又需要统筹特色小镇、田园综合体、全域旅游、村庄等重大项目的实施。因此，乡村振兴战略规划的制定首先须厘清五大关系，即 20 字方针与五个振兴的关系，五个振兴之间的内在逻辑关系，特色小镇、田园综合体与乡村振兴的关系，全域旅游与乡村振兴的关系，城镇化与乡村振兴的关系。

1. 20 字方针与五个振兴的关系

产业兴旺、生态宜居、乡风文明、治理有效、生活富裕的 20 字方针是乡村振兴的目标，而习近平总书记提出的产业振兴、人才振兴、文化振兴、生态振兴、组织振兴是实现乡村振兴的战略逻辑，亦即 20 字乡村振兴目标的实现需要五个振兴的稳步推进。

2. 五个振兴之间的内在逻辑关系

产业振兴、人才振兴、文化振兴、生态振兴、组织振兴共同构成乡村振兴不可或缺的重要因素。其中，产业振兴是乡村振兴的核心与关键，而产业振兴的关

键在人才，以产业振兴与人才振兴为核心，五个振兴间构成互为依托、相互作用的内在逻辑关系。

3. 特色小镇、田园综合体和乡村振兴的关系

2016 年住建部等三部委开展特色小镇培育工作，2017 年中央一号文件首次提出田园综合体概念，2018 年中央一号文件全面部署乡村振兴战略，它们之间的内在关系密切。从乡村建设角度而言，特色小镇是点，是解决三农问题的一个手段，其主旨在于壮大特色产业，激发乡村发展动能，形成城乡融合发展格局；田园综合体是面，是充分调动乡村合作社与农民力量，对农业产业进行综合开发，构建以农为核心的乡村发展架构；乡村振兴则是在点、面建设基础上的统筹安排，是农业、农民、农村的全面振兴。

4. 全域旅游与乡村振兴的关系

全域旅游与乡村振兴同时涉及区域的经济、文化、生态、基础设施与公共服务设施等各方面的建设，通过"旅游＋"建设模式，全域旅游在解决三农问题、拓展农业产业链、助力脱贫攻坚等方面发挥着重要作用。

5. 城镇化与乡村振兴的关系

乡村振兴战略的提出并不是要否定城镇化战略，相反，两者是在共生发展前提下的一种相互促进关系。首先，在城乡生产要素的双向流动下，城镇化的快速推进将对乡村振兴起到辐射带动作用。其次，乡村振兴成为解决城镇化发展问题的重要途径。

（二）乡村振兴战略规划的类型与层级

1. 乡村振兴战略规划的类型

（1）综合性规划

乡村规划是特殊类型的规划，需要生产与生活相结合。乡村现有规划为多部门项目规划、少地区全域综合规划，运行规则差异较大，如财政部门管一事一议、环保部门管环境集中整治、农业部门管农田水利、交通部门管公路建设、建设部门管居民点撤并等，因此乡村规划应强调多学科协调、交叉，需要规划、建筑、景观、生态、产业、社会等各个学科的综合引入，实现多规合一。

（2）制度性规划

2011 年我国的城市人口历史性地超过了农村人口，在非完全城镇化背景下，

乡村规划与实施管理的复杂性凸显：一是产业收益的不确定性导致的村民收入的不稳定性；二是乡村建设资金来源的多元性；三是部门建设资金的项目管理转向综合管理。乡村规划与实施管理的表征是对农村地区土地开发和房屋建设的管制，实质是对土地开发权及其收益在政府、市场主体、村集体和村民之间的制度化分配与管理。与此相悖，我国的现代乡村规划建立在制度影响为零的假设之上，对制度的忽略使得规划远离了现实。因此乡村规划与实施的管理重心、管理方法和管理工具需要不断调整，乡村规划制度的重要性凸显。

（3）服务型规划

乡村规划是对乡村空间格局和景观环境方面的整体构思和安排，既包括乡村居民点生活的整体设计，体现乡土化特征，也涵盖乡村农牧业生产性基础设施和公共服务设施的有效配置。同时乡村规划不是一般的商品和产品，其实施的主体是广大的村民、村集体乃至政府、企业等多方利益群体，在现阶段基层技术管理人才不足的状况下，需要规划编制单位在较长时间内提供技术型咨询服务。

（4）契约式规划

乡村规划的制定是政府、企业、村民和村集体对乡村未来发展和建设达成的共识，形成有关资源配置和利益分配的方案，缔结起政府、市场和社会共同遵守和执行的"公共契约"。《中华人民共和国城乡规划法》规定乡村规划需经村民会议讨论同意、由县级人民政府批准和不得随意修改等原则要求，显示乡村规划具有私权民间属性，属于没有立法权的行政机关制定的行政规范性文件，具有不同于纯粹的抽象行政行为的公权行政属性和"公共契约"的本质特征。

2. 乡村振兴战略规划的层级

（1）国家级乡村振兴战略规划

实施乡村振兴战略是党和国家的大战略，必须规划先行，强化乡村振兴战略的规划引领，所以，2018年中央一号文件提出来要制定《乡村振兴战略规划（2018—2022年）》。2018年中央一号文件主要是为实施乡村振兴战略定方向、定思路、定任务、定政策，《乡村振兴战略规划（2018—2022年）》则以中央一号文件为依据，明确到2020年全面建成小康社会时和2022年召开党的二十大时的目标任务，细化、实化乡村振兴的工作重点和政策举措。具体部署国家重大工程、重大计划、重大行动，确保中央一号文件得到贯彻落实，政策得以落地执行。简单来说，中央一号文件是指导规划的，规划是对中央一号文件的落实。

（2）省级乡村振兴战略规划

省级乡村振兴战略规划是以《中共中央　国务院关于实施乡村振兴战略的意见》和《乡村振兴战略规划（2018—2022年）》为指导，同时结合各自省情来制定的，一般与国家级乡村振兴战略规划同步。各省乡村振兴战略规划也要按照产业兴旺、生态宜居、乡风文明、治理有效、生活富裕的总要求，对各省实施乡村振兴战略做出总体设计和阶段谋划，明确目标任务，细化工作重点、政策措施、推进机制，部署重大工程、重大计划、重大行动，确保全省乡村振兴战略扎实推进。省级乡村振兴战略规划是全省各地各部门编制地方规划和专项规划的重要依据，是有序推进乡村振兴的指导性文件。

（3）县域乡村振兴战略规划

乡村振兴，关键在县。县委书记是乡村振兴的前线总指挥，是乡村振兴战略规划落地实施的第一责任人。乡村振兴不是一个形象工程，也不是一个贸然行动，它需要在顶层设计的引领下，在县域层面分步踏实地推进。县域乡村振兴是国家乡村振兴战略推进与实施的核心与关键，应该以国家和省级战略为引导，以市场需求为依托，突破传统村镇结构，在城镇规划体系的基础上，构建既区别于城市，又与城市相互衔接、相互融合的"乡村规划新体系"。

第一，县域乡村振兴规划体系。县域乡村振兴规划是涉及五个层次的一体化规划，即《县域乡村振兴战略规划》《县域乡村振兴总体规划》《乡／镇／聚集区（综合体）规划》《村庄规划》《乡村振兴重点项目规划》。一是县域乡村振兴战略规划。县域乡村振兴战略规划是一种发展规划，需要在进行现状调研与综合分析的基础上，就乡村振兴总体定位、生态保护与建设、产业发展、空间布局、居住社区布局、基础设施建设、公共服务设施建设、体制改革与治理、文化保护与传承、人才培训与创业孵化十大内容，从方向与目标上进行总体决策，不涉及细节指标。县域乡村振兴战略规划应在新的城乡关系下，在把握国家城乡发展大势的基础上，从人口、产业的辩证关系着手，甄别乡村发展的关键问题，分析乡村发展的动力机制，构建乡村的产业体系，引导村庄合理进行空间布局，重构乡村发展体系，构筑城乡融合的战略布局。二是县域乡村振兴总体规划。县域乡村振兴总体规划是与城镇体系规划衔接的。在总体规划之外，可以根据需要，编制覆盖全区域的农业产业规划、旅游产业规划、生态宜居规划等专项规划。此外，规划还应结合实际，选择具有综合带动作用的重大项目，从点到面布局乡村振兴。三是乡／镇／聚集区（综合体）规划。聚集区（综合体）是指跨村庄的区域发展结构，包括田园综合体，现代农业产业园区，一、二、三产业融合先导区，产居融合发展区等，其规划体例与乡镇规划一致。四是村庄规划。村庄规划是以上述层次规划为指导，对村庄发展提出总体思路，并具体到建设项目的一种建设性规划。五是乡村振兴重点项目规划。重点项目是对乡村振兴中具有引导与带动作用的产业项目、产业融合项目、产居融合项目、现代居住项目的统一称呼，包括现代农业园、现代农业庄园、农业科技园、休闲农场、乡村旅游景区等。规划类型包括总体规划与详细规划。

第二，县域乡村振兴的规划内容。一是综合分析。乡村振兴规划应针对"城乡发展关系"以及"乡村发展现状"，进行全面、细致、翔实的现场调研、访谈、资料搜集和整理等。二是战略定位及发展目标。乡村振兴战略定位是指应在国家乡村振兴战略与区域城乡融合发展的大格局下，运用系统性思维与顶层设计理念，通过乡村可适性原则，确定具体的主导战略、发展路径、发展模式、发展愿景等。而乡村振兴发展目标的制定，应在中央一号文件的指导下，依托现状条件，提出适于本地区发展的可行性目标。三是九大专项规划。产业规划是指立足产业发展现状，充分考虑国际国内及区域经济发展态势，以现代农业三大体系构建为基础，以一、二、三产业融合为目标，对当地三大产业的发展定位及发展战略、产业体系、空间布局、产业服务设施、实施方案等进行战略部署。生态保护建设规划是指统筹山水林田湖草生态系统，加强环境污染防治、资源有效利用、乡村人居环境综合整治、农业生态产品和服务供给，创新市场化、多元化的生态补偿机制，推进生态文明建设，提升生态环境保护能力。空间布局及重点项目规划是指以城乡融合为原则，在县域范围内构建新型"城—镇—乡—聚集区—村"发展及聚集结构，同时要形成一批重点项目，形成空间上的落点布局。居住社区规划是指以生态宜居为目标，结合产居融合发展路径，对乡镇、聚集区、村庄等居住结构进行整治与规划。基础设施规划是指以提升生产效率、方便人们生活为目标，对生产基础设施及生活基础设施的建设标准、配置方式、未来发展做出规划。公共服务设施规划是指以宜居生活为目标，积极推进城乡基本公共服务均等化，统筹安排行政管理、教育机构、文体科技、医疗保健、商业金融、社会福利、集贸市场等公共服务设施的布局和用地。体制改革与乡村治理规划是指以乡村新的人口结构为基础，遵循"市场化"与"人性化"原则，综合运用自治、德治、法治等治理方式，建立乡村社会保障体系、社区化服务结构等新型治理体系，满足不同乡村人口的需求。人才培训与孵化规划是指统筹乡村人才的供需结构，借助政策、资金、资源等的有效配置，引入外来人才、提升本地人才技能水平、培养职业农民、进行创业创新孵化，形成支撑乡村发展的良性人才结构。文化传承与创新规划是指遵循"保护中开发，开发中保护"的原则，对乡村历史文化、传统文化、原生文化等进行以传承为目的的开发，在与文化创意、科技、新兴文化融合的基础上，实现对区域竞争力以及经济发展的促进作用。四是三年行动计划。首先，制度框架和政策体系基本形成，确定行动目标。其次，分解行动任务，包括深入推进农村土地综合整治，加快推进农业经营和产业体系建设。同时制定政策支持、金融支持、土地支持等保障措施，最后安排近期工作。

二、乡村振兴战略规划编制的注意事项

党的十九大报告中明确要求，"创新和完善宏观调控，发挥国家发展规划的战略导向作用"。实施乡村振兴战略是一项长期的历史性任务，将伴随着现代化建设的全过程，因此，在乡村振兴战略规划的编制过程中必须注意做好顶层设计，注重规划先行、突出重点、分类实施、典型引路。

（一）明确规划意义

2017年中央农村工作会议提出，要强化乡村振兴规划引领，制定国家乡村振兴战略规划，部署若干重大工程、重大计划、重大行动。2018年中央一号文件要求强化乡村振兴规划引领，并要求各地区各部门编制乡村振兴地方规划和专项规划或方案。2018年9月26日，中共中央、国务院印发了《乡村振兴战略规划（2018—2022年）》。在此背景下，探讨各省、市、县、镇（乡）的具体规划方案，制定阶段性任务，把规划实施好、落实好，具有重要作用和现实意义。

1. 规划引领是实施乡村振兴战略的重要保障

实施乡村振兴战略是党的十九大做出的重大决策部署。乡村振兴的战略定位决定乡村振兴规划具有宏观战略性和前瞻性。乡村振兴规划是新型城乡关系下对乡村发展宏观把握、战略引导的纲领性指导规划，是对乡村经济、生态、文化、政治、社会等条件的全局性、战略性把握，也是推动乡村发展的实际需求。如何从实际出发，紧扣建设目标，把这件民生大事、实事做好做实，造福人民，成为各级党政的重要工作。在实施乡村振兴的过程中，做好规划编制工作，坚持规划引领，就是乡村实现高质量发展的重要保障。

（1）实施乡村振兴战略要坚持规划先行

推动乡村振兴健康有序进行，要规划先行、精准施策。2019年的中央一号文件提出，要强化乡村规划引领，把加强规划管理作为乡村振兴的基础性工作，实现规划管理全覆盖。这进一步明确了规划的战略引领、刚性控制的重要作用。在实施乡村振兴战略过程中，必须把规划作为"先手棋"，放在"先行"地位。

实施乡村振兴战略是一篇大文章，要统筹谋划、科学推进。推进乡村振兴具有前所未有的长远性和全局性，必须坚持规划先行，加快形成城乡融合、区域一体、多规合一的规划体系，强化乡村振兴战略的规划引领作用。过去，在农村建设过程中，一些地方对农村经济、人口结构等变化趋势把握不准，缺乏科学规划，导致基础设施投资低效甚至浪费，走过一些弯路。推进实施乡村振兴战略，需要树立城乡融合、一体设计、多规合一的理念，通过规划来细化、实化工作重点和保障措施，扎实有序地推进乡村振兴。编制乡村振兴战略规划，明确总体思路、发展布局、目标任务、政策措施，有利于发挥集中力量办大事的社会主义制度优势；有利于凝心聚力，统一思想，形成工作合力；也有利于合理引导社会共识，广泛调动各方面的积极性和创造性。

（2）编制好乡村振兴战略规划是关键

我国县一级处在承上启下的关键环节，是发展经济、保障民生、维护稳定的重要基础。2018年的中央一号文件提出，实施乡村振兴战略要实行中央统筹、省负总责、市县抓落实的工作机制。

编制一个立足全局、切合实际、科学合理的县域乡村振兴规划，有助于充分发挥县域融合城乡的凝聚功能，统筹合理布局城乡生产、生活、生态空间，切实构筑城乡要素双向流动的体制机制，培育发展新动能，实现农业农村高质量发展。制定出台县域乡村振兴规划，既是实施乡村振兴战略的基础和关键，又是有力有效的工作抓手。

（3）编制县域实用性村庄规划迫在眉睫

目前，国家、省、市、县都已出台了相关层面的乡村振兴战略规划，编制县域实用性村庄规划已迫在眉睫。只有立足全局、统筹城乡，精心编制好符合实际、切实可行的村庄规划体系，才能更好地做到"一张蓝图绘到底"，实现乡村高质量振兴。乡村振兴既包括产业、人才、文化、生态、组织"五大振兴"，也有城乡协调发展的要求，需要很高的前瞻性、系统性和实践性。只有通盘考虑土地利用、产业发展、人居环境整治、生态保护，统筹做好村庄布局规划、村庄建设规划，才能编制出多规合一的村庄规划。

2. 多规合一是统筹城乡发展空间的需要

乡村振兴涉及产业发展、生态保护、乡村治理、文化建设、人才培养等诸多方面，相关领域或行业都有相应的发展思路和目标任务，有的已经编制了专项规划，但难免出现内容交叉、不尽协调等问题。通过编制乡村振兴战略规划，在有效集成各专项和行业规划的基础上，对乡村振兴的目标、任务、措施做出总体安排，有助于统领各专项规划的实施，切实形成城乡融合、区域一体、多规合一的规划体系。

（1）强化空间用途管制

《乡村振兴战略规划（2018—2022年）》对"强化空间用途管制"做出了明确要求："强化国土空间规划对各专项规划的指导约束作用，统筹自然资源开发利用、保护和修复，按照不同主体功能定位和陆海统筹原则，开展资源环境承载能力和国土空间开发适宜性评价，科学划定生态、农业、城镇等空间和生态保护红线、永久基本农田、城镇开发边界及海洋生物资源保护线、围填海控制线等主要控制线，推动主体功能区战略格局在市县层面精准落地，健全不同主体功能区差异化协同发展长效机制，实现山水林田湖草整体保护、系统修复、综合治理。"

全面落实国家和省主体功能区规划，强化城乡功能统筹，提升城乡基础设施互联互通水平，促进公共服务资源均衡配置，逐步打破城乡功能区域分割形态。按照不同区域主体功能定位，开展资源环境承载力和国土空间开发适宜性评价，科学划定县域"三区三线"空间格局，注重生态、农业、城镇三区空间和生态保护红线、永久基本农田、城镇开发边界三条主要控制线衔接协调。

《全国国土规划纲要（2016—2030年）》作为中国首个全国性国土开发与保护规划，一是确定了国土空间集聚开发、分类保护、综合整治三位一体的空间治理新体系；二是强化了集约、绿色的国土空间开发利用新方式；三是构建了国土空间发展的新格局；四是突出以人民为中心的发展思想。该文件充分发挥了规划对涉及国土空间开发、保护、整治等各类活动的指导和管控作用，切实起到了对相关国土空间专项规划的引领和协调作用。

（2）完善城乡布局结构

《乡村振兴战略规划（2018—2022年）》对"完善城乡布局结构"做出了明确要求："以城市群为主体构建大中小城市和小城镇协调发展的城镇格局，增强城镇地区对乡村的带动能力。加快发展中小城市，完善县城综合服务功能，推动农业转移人口就地就近城镇化。因地制宜发展特色鲜明、产城融合、充满魅力的特色小镇和小城镇，加强以乡镇政府驻地为中心的农民生活圈建设，以镇带村、以村促镇，推动镇村联动发展。建设生态宜居的美丽乡村，发挥多重功能，提供优质产品，传承乡村文化，留住乡愁记忆，满足人民日益增长的美好生活需要。"

所谓城市群是在城市比较密集的区域内，由一个以上的大都市依托便捷的交通条件，加强与周边城市的经济联系，逐步发展成为功能互补的具有一体化趋势的城市共同体。城市群是工业化、城镇化进程中区域空间形态的高级现象，能够产生巨大的集聚经济效益，是经济社会不断发展、现代化水平逐步提高的重要标志。党的十九大报告提出："以城市群为主体构建大中小城市和小城镇协调发展的城镇格局。"城市是一个区域的中心，通过极化效应集中了大量的产业和人口，获得了快速的发展。随着城市规模的扩大、实力的增强，对周边区域产生辐射带动效应，形成一个又一个城市圈。伴随着城市规模的扩大和城际交通条件的改善，尤其是高速公路的出现，相邻城市辐射的区域不断接近并有部分重合，城市之间的经济联系越来越密切，相互影响越来越大，就可以认为形成了城市群。城市群具有产业高度化、结构等级化、城市功能化、交通网络化、城乡一体化等特征。近几年，各类特色小镇不断涌现。特色小镇的特色在于产业，如在城市群范围内围绕大都市发展休闲、养老、旅游等。围绕产业的集聚，将小城镇建设起来，是比较正确的途径。离开特色产业搞特色小镇建设，很多情况下都会变成巧立名目搞房地产，会造成对土地资源的无效占用及资金的浪费，难以实现特色小镇推动城乡协调发展的目标。

（3）推进城乡统一规划

《乡村振兴战略规划（2018—2022年）》对"推进城乡统一规划"做出了明确要求："通盘考虑城镇和乡村发展，统筹谋划产业发展、基础设施、公共服务、资源能源、生态环境保护等主要布局，形成田园乡村与现代城镇各具特色、交相辉映的城乡发展形态。强化县域空间规划和各类专项规划引导约束作用，科学安排县域乡村布局、资源利用、设施配置和村庄整治，推动村庄规划管理全覆盖。综合考虑村庄演变规律、集聚特点和现状分布，结合农民生产生活半径，合理确定县域村庄布局和规模，避免随意撤并村庄搞大社区、违背农民意愿大拆大建。加强乡村风貌整体管控，注重农房单体个性设计，建设立足乡土社会、富有地域特色、承载田园乡愁、体现现代文明的升级版乡村，避免千村一面，防止乡村景观城市化。"

按照"生产空间集约高效、生活空间宜居适度、生态空间山清水秀"的发展思路，坚持人口资源环境相均衡、经济社会生态效益相统一，科学布局乡村生产、生活、生态空间，延续人和自然有机融合的乡村空间关系。党的十九大明确提出"建立健全城乡融合发展体制机制和政策体系"，这是中央文件首次提出"城乡融合发展"的概念，它符合新时代中国特色社会主义的本质要求，也是实施乡村振兴战略的必由之路。城乡融合发展不是"摊大饼"，而是一项需要长期努力的系统工程，要科学规划、注重质量，要创新规划理念、放大规划格局、突出问题导向。在乡村振兴规划的编制和实施过程中，要增进同新型城镇化规划的协调性，更好地引领和推进乡村振兴与新型城镇化"双轮驱动"，更好地建设彰显优势、协调联动的城乡区域发展体系，为建设现代化经济体系提供扎实支撑。

3.规划先行是优化乡村发展布局的需要

长期以来，我国农业综合生产能力不断提升，为保供给、促民生、稳增长做出了重要贡献，但在高速发展的同时，农业农村的生产、生活、生态不相协调的问题日益突出，制约了农业高质量发展。通过编制乡村振兴战略规划、全面统筹农业农村空间结构、优化农业生产布局，有利于推动形成与资源环境承载力相匹配、与村镇居住相适宜、与生态环境相协调的农业发展格局。

（1）统筹城乡发展空间

完善城乡布局结构，增强城镇地区对乡村的带动作用，形成田园乡村与现代城镇各具特色、交相辉映的城乡发展态势，把农村建设成为美丽、宜居、富裕的乡村。

（2）推进城乡统一规划

在产业发展、基础设施、公共服务、环境保护等领域进一步促进城乡一体化发展，形成城乡产业发展互补、基础设施互联、公共服务均等、资源能源共享、生态环境互促的格局，通过城乡统一规划进一步促进农村发展。

（3）完善城乡融合发展的政策体系

重塑城乡关系，向改革要动力，推动人才、土地、资本等要素在城乡之间的双向流动、平等交换，为乡村振兴注入新动能。

（二）完善规划体系

乡村振兴战略规划体系是指以国家乡村振兴战略规划为纲领，构建省域乡村振兴战略规划，市、县乡村振兴总体规划，村、镇乡村振兴详细规划共四级规划体系，结合行政区划、农业主体功能定位、区域综合发展水平、村镇区位条件，研究乡村振兴战略规划的实施机制。

1. 规划分级

关于乡村振兴规划的分级与不同层级间的衔接。目前，国家要求编制国家级、省级、县级乡村振兴规划，其中，国家级属于纲领性规划，省级属于政策性规划，县级属于实施性规划。而市级乡村振兴规划，我们认为也有其存在的价值。市级乡村振兴规划应"承上"，即落实国家、省、市关于乡村振兴的政策与实施意见，以及"启下"，即识别市域乡村地区的总体特征，确立市域内不同发展区域、不同类型村庄的振兴指导方案。这样一来，市级规划中的实施指导内容，将在县级规划中定位至每个村的振兴目标及路径，再在乡镇或村级乡村振兴规划中进行具体空间落实。这应是乡村振兴规划的分级规划传导模式。乡村振兴战略规划体系主要由总体规划和专项规划或行动方案构成，国家、省、市、县均应编制乡村振兴战略规划，乡镇应因地制宜，编制乡村实用性规划。

（1）国家规划

2018 年 9 月，中共中央、国务院印发了《乡村振兴战略规划（2018—2022年）》，对实施乡村振兴战略第一个五年工作做出具体部署。按照到 2020 年实现全面建成小康社会和分两阶段实现第二个百年奋斗目标的战略部署，明确了2018 年至 2022 年这五年间既要在农村实现全面小康目标，又要为基本实现农业农村现代化开好局、起好步、打好基础。为此，规划要求：到 2020 年，各地区、各部门乡村振兴的思路举措得以确立，全面建成小康社会的目标如期实现；到 2022 年，乡村振兴的制度框架和政策体系初步健全。规划还提出了乡村振兴新格局、农业现代化、乡村产业、美丽乡村、繁荣乡村文化、乡村治理、农村民生、城乡融合发展政策体系等八个方面的重点任务。

国家乡村振兴战略规划是乡村振兴战略的顶层设计和总体部署，是各部门、各地区编制乡村振兴规划的重要依据和具体指南，不仅为我们描绘了实施乡村振兴战略的宏伟蓝图，也为未来五年实施乡村振兴战略细化、实化了工作重点和政策措施，部署了一系列重大工程、重大计划和重大行动。各部门、各地区编制乡村振兴战略规划，既要注意结合本部门、本地区实际，更好地贯彻国家乡村振兴规划的战略意图和政策精神，也要努力做好同国家乡村振兴规划的衔接协调工作。这不仅有利于推进国家乡村振兴规划更好地落地，也有利于各部门、各地区推进乡村振兴的行动更好地对接国家发展的战略导向、战略意图，并争取国家重大工程、重大计划、重大行动的支持。

（2）省级规划

省级行政单元要把实施乡村振兴战略摆在优先位置，把坚持农业农村优先发展的要求落到实处，因地制宜对接国家乡村振兴战略规划体系，按照地方实际积极探索省域乡村振兴示范试点工作，建立健全城乡融合发展政策体系。

省级党委和政府要强化自身在实施乡村振兴战略中的主体责任，按照国家乡村振兴战略规划体系绘制好的战略蓝图，坚持工农业和城市、农村一起抓，推动各级干部主动担当作为，把农业农村优先发展原则落实到各个方面。同时要对接国家乡村振兴战略规划部署的重大工程、重大计划、重大行动等，积极作为，切实发挥向上衔接和向下落地的作用，因地制宜、分类有序对接好国家各部门，争取项目、资金政策在省域内落地实施。

（3）县级规划

县级行政单元要以制定全域乡村振兴规划为重点，树立城乡融合、一体设计理念，系统落地乡村振兴战略中的产业、空间、环境、政策等任务。

县级乡村振兴规划是引导县域乡村振兴的"一张蓝图"，其编制要以上级乡村振兴规划为主要依据。随着规划级别的降低，规划涵盖内容需更为细致而具体，要结合区域实际，体现地方特色。一是顺应城乡融合发展大势。坚持乡村振兴和新型城镇化"双轮驱动"，整体考虑城镇和乡村发展问题。二是加快发展特色小镇和小城镇。坚持"小而特、小而强"原则，挖掘产业特色、人文底蕴和生态禀赋，因地制宜地发展一批科创、文创、旅游、电商、康养等特色小镇和果蔬、花木、生态等专业小城镇，将特色小镇和小城镇建设成为承载部分新经济、新模式、新业态发展的重要载体。三是建设生态宜居美丽乡村。以生态、宜居为导向建设美丽乡村，发挥乡村的多元化功能，为城镇消费者提供更多的优质农产品。

结合县域发展的实际情况，通盘考虑城镇和乡村发展问题，调动各方积极性、主动性、创造性，系统谋划乡村振兴战略实施路径。一是统一谋划，推进县域内"多规合一"落地。一体设计县域的产业发展、基础设施、公共服务、资源利用、生态建设和环境保护等主要布局，促进县域空间规划和各类专项规划衔接，形成田园乡村与现代城镇各具特色、交相辉映的城乡发展形态。二是科学编制不同类型村庄建设规划。以农村人居环境整治为重点，根据村庄现有条件和发展需求，科学安排县域乡村布局、资源利用、设施配置和村庄整治，推动村庄规划管理全覆盖，落地县域内乡村振兴战略任务，优化乡村生产、生活、生态空间。三是探索将村域作为整体单元进行统一建设和经营。在尊重农民意愿前提下，深化农村"三变"改革，探索以农民和村集体土地权益作价入股，与社会资本合作组建市场化的开发平台公司，统筹建设村域的农民社区、田园综合体和基础设施，统一运营村域的田园综合体发展现代农业，吸引城市居民到农村生活创业、休闲体验、养老养生等，同步实现农村面貌改善、现代农业发展、农民就业增收的乡村建设目标。

2. 规划衔接

2018 年中央一号文件指出，要加强各类规划的统筹管理和系统衔接，形成城乡融合、区域一体、多规合一的规划体系。乡村振兴战略总体规划编制要与国民经济规划、土地利用规划、城乡建设规划、生态保护规划等相衔接，这是保障乡村振兴规划科学制定与实施的重要前提与基础。

（1）与"国民经济和社会发展规划""新型城镇化""主体功能区"等规划的衔接

乡村振兴规划与"国民经济和社会发展规划""新型城镇化""主体功能区"等战略性、基础性、约束性规划的衔接。"国民经济和社会发展规划"是统领全国或者某一地区规划期内经济社会发展的行动纲领，是对本辖区国民经济和社会发展的全面部署和总体安排，是编制各级各类规划的基本依据，在编制乡村振兴战略规划时，要与"国民经济和社会发展规划"充分衔接。乡村振兴战略与"新型城镇化"战略是驱动现代化进程这架"马车"的"双轮"，表明乡村振兴规划需立足新时期城乡融合发展理念，充分考虑与"新型城镇化"规划的协调以推动城市与乡村同步发展。"主体功能区"作为国土空间开发保护基本制度，将我国国土空间按照开发方式分为优化开发区域、重点开发区域、限制开发区域和禁止开发区域，这给乡村振兴战略布局提供了重要方向。因此，乡村振兴规划需重视以国家和省级"主体功能区"规划及相关战略、制度为基本依据，推动城乡国土空间开发格局优化。

（2）与国土空间规划的衔接

现阶段中国正大力推进空间规划体系的建立，其核心是推动各项规划在空间上的统一，其目标是促进空间资源的合理保护和有效利用。必须看到的是，土地是承载人类活动的重要载体，因而推动国土空间治理能力提升有利于进一步落实乡村振兴规划。此外，从规划涉及内容而言，乡村振兴规划侧重于经济、生态、文化、政治、社会五要素的统筹建设；从规划地位而言，乡村振兴规划作为战略性规划，侧重新型城乡关系下乡村的未来发展。综上可知，乡村振兴规划需强化对国土空间规划的引导作用，国土空间规划需做好与乡村振兴规划的衔接，以落实乡村振兴相关战略举措。

（3）与美丽乡村规划、乡村规划等系列发展规划的衔接

乡村振兴规划与美丽乡村规划、乡村规划等系列发展规划衔接。从规划初衷而言，虽然美丽乡村规划和乡村规划等规划的本质与乡村振兴规划一样，均为促进乡村发展，但其内涵与侧重点存在明显差异。如美丽乡村规划虽也强调经济、生态等五要素的统筹建设，但其建设目标与乡村振兴规划存在差异。一是美丽乡村规划强调科学、生产发展，而乡村振兴规划强调产业兴旺；二是美丽乡村规划强调村容整洁，乡村振兴规划强调生态宜居；三是美丽乡村规划强调管理民主，乡村振兴规划强调治理有效。可见，相比于美丽乡村规划，乡村振兴规划对乡村发展的要求更高、涉及范围更广。乡村规划作为指导乡村发展和建设的基本依据，其目标是促使乡村整齐整洁，而这正是乡村振兴中"生态宜居"的重要一环。必须认识到的是，围绕美丽乡村规划、乡村规划等展开的大量理念与实践探索可作为乡村振兴规划编制与实施的重要理论参考依据，因而在做好乡村振兴规划对美丽乡村规划等的引导的同时，可从战略高度层面融合这些规划的理念与想法。

（三）优化编制思路和方法

规划科学是最大的效益，规划失误是最大的浪费，规划折腾是最大的忌讳。从党的十九大到二十大，是"两个一百年"奋斗目标的历史交汇期，既要全面建成小康社会、实现第一个百年奋斗目标，又要乘势而上开启全面建设社会主义现代化国家新征程，向第二个百年奋斗目标进军，编制好这一时期的乡村振兴战略实施规划具有特殊的意义。

1. 发挥规划导向作用

乡村振兴战略规划要按照"产业兴旺、生态宜居、乡风文明、治理有效、生活富裕"的总要求，对标中央精神，对标国内先进，对乡村振兴战略进行全面规划设计，切实发挥规划导向作用。产业兴旺要突出农业供给侧结构性改革和完善农业产业体系、生产体系、经营体系，促进农业产业转型升级、提质增效。生态宜居要突出生态环境治理和保护，建设家园美、田园美、生态美、生活美的美丽宜居乡村。乡风文明要突出培育文明乡风、良好家风、淳朴民风，不断提高乡村社会文明程度。治理有效要突出构建以党建为引领、自治为基础、法治为保证、德治为支撑的乡村治理体系，促进农村社会和谐有序。

生活富裕要突出拓宽农民就业渠道和提高农村民生保障水平，走共同富裕之

路。体制机制创新要突出建立健全城乡融合发展的体制机制和政策体系，形成工农互促、城乡互补、全面融合、共同繁荣的新型工农城乡关系。建立以县域建设为指导的编制体系，推动以环境整治和农房管理为重点的实用性村庄规划编制。

规划编制要突出重大行动、重大工程、重大项目。细化工作重点，完善政策举措，有针对性地提前谋划一批增后劲、补短板、促均衡、上水平，突出全局性、标准性和带动性，能够从根本上解决"三农"发展不平衡不充分问题的重大行动、重大工程和重大项目。确保规划站位高、落地实、符合国家精神、契合区域实际。

2. 树立科学规划思维

实施乡村振兴战略是一项长期的历史性任务，要科学规划、注重质量、从容建设，不追求速度，更不能跟风搞运动。实施乡村振兴战略要既尽力而为，又量力而行，不搞层层加码，不搞一刀切，不搞形式主义，久久为功，扎实推进。在编制乡村振兴规划的过程中，要特别注意体现其战略性和前瞻性。

乡村振兴规划要通盘考虑城镇和乡村发展，统筹谋划产业发展、基础设施、公共服务、生态环境保护等主要布局，形成城乡一体、各具特色、交相辉映的发展形态。科学规划思维是乡村规划的前提，对规划实施落地具有重要的引导作用，是乡村规划的精髓所在。在凝练乡村规划思维的过程中，应充分注重"顶天"和"立地"。"顶天"是在规划思维上，一方面要充分梳理村庄发展的宏观背景，深入贯彻党的十九大精神等。另一方面要做好顶层设计，提出规划指导思想、规划原则、建设目标、功能目标、产业目标等，并通过对机制创新和制度设计的探索，促进形成具有辩识度的发展体系，避免陷入大拆大建和规划"千村一面"的困境。"立地"是在进行乡村规划编制之前，应进行大量深入调研，一方面对乡村的气候生态、历史文化、农业产业、经济社会、区位交通等各种资源禀赋条件进行系统梳理与深度分析，做到摸清家底、心中有数。另一方面对乡村资源禀赋相似的村庄发展情况进行考察和学习借鉴，再结合实际情况，对可资参考的经验、可以引进的产业、可以合作的项目等进行统筹考虑，做到统筹资源、为己所用。

重视规划的战略思维，要注重乡村振兴规划的开放性和包容性。增强规划的开放性，要注意提升由外及内的规划视角，综合考虑外部环境变化、区域或城乡之间竞争与合作关系的演变、新的科技革命和产业革命，甚至交通路网、信息网发展和转型升级对本地区、本部门实施乡村振兴战略的影响，规避因规划的战略定位简单粗浅、战略手段模仿复制，导致乡村振兴区域特色和竞争优势弱化，进而带来乡村振兴的低质量发展。增强规划的包容性，不仅要注意对不同利益相关者的包容，调动一切积极因素参与乡村振兴；还要注意区域之间、城乡之间发展的包容，积极引导部门之间、区域之间、城乡之间加强乡村振兴的合作。如引导区域之间联合打造区域品牌，合作打造公共服务平台，培育产业联盟等。实际上，增强乡村振兴规划的开放性和包容性，也有利于推进乡村产业振兴、人才振兴、文化振兴、生态振兴和组织振兴，增强乡村振兴的协同性、关联性和整体性，统筹提升乡村的多种功能和价值，在开放、包容中，培育乡村振兴的区域特色和竞争优势。

3. 拓宽规划编制视野

在乡村振兴战略规划编制过程中，要创新规划理念、强化落地实施，重点把握好"六个突出"。

（1）突出规划的思想性

以习近平"三农"思想指导规划编制工作，深刻认识、全面把握其丰富内涵和要求，将习近平关于乡村振兴战略的新理念、新论断、新举措融入规划编制过程中。在规划编制过程中，要坚持以人为本，充分尊重农民意愿和发展诉求，以农业产业创新为主导，在质量兴农、品牌强农、农业转型发展等方面科学谋划，尊重农村发展规律，最大限度地保护农村亲山近水、乡律村韵、居耕融合的形态，切实提高规划编制的思想性和质量水平。

（2）突出规划的创新性

坚持"乡村本位看'三农'、'两山'理论找出路、县域经济做文章"，创新发展"互联网+""旅游+""生态+"等农业新模式、新业态，重塑农村空间结构和经济地理。探索开展农业供给侧结构性改革试点、农村集体产权制度改革试点、农村金融服务综合改革试点等。从产业融合、村落形态、空间美学、文化复兴等角度，推动乡村历史文化资源的保护和可持续利用，延续乡村文脉肌理，彰显乡村地域特色，留住美好乡愁记忆，努力做到"不扒房、不砍树、不挖山、不填塘、不改河"，推动实现传承文明、启迪民智、盘活资源、注入活力、振兴乡村的战略愿景。

（3）突出规划的融合性

在规划编制过程中，坚持城乡融合发展、三次产业融合发展，努力做好"五个结合"，即坚持把生产发展、农民致富与生态保护结合起来，把村落形态整治与新农村建设结合起来，把农业主导的村庄建设与特色文旅型村庄开发结合起来，把乡村建设与山水林田湖草系统治理结合起来，把乡村建设与各种制度安排结合起来。

（4）突出规划的系统性

坚持长期战略规划与近期实施方案相结合、市县总体战略规划与县乡村专题规划相配套，着力构建立体化的乡村振兴规划体系，在编制乡村振兴战略规划的基础上，配套实施三年行动实施方案和年度实施方案，同时开展示范县、乡、村的规划编制工作，打造总体谋划、统筹推进、点面结合、示范引导的特色乡村振兴战略规划体系。

（5）突出规划的操作性

坚持"多规合一"，加强与国家、省乡村振兴战略规划以及所在市县城乡总体规划、土地利用总体规划等规划的有机衔接，确保规划"上接天气，下接地气"，真正起到行动纲领和行动指南的作用。强调乡村振兴战略规划在空间上的落地实施，在规划编制过程中，既有文本内容表述，又有空间图则导引，并强化重大工程和重点项目支撑，确保规划主要内容在空间上的落地实施，提高规划的可操作性。

（6）突出规划的开放性

坚持开放性规划思维，在更大的空间和格局中谋划乡村振兴战略。坚持"开门编规划"，通过座谈交流、实地走访、问卷调查等方式，广泛听取相关部门负责人、乡镇干部以及农民群众的意见和建议，积极吸纳"三农"领域专家智库力量参与调研指导及规划编制工作。

第二章　实现农村产业振兴的重要意义

本章分为农村产业振兴的基本内涵、农村产业振兴的主要原则、农村产业振兴的重点任务、乡村振兴背景下推进产业振兴的意义四部分。主要包括产业和农村产业振兴的内涵分析、遵循"试点先行"与"逐步推广"相统一的原则等内容。

第一节　农村产业振兴的基本内涵

一、产业

（一）产业的含义

产业，到底是指什么，什么是产业？"产业"这个词的定义，在不同的历史时期、不同的语言环境、不同的区域、不同的地点都有着属于它自己的解释。随着社会的不断进步和发展，大家对"产业"这个词的理解也在慢慢发生着微妙的变化。产业的概念有广义和狭义之分，从广义上来讲，产业既可以泛指国民经济中的各行各业，大到工业、农业，又能具体到某个行业或是相对独立的部门，比如电机电器业、食品业、船舶业、旅游业、仓储业等。从狭义上来讲，在历史学或是政治经济学上，产业又特指工业，因为工业对于产业以及整个经济社会来说，扮演着至关重要的角色，占据着特殊的地位，是密不可分的关系，所以产业有时被特指为工业。在产业经济学上提到的产业泛指国民经济中的各行各业，被作为专门的研究对象。

（二）产业结构的分类

产业结构的分类方法多种多样。主要包括以下几种。第一，列宁以物质生产的不同特点划分的农业、轻工业和重工业的产业分类法，非常简单但没有涵盖所有的物质生产部门。第二，霍夫曼按产品用途划分的消费资料产业、资本资料产业和其他产业三类，为未来的工业化研究奠定了基础。第三，按产业发展的层次顺序及其与自然界的关系来划分的三次产业分类法，是被很多国家广泛使用的一种产业经济分析方法，用来解释经济发展的条件与结果，其主要内容有第一产业（直接源自自然作为广义的农业）、第二产业（加工自然物质的制造业或工业）、第三产业（能够提供物质财富作为广义的服务业），但存在内容描述过于笼统的缺点。其主要代表人物：创始人为新西兰经济学家费希尔，20 世纪 30 年代，他所著的《安全与进步的冲突》从世界经济的角度对产业分类方法进行了详尽阐述。继承者为英国统计学家克拉克，创作了《经济进步的条件》，总结了产业分类方法规律，并将此分类方法进行普及和推广。后美国当代著名的经济学家西蒙·库兹涅茨在前人研究的基础上做了深入的研究和总结，将国民收入和劳动力等因素考虑进来，并进行了大量的实证分析，使三次分类法得到创新与发展。第四，以不同产业在生产过程中对资源的依赖程度和需求种类之间存在的差异为标准的生产要素集约分类法。第五，将产业的地位和作用作为划分标准的产业地位分类法。第六，按产业发展状况进行分类的方法。

2018 年 3 月 27 日，国家统计局下发了关于修订《三次产业划分规定（2012）》的通知，对行业类别进行了调整，第二产业中的"石油加工、炼焦和核燃料加工业"改为"石油、煤炭及其他燃料加工业"，第三产业中的"农、林、牧、渔服务业"改为"农、林、牧、渔专业及辅助性活动"，新增"土地管理业"大类等，更为清晰地反映了我国三次产业的发展情况。

近年来，我国产业结构的分类得到了很大的改善。根据社会生产活动历史发展顺序划分三大产业，第一产业以自然物为直接生产对象，包括农、林、牧、渔业，指生产食材以及其他一些生物材料的产业；第二产业服务于第一产业，对基本材料进行加工处理，主要指加工制造业；第三产业的范围较为广泛；是指除第一、二产业以外的其他行业，包括交通运输业、通信业、餐饮业、教育产业、公共服务业、其他公益事业等。三大产业之间相互联系、相互制约，密不可分，第一产业提供物质基础，第二产业带动第一产业发展，第三产业又丰富和发展了第一、二产业。

二、农村产业振兴

农村产业振兴，就是通过最大限度地发挥自然优势和区位优势，以市场为导向，适应市场经济的要求，结合发挥科学技术的引领作用，从而实现资源优化配置。具体来讲，农村产业振兴的基本内涵包括以下几方面的内容。

（一）高质量发展是农村产业振兴的核心要义

产业发展是区域经济增长的主要驱动力。发展经济学认为，通过外部干预来推动经济发展，由此形成辐射效应，在一定程度上能缓解城乡收入差距的扩大。党的十九大把农村产业发展从过去的"生产发展"转变为"产业兴旺"，并将"产业兴旺"作为乡村振兴战略的核心因素，这意味着农村产业发展从产量向质量、粗放向精细、低端向高端、不可持续向可持续性转变。农业作为基础产业，粮食等农产品为国民经济各部门提供基本生活资料，农民为新型城镇化提供丰富的劳动力资源，农村则为大量农机工业品提供最大的消费市场。虽然在不同历史时期、不同发展阶段，农业发挥的作用不一样，但农业的基础性地位没变。乡村产业兴旺，能够提供更加优质、更加健康、更加丰富的农产品，为百姓餐桌提供更多选择空间，满足人民群众不断增长的美好生活的需要，也更加巩固了我国的粮食安全和农业的基础地位，是实现农业农村高质量发展，促进农业农村整体提档升级、提质增效的有力举措。

（二）解决农村相对贫困问题是农村产业振兴的重要目标

随着 2020 年我国全面建成小康社会，绝对贫困将消除而相对贫困问题将更加突出，并由一维收入贫困转向多维福利贫困、由生存性贫困性向发展性贫困、由原发性贫困转向次生性贫困。世界银行发展报告指出，在由中低收入国家向中高收入国家转型过程中，绝大多数相对贫困人口仍滞留在农村，农业产业振兴发展仍是解决相对贫困问题的最重要手段之一。乡村产业兴旺，意味着农村产业具有较高的投入产出效率，竞争力更强，可以更好地激发乡村就业创业活力，加速新产业新业态新模式培育，可以更好地拓宽农民就业渠道，实现农民增收。因此，通过科学规划，强化发展长效扶贫产业，培育多样化的产业结构，提高生产要素质量，增加和拓宽相对贫困个体参与市场的机会和空间，依靠农村产业兴旺建立农民持续减贫、产业发展和稳定增收相协调的长效机制，并在收益分配中兼顾效率与公平的原则，是解决全面建成小康社会后农村相对贫困问题的重要举措。

（三）三次产业融合发展是农村产业振兴的内在要求

从发展目标来看，农村产业兴旺内含了效率提升、规模扩大和可持续性要求。从发展过程来看，产业兴旺意味着生产方式由传统模式向现代化、科技化、信息化、数字化的变革升级，产业体系由单一结构向市场化、多元化、组织化的提升优化。农村三次产业深度融合，能够促使农村产业系统与内外部环境发生良性交互作用，重塑乡村产业链、信息链、资金链、效益链、生态链，提高乡村产业比较优势，有利于培育塑造特色化品牌，打造乡村产业发展的技术支撑与物质基础。从实践效果来看，乡村产业根植于县域，农村产业兴旺以农村各种生产要素为依托，坚持发挥农民的主体地位，通过三产融合发展，促使农村产业系统与内外部环境发生交互作用，构建具有鲜明地域特色和优势、业态品种丰富、创新活力蓬勃、利益高度联结的可持续发展路径和富裕农民、繁荣农村的重要渠道。

（四）培育发展新产业新业态是农村产业振兴的引擎和动力

农村产业振兴既是农村产业发展方式的变革引致的产业规模的扩大和生产效益的提升，更是以新产业新业态为驱动的创新发展方式的优化升级。相较于传统的产业发展模式，各类新型农业经营主体介入后开展的各种经营方式能够更好地推动本区域的经济发展，可以有效促进本区域整体组织管理体系的完善，从而保证产业发展的参与者能够获得实际收益。具体来看，产业主体作为整个市场发展的开拓者，其自身具有的资本、管理、市场和技术优势，能极大地降低小农经营的交易成本和生产成本，实现农户增收，并触发农业全产业链的融合和重组。介入了产业主体因素，可以更好地促使个体生产和规模化生产有机融合，有效化解了农业生产与流通领域脱节造成的"小农户与大市场"的矛盾，尽可能实现农户的"稳收"。特别是各类高科技农业新技术的蓬勃发展，为农业发展注入了新动能。例如以资源高效利用为特征的新能源、新材料技术的推广让农业产业更加绿色、环保、低碳；以大数据、人工智能和物联网等现代信息技术为基础的数字农业技术让农业产业发展更加智慧、快捷、高效；以基因工程、细胞工程、发酵工程、酶工程等为核心的现代生物学推动农业产业技术快速迭代更新。

第二节 农村产业振兴的主要原则

一、因地制宜原则

要振兴乡村产业，就要遵循因地制宜的原则，根据当地实际情况，发挥好当地资源优势，合理选择农牧林业中最为适宜的产业，并结合当地自然风貌和争创全域旅游示范城市的契机，适当开展乡村旅游业，实现收入范围的扩展。同时，要以精准扶贫思想为指引，进行科学规划和合理布局，整合扶贫资金和技术，发挥出各地区特色产业的优势，因地制宜制定"一村一策"，实现差异化发展。

二、可持续发展原则

任何产业在其发展过程中都应考虑其发展的长远性与可持续性。对于乡村产业发展来说，产业发展的可持续性一方面表现在以农产品生产为主的农业产业的产品品质上，产品要想开拓更大的市场，赢得广大消费者的青睐、实现经济效益的最大化，就必须确保产品优质品质的始终如一。任何只顾眼前利益不顾长远利益的投机取巧，换来的都将是产业发展的难以为继。因此，政府、农民、产业龙头企业、合作组织的负责人都应从思想上高度重视农业产业产品品质的提升问题，树立可持续发展原则，依靠先进的管理技术和生产经营理念，在产品品质的提质增效上下功夫，一改往日的重产量轻质量的落后观念和短浅思维，从而实现乡村农业产业的长足发展。

另一方面，产业发展的可持续性还表现在发展过程中要坚持绿色生态导向，统筹考虑生态环境的保护上。习近平总书记提出"绿水青山就是金山银山"，良好的自然生态环境是农村地区最为宝贵的财富，实现乡村振兴要科学合理地利用自然资源，有效保护生态环境，要让良好生态成为乡村振兴的支撑点，真正使乡村成为山清水秀、天高云淡、风景如画、生态宜居的美丽乡村，成为广大城市市民的向往之地。

三、"试点先行"与"逐步推广"相统一的原则

产业振兴要遵循"试点先行"与"逐步推广"相统一的原则。坚持试点先行，再逐步推广的方法，是保证重大改革顺利推进的一个重要手段，意思是政府在推出一项政策或改革时，尤其是较为重要的措施，应该先选取一个试点，进行局部探索，在这个试点地区逐步摸索，遇到问题及时纠正，搞清状况和获取资料，根据实际情况随时进行调整，再结合经验与政策进行大范围的推广。这样做能够避免由于政策不成熟而带来不良影响，同时试点先行遇到问题时也比较容易解决，改革起来较为稳妥。这个方法是以矛盾的个性与共性在一定条件下能够相互转化、矛盾的共性寓于个性之中为依据的。

遵循"试点先行"和"逐步推广"相统一的原则时，会出现这样的情况：在试点先行的实际操作中得到的效果非常好，推广开的效果却很差，主要原因在于没有做到具体问题具体分析。当试点地区和其他地区存在较大差异时，得到的结果就会相差甚远。在试点地区实行政策时，各方面的关注度是极高的，财政支撑和政策支撑同时发挥作用，但当推广范围较大时，不能集中各方支援，因此，效果就会很差。要尊重差异，区别对待，不能搞"一刀切"。

第三节　农村产业振兴的重点任务

农村产业振兴任务艰巨，不同产业的功能定位不尽相同，要准确把握发展目标和方向，突出四个重点任务。

一、保障农产品有效供给

保障国家粮食和重要农产品供给安全，是乡村产业发展的第一要义。要巩固提升粮食等重要大宗农产品生产能力，确保国家粮食安全。调整优化农业结构，推进农业由增产导向转向提质导向，立足农村资源禀赋优势，大力发展农产品加工业、休闲农业、乡村旅游、劳动密集型加工制造业、生产性和生活性服务业，提高农业供给体系质量与效率，满足居民日益增长的绿色优质物质产品和生态文化等精神产品需求。

二、保持生态涵养

要坚持绿色发展理念，大力推行绿色生产生活方式，统筹山水田林湖草系统治理。强化政府与市场主体的生态环境保护责任，加强对可能产生污染的重点领域、重点产业监管，强化产业内部重点环节环境风险管控，应用先进适用的环保技术设备，尽可能降低对环境的负外部性。发挥乡村生态优势，大力发展乡村绿色生态环保产业，加强乡村资源回收利用和污染治理，将绿水青山打造成金山银山。

三、带动农民就业增收

要以人民为中心，把产业发展落到促进农民增收上来，全力以赴消除农村贫困，推动乡村生活富裕。继续推进城镇化进程，通过减少农民来富裕农民，促使农村人口和劳动力向城市转移定居。但要看到，这个过程是相对缓慢和持续的过程，即便是城镇化率达到发达国家水平，我国仍有数以亿计的人口留在农村，他们生产、生活都需要产业支撑。农村产业发展必须担负起稳就业的功能，实现农民更高质量就业，密切与农民的利益联结，促进农民收入持续快速增长。应大力发展乡村非农产业，充分发挥其带动就业、促进创业方面的显著作用。

四、促进城乡融合发展

要立足城乡不同资源禀赋，通过产业错位布局、协同配合，整合城乡各类生产要素，实现城乡融合发展。一方面，要加强城乡产业之间的衔接和配套，将城市产业的部分配套产业如原材料生产和初加工等放在乡村，乡村产业的部分配套产业如产品设计、终端销售和配送等放在城市，充分发挥城乡比较优势，产业各个环节优化布局，实现互促共进双赢。另一方面，要加快引导城市的先进生产要素如人才、资金、技术、管理、信息等进入乡村产业，提升乡村产业发展能力与水平，开辟更广阔的空间，通过产业发展一体化，有效缩小城乡差距。

要高度重视我国乡村产业层次较低、资源利用较为粗放、经济效益相对低下等发展质量问题。当前和今后一个时期，要以推动乡村产业高质量发展为主线，进一步明确和细化乡村产业发展战略目标。着眼于增强产业实力，加强龙头带动，培育农业产业化龙头企业，提升产业竞争力；加快推进提质增效，提高单位面积经济密度，提高资源利用率、劳动生产率；优化产业机构，提高主导产业产值比重，增强就业增收带动能力。着眼于增强产业内生动力方面，强化体制机制创新，引进乡村外部的人才、资本和管理理念，建立合理的利益联结机制；加快新产品开发和新技术新模式应用，多渠道开拓市场，多元化培育新产业新业态，促进产品服务价值实现；注重科技创新、扩大研发支出规模，提高全要素生产率。着眼于增强产业可持续发展能力，倡导绿色发展理念，注重节约资源、保护环境、造福社会、和谐发展，降低单位产出能源资源消耗，增加环境保护投入，降低污染物排放水平，实现污染物达标排放，鼓励发展清洁生产，加强废弃物处理和资源化利用，不断提高生态效益和社会效益。

第四节 乡村振兴背景下推进产业振兴的意义

一、乡村产业振兴是实现全面建成小康社会的推动力量

2020 年是全面建成小康社会的决胜时期，社会主义农村要想取得重大进展要依靠经济，经济是一个国家的命脉，以经济建设为中心，关系到国家的兴旺和发达，在经济建设大局下行动，也同样适用于农村，乡村的振兴重点在于产业。全面建成小康社会要求全面性，同时也说明了其短板在于贫困人口和贫困农村，农村脱贫攻坚的彻底解决需要依靠产业的振兴。农民的收入得到提升，农村才能兴旺，所以农村全面富裕的那一刻便是小康社会的全面建成之日。目前在大多数农村，农民依然主要依靠农业创收，所以依靠农业产业振兴来全面建成小康社会兹事体大。通过融合一、二、三产业，优化农业产业结构，延长产业链条，提高农业创新能力，培育新型农业经营主体，发展农村特色产业，从根本上提高农民经济收入，创造就业机会，改善贫困生活，促进农村富裕，构建现代化农业。

二、乡村产业振兴是满足农民对美好生活向往的有力保障

中国进入了一个新时代，经济建设、民主法治建设、思想文化建设、生态文明建设等各方面都取得了显著的成效，中国的面貌焕然一新，但是这其中还有很多问题不可忽视。城市在享受着改革开放带来的胜利果实时，农村依旧止步于落后的生活水平，城乡差距不断扩大，农村的农业基础薄弱，人居环境、基础设施建设有待提升，公共服务水准急需完善，这就造成农民对于农村未来的前景和发展忧心忡忡，也慢慢失去了对美好生活的向往。为了让农民重新建立信心，乡

村振兴战略的实施显得尤为重要，产业作为农村的根本，振兴产业是振兴农村的内在需要。所以要立足农情，以自身的独特地理位置和特色为优势，最大限度地利用自然资源，实施乡村的产业振兴，从各个方面提升农民的生活质量，切实改善落后贫穷的现状。仅仅局限于扶贫不行，要从根本上解决农村问题，农业是基础，以农业产业的发展推动整个农村的经济发展，提高农业生产能力，构建一二三产业融合发展体系，推进农村农业的现代化，从而实现农村的全面发展，满足广大农民对于乡村发展的憧憬和对美好生活的向往。

三、乡村产业振兴是实现民族伟大复兴的物质基础

中国是一个幅员辽阔的国家，自改革开放四十多年来迎难而上，取得了令人叹为观止的历史性成就。中华民族的伟大复兴应包括综合国力增强、社会全面进步、祖国统一、能够在国际舞台上唱响中国声音等诸多方面。乡村产业振兴是立足于"三农"问题短板、城乡发展不平衡不充分等问题的重大战略举措。中华民族伟大复兴的实现必然要以实现农业产业振兴为前提，国家的现代化归根到底是农业的现代化，农业发展的速度决定着国民经济的发展速度。当前我国农村产业的整体发展水平依然较低，市场竞争能力不足，新型农业产业经营主体仍有待培育，乡村治理能力不强。始终坚持农业的基础性地位不动摇，大力推动产业振兴，是实现中华民族伟大复兴的物质保障，要坚定不移地把"三农"问题作为全党工作的重心，坚持农村农业优先发展。

第三章　乡村振兴战略与农村产业振兴的理论基础

本章分为乡村振兴战略的理论基础、农村产业振兴的理论基础两部分。主要包括中国古代的重农思想、西方经济学派关于乡村发展的理论、马克思主义关于乡村发展的理论、中国历代领导人关于"三农"问题的主要思想等内容。

第一节　乡村振兴战略的理论基础

一、中国古代的重农思想

早在原始社会中国就出现了农业管理思想，设立了掌管治水、农耕、渔猎的官职。到春秋战国时代，列国并立，群雄争霸，富国强兵成为各诸侯国一致追求的目标。富国和强兵都离不开农业生产的发展。于是，形形色色的重农思想登上了历史的舞台。其中的"国富论"、"民富论"、"上下俱富论"、"轻重论"（政府控制论）、"善因论"（市场调节论），以及"三才论"等，在历史上都产生过重要影响。

（一）"国富论"与"民富论"

我国最早提出"国富论"的代表人物是战国时期的著名政治家商鞅（约公元前395年—公元前338年）。他是卫国国君的后裔，原名卫鞅，亦名公孙鞅。商鞅年轻时在魏国当过国相公叔痤的家臣，后应秦孝公之招入秦，力劝秦孝公变法图强，深得秦孝公信任，官至大良造。在商鞅领导下，秦国先后在公元前359年（秦孝公三年）和公元前350年（秦孝公十二年）两次实行变法，为日后的统一大业奠定了雄厚的政治经济基础。商鞅把"治、富、强、王"列为国家的最高政治目标。这里的"治"指社会秩序良好；"富"指国库充盈；"强"指军事兵力强盛；"王"即统一天下。要实现这一目标，必须大力发展农业生产。他说："善为国者，仓廪虽满，不偷于农。"意思是粮食多了也不能放松农业生产。商鞅首次在理论上将农业定为"本业"，而将农业以外的其他经济行业一概称为"末业"，主张"事本"而"抑末"。这就是我国历史上推行"重农抑商"政策的理论由来。"国富"是《商君书》中出现频率很高的词汇，但是商鞅的"国富"专指中央财政的国库充盈，是狭义的"国富论"。实现"国富"，一方面要加强和发展农业生产，另一方面要增加税收，做到"民不逃粟（实物农业税），野无荒草"。由此可见，商鞅的"国富论"，实际上是一种重农与重税论。这在特定的时代背景下是暂时可行的和有效的，但同时也带有严重的历史局限性和利益分配的偏颇性，特别是在思想理论上对后来推行的"重农抑商"政策产生了长期的负面影响。

与"国富论"相对立的是"民富论"，其代表人物是孟轲（约公元前372年—公元前289年）。孟轲也像商鞅一样渴望国家统一，进而提出了所谓的"王道"。商鞅主张以武力征服达到统一，孟轲则主张用仁政感化达到统一。他说："不以仁政，不能平治天下。"施行仁政，首先要使人民生活富足，安居乐业。孟轲提出要让农民拥有赖以生活的"恒产"，即耕地。他指出："民之为道也，有恒产者有恒心，无恒产者无恒心。苟无恒心，放辟邪移，无不为已。"孟轲认为，圣明的君王治理天下，要做到"易其田畴，薄其税敛，民可使富也"。人民的粮食充足了，生活富足了，难道还会有"不仁"的行为吗？孟轲反对法家的"禁末"（抑制工商业），认为社会分工是必不可少的，主张"通功易事，以羡补不足"。孟轲所竭力提倡的"仁政富民"思想，体现在农业经济政策上就是"重农不抑商"，这是很值得称道的。

（二）"上下俱富论"

作为我国古代早期农业宏观管理理论的两大学派，"国富论"与"民富论"都主张男耕女织的小农经济，都重视发展农业生产。它们的主要区别在于，前者主张富国以强兵，实现国家统一；后者则主张仁政以富民，保持社会和谐，长治久安。前者重在"立国"，后者重在"治国"。经过长期的百家争鸣和社会实践，到战国后期，出现了融合两派观点的新经济管理理论，即"上下俱富论"。这个经济学派的理论核心是主张国家在政策取向上必须做到"上下俱富"，否则国富民贫或民富国虚都是危险的。管子和荀子比较集中地阐述了这种新的理论。

管子吸收了商鞅的"农本"思想，把农业称为"本事"，认为农业是社会经济的基础，只有发展农业生产，才能使国库充盈和人民富足。管子指出，人民生活富裕了，才会遵纪守法，提出了"仓廪实则知礼节，衣食足则知荣辱"的千古名言。同时，认为农业生产搞好了，才能抵御外敌的入侵，即"民事农则田垦，田垦则粟多，粟多则国富。国富则兵强，兵强者战胜"。但是，要建立一个富强而祥和的国家，应该是国与民同富，而不能把二者对立起来。他说："是以善为国者，必先富民，然后治之。"显然，管子的经济观比商鞅的狭义"国富论"更具有治国的实用性。

荀子的经济思想核心是"以政裕民"，与今天常说的"政策兴农"很相近。如何"以政裕民"呢？荀子说："轻田野之赋，平关市之征，省商贾之数，罕兴力役，无夺农时，如是，则国富矣。夫是之谓以政裕民。"这就是要求统治者要减轻农民的赋税负担，合理征收集市商品的交易税，减少商人（非农人口）的数量，少抽调民夫徭役，尤其不要妨碍农事耕作，这样国家就富裕了。荀子的理论贡献在于他第一次阐明了"国富"应当是国家财富总量的增加，并将之定义为"上下俱富"，而在他之前的"国富"往往只是指中央财政收入的增加。荀子主张通过"节用裕民"的一系列政策措施来管理和促进农业生产，他认为"彼裕民，故多余，裕民则民富。民富则田肥以易，田肥以易则出实百倍"。荀子特别反对搜刮民脂、聚敛无度的做法。他以激愤的语气指出"聚敛者，召寇、肥敌、亡国、危身之道也"。

（三）"轻重论"和"善因论"

汉高祖刘邦在秦末农民战争中建立了西汉政权。汉初制定了重农、薄赋、节用为主要内容的一系列"与民休息"的政策，在经济管理上推行"无为而治"，农业生产得到了极大的发展。但是在"网疏而民富"的同时，社会各阶层的利益矛盾却与日俱增。国家应当如何管理国民经济，是继续无为而治还是加强控制干预，成为亟待解决的理论问题和现实问题。于是出现了主张干预甚至垄断国民经济的"轻重论"和主张减少对经济活动干预的"善因论"两个理论学派。

"轻重论"的代表人物是桑弘羊，西汉洛阳人，少时入宫当汉武帝的侍从，官拜大司农、御史大夫等职。他是西汉著名的理财专家，参加过汉武帝时盐铁官营、均输、平准和统一铸币等重要经济政策的制定与实施，对当时的经济发展和国家建设起过十分重要的作用。桑弘羊是历史上第一个敢于对"农业富国"正统思想提出异议的人。汉昭帝始元六年（公元前81年）召开的一次著名的"盐铁会议"上，在与参加会议的各方贤良的辩论中，桑弘羊比较系统而集中地阐述了他的经济观。针对反对派提出的"衣食者民之本，稼穑者民之务也。二者修，则国富而民安也"的观点，桑弘羊反驳道"富国何必用本农，足民何必井田也"。他接着指出："物丰者民衍，宅近市者家富。富在术数，不在劳身；利在势居，不在力耕也。"这就是说，富庶的地方人口就会繁衍，靠近市镇的人家就容易致富；致富的关键在于技巧和手段，不在于苦力劳作；获利的关键在于住所（店铺）的有利位置，不在于种地耕耘。因此，桑弘羊等人竭力主张国家利用农产品交易中的价格变化规律，控制生产、分配、消费全过程以达到全面垄断国民经济的目的。这一过程的专门术语叫"行轻重之术"。

桑弘羊的理论依据有三点。第一，影响市场商品价格的要素来自三个方面。一是年成丰歉和农作物收获的季节变化，"岁有凶穰，故谷有贵贱"；二是商人的囤积聚散，"聚则重，散则轻"；三是政府的赋税征收，"急则重，缓则轻"。第二，国家可以利用"物多则贱，寡则贵"的物价变动规律来增加财政收入，"人君操谷币金衡而天下可定也"，这么做即使不向人民征收人口税（万民无籍），财富也会流入国库之中。第三，国家利用"轻重之术"来聚敛财富，在政治上也有多方面的好处：避免巨商大贾"豪夺吾民"；能使黎民百姓"无不累于上"。因此主张"行轻重之术"以实现国家对农业生产和社会财富的调控与管理。

与"轻重论"相反的经济管理理论是司马迁提出的"善因论"，出自《史记·货殖列传》："故善者因之，其次利道之，其次教诲之，其次整齐之，最下者与之争。"这段话的核心是"因之"。司马迁在它之前加上"善者"，观点十分明确，即主张国家应当顺应经济的自然运行，减少对经济活动的干预。在"因之"的前提下，可以通过让利于民的办法引导人民从事某些有利于国家经济全局的活动，这叫"利道之"；还可以采用教育感化的办法来规范人们的经济行为，这叫"教诲之"；还必须采取行政法律手段来强化经济秩序，整顿经济活动中的不法行为，这叫"整齐之"。可见，司马迁并非主张对经济活动采取听之任之的无政府主义。在司马迁看来，政府只是经济活动的管理者，如果直接参与经济经营就是"与民争利"，就会扰乱经济活动的正常运行。因此，他认为轻重论学派的干预主义是"最下者"。

司马迁的理论依据有以下几点。第一，经济活动的动力来自人们的求富欲望。他认为"富者，人之情性，所不学而俱欲者也"，"天下熙熙，皆为利来；天下攘攘，皆为利往"，用不着政府去干预。但是对那些"奸宄"，必须进行制裁。第二，人们的物质需要是多方面的。司马迁有一段话很精彩："故待农而食之，虞而出之，工而成之，商而通之。此宁有政教发征期会哉？人各任其能，竭其力，以得所欲。故物贱之征贵，贵之征贱。"意思是：农、虞、工、商是国家的四大经济部门，只要人们依法从事经济活动，政府就别去干预，某种商品的价格低了人们会减少生产，自然就会变贵（物贱之征贵），反之也一样。第三，人们的贫富差别是由于人的能力大小造成的，"巧者有余，拙者不足"，是天经地义的事情。总之，"善因论"主张国家减少对经济活动的干预，顺应经济的自然发展，只要适当加以"利道""教诲""整齐"等手段，就能实现"上则富国，下则富家"的经济管理目标。

（四）"三才论"

古代思想家对农业与自然环境、农业资源配置利用等问题也提出过许多经世致用的思想，"三才论"是其中具有农业哲学意义的一个宏观性的理论。

"三才"始见于《周易》，专指哲学概念的天、地、人，也称天道、地道、人道。战国时代的许多思想家从不同角度论述了"三才"之间的相互关系。管子将"三才"称为"三度"，"上度之天祥，下度之地宜，中度之人顺"。孟子指出"天时不如地利，地利不如人和"。荀子从治国理财的角度强调"上得天时，下得地利，中得人和"，才能实现国家富强目标。《吕氏春秋》第一次将"三才"思想用于解释农业生产："夫稼，为之者人也，生之者地也，养之者天也。"这里的"稼"，指农作物，也可泛指农业生产活动，"天""地"则指农业生产的环境因素，"人"是农业生产活动的主体。这段话是对农业生产诸要素之间的辩证关系的哲学概括。其中突出之点在于它阐述了农业生产的整体观、联系观、环境观，在我国传统农学中占有重要的指导性地位。

北魏农学家、《齐民要术》作者贾思勰继承和发展了"三才"思想，他指出人在农业生产中的主导作用是在尊重和掌握客观规律的前提下实现的，违反客观规律就会事与愿违，事倍功半。他说："顺天时，量地利，则用力少而成功多。任情返道，劳而无获。"他甚至将"任情返道"（违反客观规律）的行为讽喻为"入泉伐木，登山求鱼"。在"三才论"影响下形成的中国传统农学，特别强调生产安排的因时、因地、因物制宜的"三宜"原则。明代农学家马一龙对此有一段富于哲理的阐述，他说："知时为上，知土次之。知其所宜，避其不可为，力足以胜天矣。"

在"三才论"所推崇的农业环境观影响下，我国很早就产生了保护农业资源的意识，并在政策措施上予以体现。《礼记·月令》中明确规定，在"天气下降，地气上腾，天地和同，草木萌动"的孟春季节，"禁止伐木，毋覆巢，毋杀孩虫、胎、夭、飞鸟，毋麛、毋卵"。到仲春季节，一方面要求统治者"毋作大事，以妨农之事"，同时还强调"毋竭川泽，毋漉陂池，毋焚山林"。这种资源保护意识普遍受到先秦思想家的认同和重视，有关的论述不胜枚举。例如，《吕氏春秋》说："竭泽而渔，岂不获得？而明年无鱼。"荀子说："洿池、渊沼、川泽谨其时禁，故鱼鳖优多而百姓有馀用也。"还特别强调要做到"罔罟毒药不入泽，不夭其生，不绝其长也"。孟子说："斧斤以时入山林，材木不可胜用也。"当我们拂去历史的尘封，这些先知先觉的资源保护思想，在今天依然放出夺目的光芒。

（五）对重农思想的评价

重农思想是在传统农业社会的历史条件下提出的，带有深刻的历史局限性和时代烙印。

1. 重农思想的出发点是维护封建专制统治

重农思想的核心在于重"民"，但"民"从来都不是权力的主体而是客体。"民"在任何时候都是被怜悯的对象，"君"才是主宰。皇权专制和官本位的存在，使得以农民为主体的中国封建社会缺乏民主意识，农民从来都不能平等地表达自己的利益诉求。农民的利益和权益常常被侵犯和剥夺，因此造成了无数次惨烈的农民起义和农民战争。封建统治者提出"民为邦本""民贵君轻""吏为民役"等"重农"思想，大多也是为了缓和阶级矛盾的政治话语。一个不能维护大多数社会成员利益的社会不可能做到"长治久安"。

2. 重农思想的本质是加大对农民的剥夺

中国过去几千年都处于农业社会，其主要特征是以农养生、以农养政。人要生存靠农业提供衣食之源；国家政权要正常运转靠农业提供财政来源。历代君王们都深知"国之大事在农"，不得不"以农为本"，实行重农政策，他们把土地、户籍和赋税制度捆在一起，逐渐形成了一整套封建制度。虽然有过几次税费改革，只是在纳税对象、方式、时间等方面加以调整，但征税总量有增无减，因此并未从根本上改变重税的本质。显然，传统的重农思想重农业生产、重农业税收、重农民力量的利用，目的是实现富国强兵，结果是在一定程度上损害农民利益。简而言之，重农民之"力"，而不重农民之"利"。在这种社会制度下，农民即使生产再多的农产品，也没有完全享有劳动成果和自由买卖的权利，要么体会被无偿掠夺的滋味，要么忍受终年劳役的痛苦。我们从《诗经》中就可以看到，春秋时代农民就有"不稼不穑，胡取禾三百廛兮"的不满。后来更有不少文人写下了数不清的怜悯农民、同情农民的诗文，发出了无数像"苛政猛于虎"一类的惊叹。统治者一旦肆无忌惮地向农民横征暴敛，苦难的积聚超出农民的承受程度，农民求生而不能，就只好揭竿而起。历史上发生的100多起农民起义都是农民负担太重而引发的。因此，可以看出，在传统的农业社会实行重农政策是一种必然的选择，而且也曾创造出悠久的农业文明，但是由于统治者往往走进重税的误区，所以也一直存在着严重的农民、农村、农业问题。

3. 重农思想忽视科学技术的发明创造

中国传统的重农思想注重协调农业与环境、人与社会的关系，注重治国之道，强调治国安邦的适用性。历朝历代的统治者基于重农思想而制定的封建农业政策，有效地调控了农业社会的运行，创造了高度的农业文明。但是中国传统的重农思想缺少独立于政治功利之外的求真求知、追求科学的精神。中国近代以来的落后，归根到底是科学技术的落后，是农业文明对于工业文明的落后。由于中国社会"官本位"的影响，"学而优则仕"的儒家思想根深蒂固，科技发明被贬为"雕虫小技"。这种情况造成了中国封建社会知识分子对行政权力的严重依附性。然而，欧洲各国于14世纪兴起文艺复兴运动，大批知识精英冲破了宗教神学和经院哲学的束缚，开始为科学探索穷思竭虑，甚至为创立新的理论学说而英勇献身。当力学三大定律的发现者牛顿于1665年在剑桥大学进行毕业论文答辩时，我们的一代明君康熙皇帝正忙着以"子击磬于卫"之类的题目"开科取仕"。这就不难理解，为什么我们在强盛了几千年之后，竟在"历史的一瞬间"就落后到挨打的地步。

4. 重农思想利于造就封闭的自给自足的小农社会

封建社会的重农思想以小农经济为出发点和终极目标，它的全部制度安排都是为了巩固小农经济的社会基础。因此封建社会无论从思想上还是制度上都更愿意接受"重农抑商"的政策，总是把工商业的发展困于小农经济的范围之内。由此形成了中国封建社会闭关自守、安土重迁、小富而安的民族性格。我国拥有广阔的领海和绵长的海岸线，自古就拥有堪称先进的造船航海技术，可是却形同以农立国的"内陆国家"，因为历史上我们几乎没有从海洋交通中得到过好处。著名航海家郑和下西洋比哥伦布发现美洲大陆还早了近一百年。可是郑和七下西洋，却没有引领中国走向世界，没有促进中国走向开放。同样，中国在明朝晚期就通过来华传教士接触了西方近代科学，这个时间远比日本早得多。然而后起的日本在学习西方近代文明过程中很快强大起来，公然以武力侵略中国，给中国人民造成了深重的历史灾难。重农思想主导下的封建社会，使我们失去了一次又一次的发展机会。这段沉痛的历史，永远值得中华民族炎黄子孙铭记和反思！

二、西方经济学派关于乡村发展的理论

两方经济学家大多把农业看成促进工业化的一种手段，它的作用主要是向工业提供过剩劳动力、资本和粮食。下面分别介绍几个典型西方经济学家的观点。

（一）刘易斯的乡村发展理论

著名经济学家、诺贝尔经济学奖获得者阿瑟·刘易斯依据发达国家经济发展的经验材料，于1954年发表了《劳动无限供给条件下的经济发展》一文，提出了"发展中国家经济二元结构"的著名理论，他指出：发展中国家一般存在两个性质完全不同的部门，一个是现代部门，是使用再生产性资本，采用机器大工业的生产方式，具有较高劳动生产率，收入水平较高的部门；一个是传统部门，主要是农业部门，不使用再生产性资本，主要采用手工劳动，相对于资本和自然资源而言，由于人口存量大，劳动的边际生产率很低，甚至为负数，收入水平低。传统农业部门存在大量的隐性失业者，既是传统部门生产水平低下的主要原因，又是现代部门扩张需要劳动力的来源。而这种二元经济发展的核心问题是如何促进传统农业部门剩余劳动力向现代部门的转移。

（二）费景汉和拉尼斯的乡村发展理论

美国耶鲁大学经济增长中心的费景汉和拉尼斯等人把刘易斯模型向前推进了一步，提出了系统的工业化理论，深化了对农业在经济发展中作用的认识。在他们的模型中，经济发展被分为三个阶段。第一阶段，农业中存在着剩余劳动力，随着工业的扩张，剩余劳动力向工业转移。工业的增长从劳动力和农业剩余两个方面依赖于农业的支持。第二阶段，随着工业增长和劳动力的继续转移，农业中劳动力的边际产量不再为零，人均农业剩余开始下降。这时提供农业剩余，促进农业增长成为工业增长的前提。只有不断促进农业增长，才能不断增加农产品供给，避免由于农产品短缺造成粮食价格的大幅度上涨。因此，提高农业生产率可以加速二元经济的转化。第三阶段，农业被改造成一个现代化的产业部门，农业的工资水平也是由劳动边际生产率决定的，二元经济转化为一元经济。

（三）舒尔茨的乡村发展理论

20 世纪 60 年代初期，美国著名经济学家西奥多·舒尔茨在芝加哥大学工作期间完成的《改造传统农业》一书，提出了发展中国家进行农业现代化改造的途径、重点和机制，他反对在现代化过程中轻视农业的看法，认为"并不存在任何一个国家的农业部门不能对经济增长做出重大贡献的基本原因"。但发展中国家的传统农业要为经济增长做出贡献，关键在于要把现代生产要素引入传统农业，促进传统农业向现代化农业转型。而要把传统农业改造成为能够为经济增长做贡献的现代生产部门，舒尔茨有以下几点建议。一要建立一套有利于农业转型的制度。建立市场机制以形成对农民行为的有效激励；改革低效率的土地制度；建立所有权与经营权合一的、能适应市场化的家庭农场经济体制。二要增加现代农业要素投资。引进现代生产要素是改造传统农业的根本出路，要从供给和需求两方面为引进现代生产要素创造条件，供给分为研究开发与推广两方面，主要应由政府或其他非盈利机构来进行；需求是要使新生产要素必须是有利可图的，并且农民乐意接受，政府的农业推广人员要向农民提供有关新生产要素的信息，同时要使农民学会使用这些要素。三要对农民进行人力资本投资。人力资本投资是农业经济增长的主要源泉，人力资本投资的主要形式有教育、在职培训以及提高健康水平等，而学校教育是人力资本投资的最大组成部分和最主要的形式。

（四）托达罗的乡村发展理论

20 世纪 20 年代后，随着工业部门的扩张，发展中国家城市失业现象也不断加重，与此同时，农村向城市的人口流动速度不仅没有减缓，反而不断加快，形成了引人注目的"拉美现象"。托达罗的二元模型把研究重点从工业与农业的关系转向了城市和乡村的关系，旨在对城乡之间的人口流动做出解释。托达罗认为，城乡人口流动的速度和规模并不取决于城乡之间的实际收入差异，而是取决于城乡预期收入差异。在农村，劳动力充分就业，农村预期收入等于农村实际收入。而在城市，由于存在失业现象，预期收入不等于实际收入，预期收入是实际收入和就业概率的乘积。托达罗模型得出的结论是：依靠城市现代化部门的扩张不足以解决发展中国家存在的严重失业问题。原因在于：一方面，资本积累必然伴随着技术进步和劳动生产率的提高，从而降低对劳动力需求的增长速度；另一方面，现代部门创造的就业机会越多，就业概率就越大，在城乡实际收入水平不变的条件下，城乡预期收入的差距就越大，从而诱使更多的劳动力进入城市，加剧城市的失业状况。因此，建议政府应改变重工业、轻工业和农村的发展战略，把更多的资金用于改善农业的生产条件和农村的生活环境，提高农村居民的实际收入水平。只有这样，才能减少农村人口大规模流向城市的压力，才能缓解城市就业的压力。虽然托达罗的乡村发展理论是建立在消除城市失业现象的基础上的，但却指出了建设农村、改善农村生产和生活环境的重要性。

（五）罗斯托的乡村发展理论

根据经济现代化理论，罗斯托在 1960 年提出一个较大国家的经济发展可以分为 6 个阶段，依次为传统社会阶段、准备起飞阶段、起飞阶段、向成熟推进阶段、高额消费阶段和追求生活质量阶段。从国际经验看，工业化过程中实施推进农业战略发展比较典型的国家和地区主要有美国、英国、法国、德国、日本、韩国和中国台湾。在工业化中期，不同国家或地区反哺农业的政策随着经济的不断发展进行不断调整，由此可划分为转折期和大规模反哺期。转折期的始点是刚跨入工业化中期阶段的时间。以赛尔昆等设计的标准模型为基准，按照从最不发达国家到最发达国家变化过程完成 1/3 时界定为进入工业化中期阶段，这时人均 GDP 超过 1064 美元（1992 年）、城市化超过 30.5%、农业产值比重低于 39%、农业就业比重低于 52%、初级产品出口占 GDP 比重低于 10.5%。研究表明，属于转折期的美国在 1900 年、德国在 1913 年、日本在 1936 年、韩国在 1970 年，这些国家政府均开始实行对农业的扶持政策。

三、马克思主义关于乡村发展的理论

马克思、恩格斯以及列宁都从农业的一般规律出发，充分强调农业在国民经济中的基础性地位。同时，他们十分注意对资本主义时代工农关系和城乡关系及其发展趋势的分析，特别注意从无产阶级革命需要出发研究工农联盟问题，从社会主义建设角度出发思考如何解决农民、农村、农业问题。马克思、恩格斯以及列宁还运用历史唯物主义和辩证唯物主义原理，对农民、农村和农业的发展前景进行了科学的预测。

（一）强调正确处理农民、农村和农业问题的极端重要性

马克思主义经典作家历来都十分强调农业在国民经济中所具有的基础性地位。他们有以下几个观点。

（1）农业生产是人类生存和"创造历史"的首要条件。马克思、恩格斯指

出："我们首先应当确定一切人类生存的第一个前提也就是一切历史的第一个前提。这个前提就是：人们为了能够创造历史，必须能够生活。但是为了生活，首先就需要衣、食、住以及其他东西。因此第一个历史活动就是生产满足这些需要的资料，即生产物质生活本身。"

（2）超过劳动者个人需要的农业劳动生产率是一切社会的基础。社会用于农产品生产的时间越少，用于其他物质的生产或精神的生产的时间就越多。财富的增长和文明进步通常都与生产食品的劳动和费用的减少成相等的比例。

（3）农业劳动生产率制约着农业和工业之间社会分工的发展程度。农业劳动特别是生产食物的农业劳动是其他一切劳动得以独立存在的自然基础和前提，农业劳动必须要有足够的生产率和提供足够的剩余产品，才有可能使农业和工业之间实行巨大的分工。

（4）农业劳动生产率决定着农业人口向城市和非农产业转移的速度和规模。他们认为，撇开对外贸易，从事加工工业等而完全脱离农业的工人的数量，取决于农业劳动者所生产的超过自己消费的农产品的数量。

（5）农业是国民经济的基础。农业是吸收工业品的市场，是原料和粮食的供应者。

马克思主义经典作家强调在农民占人口大多数的国度中建立和巩固工农联盟直接关系到社会主义革命和建设的成败。马克思就此指出，"在革命进程把站在无产阶级与资产阶级之间的国民大众，即农民和小资产者，发动起来反对资产阶级制度、反对资本统治以前，在革命进程迫使他们承认无产阶级是自己的先锋队而靠拢它以前，法国的工人们是不能前进一步，不能丝毫触动资产阶级制度的。"

列宁则从社会主义建设的高度谈到巩固工农联盟的重要性。他指出，"工农联盟——这是苏维埃政权给予我们的东西。这是苏维埃政权的力量所在。这是我们取得成就、取得最终胜利的保障""我们帮助农民，因为这是我们保住政权所绝对必需的。专政的最高原则就是维护无产阶级同农民的联盟，使无产阶级能够保持领导作用和国家政权"。

（二）总结农业发展和现代化的一般规律

马克思、恩格斯研究了英、法、德、美等国资本主义发生、发展的过程。列宁考察了俄国资本主义发生、发展的过程。他们建议用"资产阶级社会"和"工业和商业社会"这样的说法来表示同一个社会发展阶段，因此他们对这些国家资本主义发生、发展过程的考察，同时也是对这些国家19世纪中期以来城市化、工业化等现代化过程的考察。对农业发展和农业现代化的分析，构成他们的现代化理论的一个重要组成部分。他们的农业发展和农业现代化思想，概括起来主要有如下几个方面。

1. 农业现代化的过程也是农业中的商品经济代替自然经济的过程

他们认为，农业社会是自给自足的自然经济占主导地位的社会。农业中商品经济发展的起点是通过资产阶级革命使农民摆脱封建的人身依附关系而获得人身自由，同时获得小块土地的所有权或租佃权；土地成为可以自由买卖的商品，同时货币地租取代其他形态地租成为地租的主要形式，农业经营者和土地所有者的关系因货币地租而变为"单纯的货币关系和契约关系"。农业中商品经济发展的动力在于，工业革命和城市繁荣扩大了对农产品的需求量，农业人口向工业和城市的转移造就了农产品的国内市场，海外殖民地的拓展为农产品找到了世界市场，为交换而进行的农业生产由此获得了强大动力。与此同时，来自廉价工业品的竞争逐步摧毁了作为农民家庭副业的家庭手工业劳动，农民的小生产受到大农场的无情竞争，小农以家庭为纽带的自给自足的自然经济日益陷入贫困、债务和破产的境地。租地农场主、土地所有者和富裕农民成为发展商品性农业的主要力量，农业生产的商品率由于生产规模的扩大、资本的集中等因素而不断提高，现代商品化农业逐步取代了自给自足的传统农业。从某种意义上说，农业现代化过程就是农业商品化过程，发展现代农业就是要使农业变成为市场和交换而进行生产的商品化农业，并不断提高农业商品率。

2. 农业资本化、企业化经营推动着现代大农业的发展

马克思在对英国资本原始积累过程的研究中发现，农业中商品经济的发展造就了一个新的经营农业的"农业企业家阶级"。这些农业企业家把农业当作实业、工业，采取工厂或者企业的方式经营自己的农场。农业企业家在农业生产过程中担负着合理运用资本、劳动和科学技术等生产要素并对农业工人进行领导、指挥和监督的社会职能。马克思指出，农业企业家进行农业投资并从事农业经营的主要动机是在收回预付资本的同时赚取利润，并且是不低于投资其他行业的平均利润或普通利润的利润。农业利润率长期保持在较高的水平上，而城市实业活动中利润的降低促使资本流入农村并在农业中找到用途。对财富和利润的追求成为农业企业家提高农业劳动生产率的持久而强大的动力。马克思的研究发现，英国等国的农业企业家或租地农场主为此采取的措施包括：扩大耕地面积，实行规模经营，发展大农业、大农场以及中等农场；提高固定资产投资比例，将机器运用于

农业生产；实行集约化经营，追加资本投资或增加劳动强度以获取额外利润；实行专业化分工和劳动的联合与协作；提高农业劳动者在生产技能方面的平均熟练程度以获得复杂劳动所带来的倍加剩余价值；将科学和工艺学成果自觉地运用于农业，改进耕作方法，实现农业改良和技术进步；在租期较长而且租税水平较低的条件下，积极进行农业固定资产的长期投资，改善交通运输条件和水利灌溉设备等农业基础设施。马克思指出，农业资本化、企业化经营在英国等国创造了农业史上的奇迹，农业生产力飞速发展，农产品产量增长速度惊人，农场主的财富也迅速膨胀起来。可以说，农业经营的资本化和企业化推动了现代大农业在西方的发展。

3. 农业工业化引发现代大农业取代小农经济的农业革命

马克思指出，工业化进程首先发生于城市和工业领域。机器大工业的发展使得有固定工作时间和严格劳动纪律的工厂制度成为工业生产的普遍组织原则，现代工场手工业和家庭劳动逐步过渡到机器大工业。机器大工业既是技术革命的产物又是新技术革命的催化剂。工业革命和机器大工业在占领城市实业活动和各个工业部门后也开始占领农业领域。由农业企业家推动的机器在农业中的应用在农业以及农业生产当事人的社会关系上引起了一场革命。马克思、恩格斯称之为农业革命，以农业机械化、良种化和化肥化为主要特征的农业工业化进程逐步展开。农业工业化引起了农业生产力的革命。由农业企业家推动的农业工业化、农业改良和技术进步极大地提高了农业生产力，促进了农产品产量的迅速增长，从而为农业人口从土地上游离出来和向非农产业的转移提供了物质保障。更重要的是"在农业领域内，就消灭旧社会的堡垒——'农民'，并代之以雇佣工人来说，大工业起了最革命的作用。这样，农村中社会变革的需要和社会对立，就和城市相同了。最墨守成规和最不合理的经营，被科学在工艺上的自觉应用代替了"。大工业在农业中的应用所引起的最重要的变革是加速了以小块土地所有制和小生产为主要特征的小农经济的解体过程。这是因为"小块土地所有制按其社会性质来说就排斥社会劳动生产力的发展、劳动的社会形式、资本的社会积聚、大规模的畜牧和科学的不断扩大的应用。高利贷和税收制度必然会促使这种所有制没落。资本在土地价格上的支出，势必夺去用于耕种的资本。生产资料无止境地分散、生产者本身无止境地分离、人力发生巨大的浪费、生产条件日趋恶化和生产资料日益昂贵是小块土地所有制的必然规律"。农业革命造成了小农经济不可逆转的贫困化趋势和最终衰亡的命运。取代小块土地所有制、孤立的小生产和墨守成规的经营方式的现代大农业，它的特点是农业企业家和农业工人成为生产经营的主体，大土地所有制和土地所有权的完全自由使农业合理化，从而第一次有可能按社会化方式经营。

农业商品化、资本化、企业化、工业化、社会化交织在一起是西方农业发展道路的主要特点和一般规律。追求利润和扩大产品销路的需要促使农业企业家使用机器，改良农业，实行集约化经营和规模经营，从而促进了农业生产力的大发展。农业资本化经营将大量农业人口从封建宗法关系和土地的束缚中解放出来而进入城市和工业，使农民转化为产业工人和农业工人，从而促进了社会关系的大变革。农业社会化经营为新的更高级的社会形态创造了物质财富和社会条件。

（三）对城乡、工农差距的探讨

马克思主义经典作家指出，近代以后，随着工业化在城市和工业部门率先展开，出现了农业落后于工业和农村落后于城市而形成的城市统治乡村的新现象。城市工人的工资收入高于农民和农业工人，工商业的收益高于农业，城市居民的文明程度高于农村居民，城乡居民出现了收入落差和文明程度落差。城乡差距和工农差距形成的原因是什么？怎样缩小城乡差距和工农差距？对此，他们进行了深入的分析。

1.城乡差距和工农差距形成原因的分析

（1）商品经济在城市和工业部门的发展速度快于农村和农业。近代以来，城市成为工商业活动的中心、生产中心和商品交换的中心，工业与农业分离后从一开始就是为市场需求和交换而进行的商品生产，农民家庭依靠男耕女织的自然分工而维持着自给自足的生活，农业商品率不高，农民对市场和货币收入的依赖程度较低。由此造成的结果是，工业的收益比农业多，而商业的收益又比工业多。

（2）工业比农业发展快，劳动生产率更高。随着机器大工业占领越来越多的部门，农业社会逐步过渡到工业社会，工业成为社会决定性的生产部门或主要产业。由于受劳动的自然条件的约束、手工劳动长期占据优势、农业生产所具有的地方闭塞性和分散性、农民墨守成规、购买土地耗尽了资本而导致小农无力进行农业改良和扩大再生产，因而农业劳动生产率提高的速度慢于工业。

（3）城市工人在提高工资水平方面处于比农业工人和农村家庭工人更为有利的地位。城市工人彻底割断了与土地和农业的联系，他们没有来自农业劳动的收入作为补充，这样为维持劳动力的再生产就需要产业资本家提供足够的工资。城市工人集中在工厂里而且人数众多，产业工人的反抗运动和组织潜力迫使产业资本家随着资本积累和利润的增加而逐步提高他们的工资水平。农业工人和从事家庭工业的农村工人，往往拥有一小处住宅和一小块土地，他们从事兼业经营，把种地作为副业，把农业收入作为补充，而这往往成为资本家压低工资最有力的工具。同时，城市工人集中，而农业工人分散，因此农业工人的工资被降到最低限度。

（4）城市文明和工业文明的熏陶使城市居民的文明程度高于农村居民。人们的文明程度是同他们的生产方式、生活方式、交往方式和受教育程度紧密相连的。城市文明和工业文明按照工厂原则组织生产，从而增强了工人的组织性和纪律性。在城市中，"在大多数生产劳动中，单是社会接触就会引起竞争心和特有的精力振奋，从而提高每个人的个人工作效率"。工厂劳动同教育和职业培训的结合提高了工厂工人的文化程度。城市居民的生活水平由于实际收入的提高而逐步提高。而农村居民则由于生产的分散性、地域的闭塞性、经济的贫困性、小生产的抗风险能力差而陷入乡村生活落后、保守的状态。

2. 缩小城乡差距和工农差距的探讨

马克思主义经典作家在考察英、法、德、美、俄等国家现代化历程时，发现城乡差距和工农差距在工业化和城市化过程中呈现出逐步缩小的趋势。他们的论述涉及导致城乡差距和工农差距缩小的一些基本因素，包括实现劳动力、土地、资本等生产要素的自由流动和自由组合，鼓励企业的自由竞争以及资本在城乡之间和不同产业部门之间的自由转移，促进人口城市化进程，加强国家对私人企业的监督和对城乡基础设施的建设等。具体来说，有助于缩小城乡差距和工农差距的因素有如下几点。

（1）乡村工业化与劳动力的非农化。劳动力的非农化是指农业劳动力在农村就地从事非农产业，而这与乡村工业化是联系在一起的。根据马克思、恩格斯的研究，乡村工业化与劳动力的非农化有两种模式。一种模式是随着交通运输业的发展，城市工业向乡村扩散而产生的乡村工业化与劳动力的非农化，英国的情况就是这样；另一种模式是从农村经济中自发产生的乡村工业化与劳动力的非农化，德国就是这种情况。乡村工业化与劳动力的非农化造就了一个新的亦工亦农的小农阶级，"这些小农以种地为副业，而以工业劳动为主业，把产品直接或通过商人卖给手工工场"。乡村工业化所产生的现代家庭工业和散布在农村的家庭工人大军与现代大工业和城市有着密切的联系。与乡村工业化相联系的劳动力非农化和兼业经营增加了农村居民的纯收益。乡村工业化是工业化和城市化中的一个过渡阶段，随着工业趋向集中和作为工业中心的新的城市形成，农村家庭工人逐步转化为工厂工人，并彻底割断了与土地的联系。

（2）人口的自由迁移与全面流动。马克思认为，传统农业社会的人口流动性是很低的，地方和外界是隔绝的。农业工业化和农业规模经营从土地上释放了大量过剩的农业人口，而现代大工业的发展为城市更大规模地吸收这些农业人口创造了有利条件。交通运输手段的革命便利了人口的迁移与流动。恩格斯在《英国工人阶级状况》中曾经论及现代社会人口迁移的动力机制，他指出："工业的迅速发展产生了对人手的需要；工资提高了，因此工人成群结队地从农业地区涌入城市。"由此可见，追求高工资是人口迁移的主要动力，工业化是迁移人口的重要吸纳机制。农业工人的自由迁移和流动给农业规模经营和机器的使用提供了便利，同时也提高了留下来的农业工人的工资。由于农业工人的平均工资低于工业工人的平均工资，工人开始从农村迁移出来。工业化首先意味着纯粹的工业人口的增长，而人口的自由迁移与全面流动为工业扩张提供了一支稳定的产业后备军，保证了资本和劳动之间必要的平衡。人口的自由迁移还会产生增加收入的效应，迁出人口寄钱回家可以改善贫困家庭生活和推动迁出地的经济发展。总之，劳动力人口在不同地区和不同产业之间的自由迁移与全面流动具有拉平收入和产业差别的效应，从而有利于缩小城乡差距和工农差距。

（3）农村人口的城市化。马克思、恩格斯认为，城市化是与工业化相伴而生的一种现象，具有历史必然性。工业化造成了纯粹工业人口的增加和作为工业中心城市的不断形成和扩张，农业工业化造成农村人口从土地上游离出来向城市和工业部门集中，它们共同构成了城市化的根本动力。马克思指出，"现代科学在农业的运用，将把农村居民从土地上赶走，使人口集中于工业城镇……农业人口这种现代社会中最稳定最保守的因素正在消失，同时工业无产阶级正是由于现代生产的作用，在大城市中围绕着巨大的生产力聚集起来"。在城市化过程中，随着人口的集中，出现了生产的集中、消费的集中、财产的集中和政治的集中。马克思指出，城市本身表明了人口、生产工具、资本、享乐和需求的集中，而在乡村里所看到的却是完全相反的情况：孤立和分散。马克思、恩格斯认为，人口和非农产业向城市的集中会极大地推动经济发展。恩格斯指出："城市愈大，搬到里面来就愈有利，因为这里有铁路，有运河，有公路；可以挑选的熟练工人愈来愈多；由于建筑业和机器制造业中的竞争，在这种一切都方便的地方开办新的企业，……花费比较少的钱就行了；这里有顾客云集的市场和交易所，这里跟原料市场和成品销售市场有直接的联系。这就决定了大工厂城市惊人迅速地成长。"列宁对19世纪后期俄国经济发展的研究也得出了类似的结论。城市化的过程就是城市文明和工业文明逐步取代传统农业文明的过程，它有利于缩小城乡差距和工农差距。

（4）地产的自由交易和地产的集中。马克思、恩格斯认为，土地的自由流通和自由交易促进了地产的集中，而地产的集中是现代大农业发展的重要条件。恩格斯指出："正是由于土地所有权的完全自由，才有办法使得在个别情况下的确会在某些地方被这种自由完全破坏的一切再度完全取消平衡……土地自由不容许极端化，既不容许把大土地占有者变成贵族，也不容许把耕地分割成太小的、没有用处的地块。"马克思指出，小土地所有制的前提是，人口的最大多数生活在农村，占统治地位的不是社会劳动，而是孤立劳动。在这种情况下，无论是再生产的物质条件还是精神条件的发展，都是不可能的，因而也不可能具有合理耕作的条件。另外，大土地所有制使农业人口不断减少，而相对，又造成一个不断增长的拥挤在大城市中的工业人口。只有地产集中才能在农业中使用机器，实行大规模的劳动分工，并使工商业同农业配合，携手并进。总之，地产的自由交易和地产的集中促进了城市化和工业化，促进了现代大农业的发展，从而有利于缩小城乡差距和工农差距。

（5）资本的自由竞争和自由转移促使城市工商业资本流向农村和农业。马克思、恩格斯认为，资本主义生产方式首先是在城市和工业部门开始的，随后才逐渐支配农业。在工业化早期，农业劳动力和资本源源不断地转移到城市和工业中。但工商业发展到一定阶段，由于"平均利润和由它调节的生产价格在城市商业和工业的范围内形成"，城市工商业活动的利润率逐步下降，而农业仍拥有较高的利润，较高的农业利润和农产品价格把城市和工业资本吸引到农业领域和农村地区，形成城市和工业反哺农业。正如古典政治经济学所指出的那样，"城市中利润的降低，促使资本就可以遍布全国，并在农业中找到用途，于是原来在很大程度上靠农村积累起来的城市资本又部分地回到了农村"。资本在利润率平均化规律调节下的自由流动最终促使农业利润和工业利润接近起来，农业工人工资和工业工人工资接近起来。

（6）农村居民组织文化程度的提高。马克思、恩格斯强调，农村居民组织起来维护自己的利益对于改善他们自己的处境极为重要。19世纪70年代初，英国农业工人联合会通过罢工等形式同土地所有者和农场主做斗争，"几乎所有罢工的农业工人都转入城市就业，在那里他们挣的工资比他们在农业中可能得到的要多。因此，罢工进行得非常顺利，整个英国的土地占有者和农场主都自动把自己工人得工资提高 25% ～ 30%。首次取得的这个巨大胜利在农村无产阶级的精神生活和社会生活中开辟了一个新纪元，大批农村无产者投入了城市无产者反对资本压迫的运动"。农村居民特别是农业工人成立自己的组织，并复兴农业工人运动，为争取和维护自己的利益提供了强有力的手段，因而有利于缩小城乡差距和工农差距。列宁则强调要"在农民中进行文化工作"，以提高广大农民的文化素质。他认为，要把文化、知识、科技送到农村，使城市和农村的利益互补，促进农村与城市在文化科技上的相互交流和共同进步，缩小城市与农村之间的文化差异，从而达到缩小城乡差距的目标。

（7）政府发措施。马克思、恩格斯注意到了国家在缩小城乡差距、工农差距方面可以发挥积极的作用。19 世纪以来，英国政府通过了《济贫法修正案》《工厂法》等一系列法律，试图通过国家的监督和干预缓解工业化和城市化所引发的一系列社会问题。制定《济贫法修正案》在一定程度上缓解了农业工人低工资和乡村贫困化的状况，并促进了农业工人向工厂区的流动。《工厂法》规定了最长工作时间限制，将工厂劳动同初等教育结合起来，同时对工厂的卫生条件和清洁设施提出了明确的要求。《工厂法》及其补充条例在英国的普遍实行产生了积极的影响。英国政府改善城市贫民区卫生状况的努力也收到了一定的效果。马克思、恩格斯认为农业公共基础设施建设对于农业和农村地区发展极为重要，他们非常强调政府在这方面的职能。他们指出："铁路的敷设可以很容易地用来为农业服务，例如在建筑路堤需要取土的地方修水库，给铁路沿线地区供水。这样一来，作为东方农业的必要条件的水利事业就会大大发展，常常因为缺水而造成的地区性饥荒就可以避免。""农业的第一个条件是人工灌溉，而这是村庄、省或中央政府的事。"他们认为改善交通和灌溉条件等于用农业改良的长期固定资本投资应当由国家来进行。同时他们认为，在对农村居民提供个人信贷和减轻抵押债务利息方面，在实行普遍的免费国民教育方面，国家都可以发挥积极的作用。总之，缩小城乡差距和工农差距需要国家承担起相应的职能来。

（四）处理农民、农村和农业问题应遵循的基本原则

马克思主义经典作家认为，工人阶级及其政党或政府为了巩固工农联盟以确保社会主义革命和建设事业的成功，需要正确处理农民、农村和农业问题，并为此提出了一些基本原则。这些原则可概括为如下几条。

1. 充分了解农民要求

在那些农业国中，工人阶级政党必须亲自去研究农村居民包括农村工人和小农的利益和状况，考虑到农村和农业发展发生的变化和实际情况，善于根据农村居民中不同阶层的利益和要求而提出有针对性的纲领来。恩格斯对法国工人党在 1892 年马赛代表大会上所提出的土地纲领表示赞赏，因为其分别为农业工人、小农、佃农的利益提出了具体的政策诉求。

2. 尽力维护农民利益

马克思指出，无产阶级政府应当采取措施直接改善农民的状况。他认为："无产阶级要想有任何胜利的可能性，就应当善于变通地直接为农民做很多事情，就像法国资产阶级在进行革命时为当时法国农民所做的那样。"马克思在评价巴黎公社这个无产阶级的第一个政权时指出："公社对农民说，公社的胜利是他们的唯一希望，这是完全正确的。"他深信，公社的统治将能够直接给农民带来更大益处，即免除他们的税，给他们一个廉洁政府，并能够而且必须为了农民的利益去解决更复杂和更切身的问题，如抵押贷款等。

3. 根据不同历史时期实际情况，提出恰当的农民问题纲领

马克思、恩格斯在 1848 年欧洲革命时期和在 19 世纪后期现代农业取得长足进展情况下所提出的具体措施显然不同。他们的农民问题纲领可分为最高纲领和最低纲领，前者是无产阶级取得社会主义革命成功和掌握政权之后的农民政策，后者适应了近代欧洲农业的现实，适当吸收了小资产阶级社会主义者所提措施的某些合理成分。同时他们强调，农村社会经济组织形式应当适应而不是超越农村居民的知识水平和接受能力。

4. 农村生产关系变革应当遵循自愿和示范相结合的原则

恩格斯在《法德农民问题》中指出，违反小农的意志，任何持久的变革都是不可能的。因此，他说："当我们掌握了国家权力的时候，我们绝不会用暴力去剥夺小农（不论有无报偿，都是一样）。……我们对于小农的任务，首先是把他们的私人生产和私人占有变为合作社的生产和占有，不是采用暴力，而是通过示范和为此提供社会帮助。"在向合作社的过渡上，如果小农还未下定决心，工人阶级政党要给小农一些时间，让他们在自己的小块土地上考虑这个问题，而不能违反他们的意志强行干预他们的财产关系。

5. 不得违背社会发展趋势和无产阶级革命的最终目的

马克思、恩格斯始终强调工人阶级及其政党或政府应当采取各种措施改善农民的生存状况。他们所提出的农民问题最高纲领和最低纲领也都是以农民的完全解放为目标的。但是他们坚决反对为了争取农民的支持而一味迁就农民的任何要求，做出既无法实现又违背社会发展趋势和无产阶级运动最终目的的无原则的许诺。工人阶级及其政党的力量就在于他们理解社会发展的经济动因和政治后果，并能据此采取行动，无原则的许诺恰恰削弱了工人阶级的力量。

（五）对农民、农村和农业问题发展前景的科学预测

马克思主义经典作家运用历史唯物主义和辩证唯物主义原理，对农民、农村和农业问题的发展前景进行了科学的预测。

马克思、恩格斯在对英国、法国和德国的研究中发现，工业化、城市化和商品经济的深入发展导致农民阶级出现内部大分化和结构大转化。农民阶级发展的总的趋势是农场主阶级和他们所雇佣的农业工人阶级或农业无产阶级逐步取代小农阶级而成为农业生产经营的主体，与之相联系的小块土地所有制和小农业逐渐为地产的集中和大、中农场的企业化经营所替代，同时农业人口越来越多地转化为城市和工业人口，其结果是农民阶级在现代化过程中趋于消亡或终结。农民阶级的消亡是一个漫长的历史过程，在这一过程中首先出现的是农民阶级内部的阶层分化和农业人口转化为工业和城市人口，纯粹的小农阶级出现了经济上的贫困化和社会地位的没落。在马克思、恩格斯所处的时代，西欧已经有两个地区完成了这一过程或正在进行这一过程。同时，在西欧其他地区也开始发生同样的情形。自从19世纪中叶以来，这些地区的小农面对现代大农业的竞争正在无法挽救地走向灭亡。恩格斯在1892年谈到欧洲农业发展时指出："1680年，小农业还是一种常见的生产方式，而大地产只是个别的，尽管不断增加，但总还是个别的。今天，大规模使用机器耕种土地已成了一种常规，而且日益成为唯一可行的农业生产方式。所以，看来农民在今天是注定要灭亡的。"

马克思、恩格斯还展望了在未来社会消灭城乡对立和工农差距的前景。马克思、恩格斯认为，工农业关系将要经历结合—分离—结合，同样城乡关系也要经历结合—分离和对立—融合或者一体化，目前所处的第二个阶段极大地促进了生产力的发展，但随着社会生产力的进一步发展，城乡关系和工农业关系终究将会进入第三阶段。马克思主张"在未来共产主义社会，把农业同工业结合起来，促

使城乡之间的差别逐步消灭"。恩格斯指出："乡村农业人口的分散和大城市工业人口的集中只是工农业发展水平还不够高的表现。它是进一步发展的阻碍。这种阻碍在目前已经深深地感受到了。由社会全体成员组成的共同联合体有计划地尽量利用生产力；把生产发展到能够满足全体成员需要的规模；消灭牺牲一些人的利益来满足另一些人的需要的情形；彻底消灭阶级和阶级对立；通过消除旧的分工，进行生产教育、变换工种、共同享受大家创造出来的福利，以及城乡的融合，使社会全体成员的才能得到全面发展——这一切将是废除私有制的最主要的结果。"马克思、恩格斯认为，消灭城乡对立和工农差距已经日益成为工业生产和农业生产的实际要求，大工业在全国尽可能平衡的分布和农业的工业化以及交通运输工具的革命化是消灭城乡对立和工农差距的重要条件，而这绝不是无法实现的空想，尽管实现这些条件需要一个长期的过程。

马克思、恩格斯科学地预见了西方现代大农业走向更高阶级即社会主义阶段的前景。他们坚信，在未来社会，工人们将用事实证明，按照现代科学进行的大规模生产在没有雇主阶级参加的条件下是完全能够进行的。雇佣劳动也像奴隶劳动和农奴劳动一样，只是一种暂时的低级的社会形式。它注定要让位于带着兴奋愉快心情自愿进行的联合劳动。马克思、恩格斯认为，无产阶级应当赢得政治统治，摆脱土地所有者和资本家阶级，由农业工人和工业工人的联合阶级来占有一切生产资料和控制生产过程，由农业工人利用大规模农业的一切优点在工人农场上进行耕种，将科学技术应用于大规模经营的农业生产过程中，从而实现"以自由联合的劳动条件去代替劳动受奴役的经济条件"。为此，在无产阶级及其政党掌握政权后，需要把土地产转交给（先是租给）在国家领导下独立经营的合作社，这样，国家仍然是土地的所有者。至于在向完全的共产主义经济过渡时，我们必须大规模地采用合作生产作为中间环节。这一点马克思和恩格斯从来没有怀疑过。但事情必须这样处理，使社会（即首先是国家）保持对生产资料的所有权，这样合作社的特殊利益就不可能压过全社会的整个利益。土地的社会所有制，作为自由的农业生产者联合体的农业合作社的社会化的生产，科学技术应用于大规模的农业生产过程，这些就是马克思、恩格斯对未来农业生产经营和组织方式的基本设想。

四、中国历代领导人关于"三农"问题的主要思想

中国历代领导人把马克思主义关于农业、农村和农民的思想的基本原理创造性地运用于中国革命与建设的实践中，与时俱进，不断创新，确立了以农民利益

为价值取向、以社会主义市场经济为导向、以乡村振兴为载体、以实行农业可持续发展为目标的有中国特色社会主义的"三农"理论，极大地丰富了马克思主义理论宝库。

（一）毛泽东关于"三农"问题的主要思想

在我国革命时期与社会主义建设时期，以毛泽东为代表的中国共产党领导集体高度重视"三农"问题，深入实际调查研究，继承和发展了马克思主义"三农"理论。毛泽东有关"三农"问题的思想概括起来有以下几个方面。

1.强调农民在中国革命与建设中的地位与作用

马克思主义经典作家关于农民的理论为以毛泽东为代表的中国共产党人正确认识中国农民问题提供了理论上的指导。毛泽东在对中国农民地位及作用的认识问题上，发展了马克思主义经典作家的有关理论。

（1）提出了农民是中国革命的主力军

早在1926年毛泽东就在《国民革命与农民运动》中指出："农民问题乃国民革命的中心问题。"他说："所谓国民革命运动，其大部分即农民运动。"1927年他又在《湖南农民运动考察报告》一文中指出，农民是革命先锋，"农民成就了多年未曾成就的革命事业。农民做了国民革命的重要工作"。不仅如此，他还进一步分析了中国农民阶级的特点，提出了农民中各阶层在革命中的积极性由于经济地位的不同而不同，经济地位越是低下，生活越贫困的农民，就越富有革命性。

《湖南农民运动考察报告》《中国社会各阶级的分析》是毛泽东深入实际调查农民问题的典型著作。在这些论著中，毛泽东在肯定农民在中国革命中的作用的基础上，分析了当时人口80%以上是农民的中国国情，指出农民是无产阶级的天然的和最可靠的同盟者，是中国革命的主力军。因此，农民问题就成了中国革命的基本问题，农民的力量成为中国革命的主要力量。

（2）主张走农村包围城市的革命道路

国民革命时期，中国共产党由于对中国农村问题的错误判断，把革命工作的重心放在城市，走了许多弯路。之后，毛泽东在考察中国社会过程中，形成对中国农村性质的正确认识：一是辛亥革命并没有改变中国广大农村的现状，自给自足的封建经济仍占统治地位；二是中国革命的主要依靠力量是农民，分布在广大农村；三是在当时中国的农村，敌人统治力量最薄弱，革命的基础深厚，建立农村革命根据地，聚集力量，不仅是十分重要的，而且是可靠的；四是由于中国革命是在半殖民地半封建社会里由共产党领导的资产阶级民主革命性质及革命具有长期性特点，党的工作重心应放在农村，党应以主要的力量去发动和组织农民；五是提出在广大农村开展游击战争，建立工农民主政权，实行土地革命，形成"工农武装割据"的局面。因此，中国革命的道路，不是先取城市后取乡村，而是走相反的道路，即走农村包围城市，最后夺取全国政权的道路。

（3）强调农民对国家的极端重要性

基于对农民在中国革命中的独特地位和作用的正确认识，毛泽东同志多次论述农民对国家的极端重要性。他在《论联合政府》中指出："农民——这是中国工人的前身。将来还要有几千万农民进入城市，进入工厂……农民——这是中国工业市场的主体。只有他们能够供给最丰富的粮食和原料，并吸收最大量的工业品。农民——这是中国军队的来源。士兵就是穿起军服的农民……农民——这是现阶段中国民主政治的主要力量。……农民——这是现阶段中国文化运动的主要对象……"在中央七大政治报告中，他又说："忘记了农民，就没有中国的民主革命；没有中国的民主革命，也就没有中国的社会主义革命，也就没有一切革命。我们马克思主义的书读得很多，但是要注意，不要把农民这两个字忘记了；这两个字忘记了，就是读一百万册马克思主义的书也是没有用处的，因为你没有力量。"

毛泽东重视农民问题的思想在实践中表现为两个方面：一是解决农民的实际问题——土地问题，实行"耕者有其田"；二是减轻农民负担，解决农民困难。在当时的中国，农民问题实质上是土地问题，"谁解决了土地问题，谁就赢得了农民"。以毛泽东为代表的中国共产党人在新民主主义革命中正确解决了农民的土地问题，满足了广大农民对土地的迫切要求，调动了农民支持革命的热情，为革命胜利做出巨大贡献。

2. 指出农业是国民经济的基础

毛泽东在调查研究的基础上明确提出农业是国民经济的基础，确立了农业的战略地位，并将其作为指导我国经济发展的重要方针。他指出："全党一定要重视农业。农业关系国计民生极大。"他认为，农业生产是经济建设工作的第一位，"农业是轻工原料主要来源，农村是轻工业的重要市场""农村是重工业的重要市场""农业是积累的重要来源""在一定意义上农业就是工业"。在农业生产与其他生产部门之间的关系方面，毛泽东在于1956年发表的《论十大关系》中阐述了农、轻、重协调发展的思路。

3. 主张农业现代化，实现农业机械化

农业的现代化主要是农业生产工具的现代化和生产技术的现代化。马克思主义经典作家认为，劳动的社会条件如机器的应用、生产方式的改进、科学的发展对提高农业现代化水平有着重要的影响，中国共产党人对此也有深刻的认识，并由此发展成为农业机械化思想。1955年，毛泽东在《关于农业合作社问题》中指出："一五""二五"时期，以"社会改革为主，技术改革为辅"，"三五"时期，"社会改革和技术改革同时并进"；他还曾强调："搞农业不学技术不行。"与此同时，毛泽东还结合农业生产的实际提出了农业耕种的"八字宪法"，即土、肥、水、种、密、保、管、工，成为指导当时农业生产的重要方法。

②农业现代化的基本条件是科学技术。毛泽东对科学技术在农业现代化过程中的作用有着相当深刻的认识，把科技看作农业现代化的基本条件。在《论十大关系》一文中，他提出了用现代科学技术武装工业、农业以及整个国民经济的任务。

4. 提出公私兼顾、城乡互助

新中国成立以后，毛泽东十分重视城乡关系。他指出："城乡必须兼顾，必须使城市工作和乡村工作，使工人和农民，使工业和农业，紧密地联系起来。决不可以丢掉乡村，仅顾城市，如果这样想，那是完全错误的。"毛泽东根据新中国成立前后城市与农村的发展现状，还特别强调"我们的经济政策就是要处理好四面八方的关系，实行公私兼顾、劳资两利、城乡互助、内外交流的政策"。

（二）邓小平关于"三农"问题的主要思想

以邓小平为代表的中国共产党人继承和发展了毛泽东的"三农"思想，在建设与改革的实践中，形成了富有中国特色和时代特征的指导方针。其基本内涵是：没有农村的稳定和全面发展，就不可能有整个社会的稳定和全面进步；没有农民生活的小康，就不可能有全国人民生活的小康；没有农业的现代化，就不可能有整个国家的全面现代化。

1. 农村稳定是社会稳定的基础

邓小平认为，"从中国的实际出发，我们首先解决农村问题。中国有80%的人口住在农村，中国稳定不稳定首先要看这80%稳定不稳定。城市搞得再漂亮，没有农村这一稳定的基础是不行的。""如果不解决这80%的人的生活问题，社会就不会是安定的。"邓小平在此基础上强调农村的发展是我国经济发展的前提条件。他指出："中国社会是不是安定，中国经济能不能发展，首先要看农村能不能发展，农民生活是不是好起来。翻两番，很重要的是这80%的人口能不能达到。"

2. 农业是根本，粮食问题是农业问题的关键和核心

邓小平多次强调"农业是根本，不要忘掉"。不仅如此，邓小平基于对中国国情的清醒认识和发展生产力的需要，提出了要"确立以农业为基础、为农业服务的思想"。邓小平谈到粮食问题时指出，粮食问题是农业问题的关键和核心，粮食生产是国民经济的基础。"农业，主要是粮食问题。农业上如果有一个曲折，三五年转不过来"，那就不好办，"应该把农业放到一个恰当的位置""要避免过几年又出现大量进口粮食的局面，如果那样，将会影响我们经济发展的速度"。为此，他指出，农业要有全面规划，首先要增产粮食。

3. 发展农业一靠政策，二靠科学

在农业发展问题上，邓小平很重视政策的作用。他提倡放宽政策，发展农村经济，发展农业，并给我国改革开放以来的农业政策以高度评价："现在看，一系列新农村政策是成功的。过去农村很困难，现在可以说绝大多数的人能够吃饱，能够穿得比较好，居住情况有了很大的改善。农村政策见效很快，增加了我们的信心，对我们确定翻两番的目标是一个鼓励。"邓小平提出科学技术是第一生产力。他说："马克思讲过科学技术是生产力，这是非常正确的，现在看来这样说可能不够，恐怕是第一生产力。将来农业问题的出路，最终要由生物工程来解决，要靠尖端技术。"实现农业现代化的关键是提高农民的科技文化素质、提高农业的技术装备水平。

4. 发展农业要有"两个飞跃"

邓小平在设计我国农村改革和农业现代化道路时提出了"两个飞跃"的思想。他认为，"中国特色社会主义农业的改革和发展，从长远的观点看，要有两个飞跃。第一个飞跃，是废除人民公社，实行家庭联产承包为主的责任制……第二个飞跃，是适应科学种田和生产社会化的需要，发展适度规模经营，发展集体经济。"邓小平指出的"两个飞跃"是有内在联系的统一整体。前者是后者的必要基础，后者是前者的必然发展。我国农村改革是从实现家庭联产承包责任制突破的，这项突破使亿万农民成为农村市场经济的主体，焕发出巨大的生机活力。如何使千家万户的生产与千变万化的市场联系起来？如何既长期适应家庭承包经营又适度扩大经营规模，采用现代技术设备？近年来在这方面已经取得重大的突破和进展，推进农业产业化经营，发展专业合作经济，都是有效的途径。在这方面还要进一步探索和实践。

5. 工业应该支援农业，工业越发展，越要重视农业

邓小平在工农关系上，强调农业是基础，工业应该支援农业。他在《怎样恢复农业生产（一九六二年七月七日）》中指出："农业搞不好，工业就没有希望，吃、穿、用的问题也解决不了。农业要恢复，要有一系列的政策，主要是两个方面的政策。一个方面是把农民的积极性调动起来，使农民能够积极发展农业生产，多搞点粮食，把经济作物恢复起来。另一个方面是工业支援农业。"党的十一届三中全会以后，邓小平在总结经验教训的基础上提出"中国经济能不能发展，首先要看农村能不能发展""农业搞不好就要拖工业的后腿""工业的发展，商业和其他的经济活动，不能建立在80%的人口贫困的基础上"，表述了工业越发展，越要重视农业的思想。

6. 强调增加农民收入，调动农民积极性

邓小平强调发展农业，同时强调必须增加农民收入、调动农民积极性。关于如何提高农民收入，邓小平认为要通过发展多种经营和乡镇企业的途径增加农民收入。他认为，发展农村经济、提高农民收入必须大力调整和优化农村产业结构，逐步形成农林牧副渔各业有机结合，一、二、三产业协调发展的新局面，走全面振兴农业经济之路。他把发展乡镇企业看作农村经济发展和农民增收的源泉。他说："乡镇企业的发展……解决了占农村剩余劳动力50%的人的出路问题。"邓小平认为，"农业本身的问题，现在看来，主要还得从生产关系上解决。这就是要调动农民的积极性""在生产关系上不能完全采取一种固定不变的形式，看用哪种形式能够调动群众的积极性就采用哪种形式"。邓小平十分重视农民在农村改革与农业发展中的主体地位，重视农民的集体力量。他认为，农民组织起来的乡镇企业是农村改革中的重大收获，发展乡镇企业，是改革农村落后面貌的必由之路。

（三）江泽民关于"三农"问题的主要思想

在建立社会主义市场经济体制的新形势下，以江泽民为代表的中国共产党人继承了毛泽东、邓小平的"三农"思想，针对新时期我国"三农"问题的新情况、新问题，根据"三个代表"重要思想，创造性地提出了一系列解决"三农"问题的思想，对指导我国的农村改革，实现我国农村经济稳定发展、农民收入较快增长做出了重要贡献。

1. 指出"三农"问题是关系全局的根本性问题

江泽民十分重视"三农"问题。他认为，"农业、农村、农民问题，始终是一个关系我们党和国家全局的根本性问题。新民主主义革命时期是这样，社会主义现代化建设时期也是这样"。"三农"关系着改革开放和社会主义现代化事业的大局，"关系着党的执政地位的巩固，关系着国家的长治久安。这不但是个重大的经济问题，同时也是个重大的政治问题"。江泽民指出，"农业是国民经济的基础，农村稳定是整个社会稳定的基础，农民问题始终是我国革命、建设、改革的根本问题。这是我们党从长期实践中确立的处理农业、农村、农民问题的重要指导思想"。我们要牢记和坚持这些思想，在任何情况下都不能有丝毫的动摇。

2. 强调保护农民利益，调动农民的积极性

"三农"问题的主体是农民，解决"三农"问题就必须最大限度地把农民的积极性调动起来。江泽民认为，"对农民的切身利益和生产积极性，不能损害、挫伤，一定要采取坚决措施，切实加以保护"。

3. 主张依靠科技进步振兴农业

江泽民继承了邓小平"科学技术是第一生产力"的观点，认为"我国农业发展中的科技进步因素在不断提高，已经取得了很大进步，但同国际先进水平相比，仍处于较低水平。农业现代化的实现和大农业经济的发展，最终取决于科学技术的进步和适用技术的广泛应用。先进的农业科学技术的运用，不仅可以有效地弥补农业资源的短缺，而且可以提高物质投入的有效性"。因此，要依靠科技进步振兴农业。大力加强先进适用科技成果的推广和应用，尽快形成规模效益，同时推进重大新科技项目的研发工作，为农业发展提供技术保障。

4. 主张以市场为导向，发展农业和农村经济

党的十四大确定了建立中国特色社会主义市场经济体制目标。在这种大背景下，江泽民指出，"坚持以市场为导向，调整农村产业结构，优化资源配置，走高产、优质、高效的道路。这是我国农业发展势在必行的深刻变革，也是农村经济工作指导方针的一个战略性转变""深化农村经济体制改革，总的目标是建立以家庭承包经营为基础，以农业社会化服务体系、农产品市场体系和国家对农业的支持保护体系为支撑，适应发展社会主义市场经济要求的农村经济体制"。如何发展农村社会主义市场经济呢？他指出："必须坚持以市场为导向，充分利用农村人力、土地和各种资源，农、林、牧、副、渔全面发展，第一、二、三产业综合经营，科、贸、工、农相结合、以星罗棋布的乡镇企业为依托，形成一个大农业、大流通、大市场的新格局，从而提高农业的整体经济效益和综合生产能力，走出一条建设有中国特色的社会主义新农村的路子。这也是我国农村改革走向新阶段的标志。"在具体措施上，他进一步分析指出，"市场经济越发展，工业化程度越高，越需要加强对农业的保护和扶持""农业是社会效益大而比较效益低的产业，光靠市场调节不行，必须通过国家宏观调控加以扶持和保护……引导二、三产业加强对农业的支持，逐步形成以工补农、以工建农、以工带农的机制"。与此同时，"目前农村市场体系还很不健全……必须大力发展农业的社会化服务体系，发展贸工农一体化的产业经营方式，引导农民发展各种新的联合与合作，逐步建立和发展连接农户与市场的各种必要的中介组织"。

5. 重视解决农村贫困问题

江泽民指出中国大部分人口是农民，分布在农村。"没有农民的小康，就不可能有全国人民的小康"。农民富裕是全民富裕的基础，农村实现小康是全国实现小康的关键。因此，解决农村贫困问题关系重大，不仅是一个经济问题，也是一个政治问题，他提倡转变扶贫思路，解决农村发展问题。在扶贫方法上，他强调要有一个重大改变。从传统的救济式扶贫向开发式扶贫转变，把政府扶贫与全社会扶贫结合起来。在2001年中央扶贫开发工作会议上，他讲道："坚持开发式扶贫的方针，就是贯彻邓小平同志关于发展是硬道理的重要思想，目的是解放和发展生产力……最重要的就是要不断增强贫困地区自我发展的能力。"

6. 提出要建设富裕民主文明的社会主义新农村

江泽民强调，只有物质文明与精神文明都搞好，经济社会协调发展，才是有中国特色的社会主义新农村。党的十五届三中全会明确提出了建设"富裕民主文明的社会主义新农村"的宏伟目标。在社会主义新农村建设过程中，江泽民强调要加强农村基层民主政治建设。他指出，"扩大农村基层民主，保证农民直接行使民主权利，是社会主义民主在农村最广泛的实践，也是充分发挥农民积极性、促进农村两个文明建设、确保农村长治久安的一件根本性的大事。要在农村基层实行民主选举、民主决策、民主管理和民主监督。……扩大农村基层民主，必须坚持党的领导，必须坚持依法办事，把握住了这两条就能够有领导、有秩序、有步骤地进行。"

（四）胡锦涛关于"三农"问题的主要思想

以胡锦涛同志为总书记的党中央在马克思列宁主义、毛泽东思想、邓小平理论和"三个代表"重要思想指导下，坚持全面贯彻科学发展观，从我国经济社会发展进入新阶段的实际出发，站在社会主义现代化建设的全局，顺应历史发展潮流，顺应经济社会发展趋势，在处理工农关系、城乡关系和解决"三农"问题上，提出了一系列新的论断、新的思想理论、新的指导方针、新的政策措施，在"三农"发展规律的认识上不断深化和升华，在解决"三农"问题的思路上不断创新和突破。

1. 完整、系统地提出了科学发展观

胡锦涛在党的十六届三中全会上指出，"坚持以人为本，树立全面、协调、可持续发展的发展观，促进经济社会和人的全面发展"，明确提出了科学发展观的战略思想。他强调要按照"统筹城乡发展、统筹区域发展、统筹经济社会发展、统筹人与自然和谐发展、统筹国内发展和对外开放"的要求，推进改革和发展，又进一步提出了"五个统筹"的任务和要求，从而完整、系统地提出了我们党的科学发展观。科学发展观是指导发展的世界观和方法论的集中体现，揭示了我国经济社会发展的客观规律，是马克思主义发展理论的重大创新。以胡锦涛同志为总书记的党中央在科学发展观思路指导下，根据新形势新任务提出了一系列解决"三农"问题的重要思想。

2. 提出了"三农"问题是全党工作重中之重的战略思想

中国共产党历届领导人都高度重视"三农"问题，胡锦涛继承了这一传统并加以发展。在2003年初召开的中央农村工作会议上，胡锦涛指出，要把解决好"三农"问题作为全党工作的重中之重。2004年，温家宝在《政府工作报告》中又提出："把解决'三农'问题作为事关全局的战略性问题，作为全党工作的首要任务，是党中央对农业基础地位理论的重大发展。"因此，中央政治局专门组织安排"三农"问题的理论学习。胡锦涛在2004年3月29日主持学习时指出，要牢固树立和切实落实科学发展观，深刻认识加快农业发展的重要性，增强发展农业的自觉性和主动性，始终坚持农业基础地位不动摇，始终坚持加强、支持、保护农业不动摇，大力建设现代农业，切实巩固农业基础地位。在联合国粮农组

织亚太区域大会上的致词中，他指出："农业是安天下的战略产业……对保证经济社会发展、改善人民生活、保持社会稳定，具有十分重要的基础性作用。"

3. 提出了工农、城乡关系发展存在"两个趋向"的重要论断

胡锦涛深入考察工农、城乡之间关系的发展史，在党的十六届四中全会上指出工农、城乡之间关系发展存在"两个倾向"。他说："纵观一些工业化国家发展的历程，在工业化初始阶段，农业支持工业、为工业提供积累是带有普遍性的趋向；但在工业化达到相当程度以后，工业反哺农业、城市支持农村，实现工业与农业、城市与农村协调发展，也是带有普遍性的趋向。"在 2004 年 12 月召开的中央经济工作会议上，胡锦涛再次强调："我国现在总体上已达到了以工促农、以城带乡的发展阶段。我们应当顺应这一趋势，更加自觉地调整国民收入分配格局，更加积极地支持三农发展。""两个趋向"的重要论断是对马克思主义经典作家和三代领导集体关于工农、城乡关系思想的重大发展，为我国新时期实行工业反哺农业、城市带动农村、制定新的"三农"工作思路和新的"三农"政策措施、解决"三农"问题、促进"三农"发展，奠定了重要的思想理论基础。

4. 提出了推进社会主义新农村建设重大历史任务

在建设社会主义新农村问题上，胡锦涛发展了江泽民的指导思想。他在党的十六届五中全会上强调指出要按照"生产发展、生活宽裕、乡风文明、村容整洁、管理民主"的要求，扎实稳步推进农村经济建设。并要求全党"坚持以发展农村经济为中心任务，同时协调推进农村经济建设、政治建设、文化建设、社会建设和党的建设，着力解决广大农民生产生活中最迫切的实际问题，让农民真正受益；坚持农村基本经营制度，在实践中推进农村各方面制度的创新发展，为社会主义新农村建设提供强有力的制度保障；坚持从实际出发，尊重农民意愿，科学规划，因地制宜，分类指导，不强求一律，不盲目攀比，不搞强迫命令，更不能搞形式主义；坚持充分发挥各方面的积极性，使社会主义新农村建设成为全党全国的共同行动"。推进建设社会主义新农村，深刻反映了落实科学发展观与构建和谐社会的时代要求和时代特征，集中代表了亿万农民群众的强烈愿望和根本利益。这是中央统揽全局、着眼长远、与时俱进作出的重大决策，是对我国经济社会发展规律、发展阶段和发展任务的科学把握，是新阶段"三农"工作指导思想的重大发展。

5. 强调城乡共同繁荣，促进城镇化健康发展

城镇化是经济社会发展的必然趋势，也是工业化、现代化的重要标志。我

国正处在城镇化发展的关键时期。胡锦涛提出要坚持从大中小城市和小城镇协调发展，逐步提高城镇化水平。他指出，我国人口多、底子薄，发展很不平衡，必须贯彻落实科学发展观，坚持走中国特色的城镇化道路。胡锦涛强调，在城镇化过程中必须"坚持统筹城乡发展，充分发挥城市对农村的辐射和带动作用，充分发挥工业对农业的支持和反哺作用，逐步建立有利于改变城乡二元经济结构的体制，稳定、完善和强化对农业的支持政策，加快农业和农村经济发展，努力实现农民收入稳步增长，促进城乡良性互动、共同发展"。"坚持统筹城乡发展，在经济社会发展的基础上不断推进城镇化，可以加强城乡联系，在更大范围内实现土地、劳动力、资金等生产要素的优化配置，有序转移农村富余劳动力，实现以工促农、以城带乡，最终达到城乡共同发展繁荣。"

6. 强调靠改革、靠科技提高粮食综合生产能力，增加农民收入

胡锦涛全面继承三代领导集体的思想，强调从传统农业向现代农业转变既要靠政策、靠改革、靠调动广大农民的积极性，又要靠科学技术。从长远和根本上说，要开辟我国农业发展的广阔前景，关键在于农业科技进步。为此要大力推进农业科技进步，加强对农民的技术指导和培训，充分发挥科技对粮食增产、农民增收的巨大推动作用。强调采取更加有力的措施，加强对基本农田的保护和建设，加强对粮食生产的扶持力度。强调坚持把增加农民收入作为农业和农村工作的中心任务，坚持"多予、少取、放活"方针，建立健全促进农民收入持续增长的长效机制。提出"积极发展高附加值农业……开拓国内外农产品市场，促进农民收入尤其是种粮农民收入有较快增长"。强调大力推进农业和农村经济结构的战略性调整，加大对农村基础设施建设的投入，拓展农村富余劳动力转移的渠道，坚持不懈地抓好农村扶贫开发工作，加快农村各项社会事业发展，不断推进增加农民收入目标的实现。

（五）习近平关于"三农"问题的主要思想

习近平总书记高度重视农业、农村、农民工作，对做好"三农"工作提出了许多新思想、新理念、新论断。这些重要论述着眼于我国经济社会发展大局，深刻阐明了"三农"工作的战略地位、发展规律、形势任务、方法举措，为新时期农业农村改革发展提供了重要遵循。

1. 准确把握"三农"问题的科学内涵

习近平总书记的"三农"思想十分丰富，内容涵盖"三农"各个方面，科

学回答了新时期"三农"发展的许多重大理论与现实问题，体现了习近平总书记对"三农"问题的深入研究、深谋远虑和深厚感情，形成了新时期解决我国"三农"问题的理论探索与顶层设计。在习近平总书记"三农"重要论述中，"三个必须""三个不能""三个坚定不移"最为系统和鲜明，居总括性总要求的地位。在 2013 年中央农村工作会议上，习近平总书记提出："中国要强，农业必须强；中国要美，农村必须美；中国要富，农民必须富。""三个必须"通过论述"三农"强、美、富与国家强、美、富之间的关系，指出"三农"问题是关系中国特色社会主义事业发展的根本性问题，是关系我们党巩固执政基础的全局性问题，这是对"三农"工作基础性地位的总把握。2015 年 7 月，习近平总书记在吉林调研时指出："任何时候都不能忽视农业、不能忘记农民、不能淡漠农村。""三个不能"从历史维度审视"三农"发展规律，表明了在任何时期、任何情况下都始终坚持强农惠农富农政策不减弱、推进农村全面建成小康社会不松劲的决心和态度，明确了我们党在经济上保障农民物质利益、在政治上尊重农民民主权利的宗旨使命。2016 年 4 月，习近平总书记在安徽凤阳县小岗村召开的农村改革座谈会上强调："要坚定不移深化农村改革，坚定不移加快农村发展，坚定不移维护农村和谐稳定。""三个坚定不移"从全局角度明确了"三农"工作重点，在关键时期释放了党中央高度重视"三农"工作的强烈信号，表明了我们党坚定深化农村改革、加快农村发展、维护农村和谐稳定的政策目标，既是加快农村改革的响鼓重槌，也是推进"三农"发展的必由路径。这三个方面的论述，虽各有侧重，但主题一致、相辅相成，既有着眼长远的战略判断又有立足当前的政策部署，既有理论的继承和创新又有实践的总结和发展，既有历史经验又有现实思考。这些思想进一步丰富和发展了我们党的"三农"思想，集中体现了我们党对农业农村改革发展稳定的坚定自信和对亿万农民群众的责任担当，是指导新时期"三农"工作的强大思想武器。

习近平总书记关于"三农"的重要论述，体现了对农业农村发展的深刻洞察、对农民的殷殷情怀。习近平总书记有着丰富的基层农村工作经验，因而总是能用深入浅出、善接地气的语言阐释"三农"重大问题，一语中的，直指要害。比如，"中国人的饭碗任何时候都要牢牢端在自己手上""小康不小康，关键看老乡""望得见山，看得见水，记得住乡愁""绿水青山就是金山银山"……这些生动语句，无不体现了习近平总书记系列重要讲话高瞻远瞩与深接地气的完美结合。

2. 明确了解决"三农"问题的重大意义

习近平总书记的"三农"思想，集中体现了我们党对新时期"三农"工作的战略部署。贯彻落实习近平总书记的"三农"思想，关系党和国家事业全局，关系农业农村改革发展前景。

这是正确把握我国基本国情的必然选择。食为政首，农为邦本。"三农"的战略地位是由我国经济社会发展实际情况决定的。近年来，我国农业现代化稳步推进，主要农产品供应充足，农民收入持续增长，这是非常了不起的成就。但也要看到，我国农业基础仍然薄弱，农村发展滞后，农民收入不高。在新的历史条件下，农业在国民经济中的基础地位没有变，农民是最值得关怀的最大群体的现实没有变，农村是全面建成小康社会的短板没有变。做好"三农"工作，关乎城镇化战略的顺利推进，关乎内需的有效拉动，关乎小康社会能否如期建成。习近平总书记的重要论述，始终从全局论"三农"，处处体现了人口大国、发展中大国的基本立足点，体现了对基本国情的深刻把握。

这是实现中华民族伟大复兴中国梦的客观要求。改革开放以来，我国以世所罕见的发展速度取得了举世瞩目的成就，我们从未像今天这样接近实现中华民族伟大复兴的目标。实现中国梦，基础在"三农"。习近平总书记指出，没有农业现代化，没有农村繁荣富强，没有农民安居乐业，国家现代化是不完整、不全面、不牢固的。中华民族的伟大复兴不能建立在农业基础薄弱、大而不强的地基上，不能建立在农村凋敝、城乡发展不平衡的洼地里，不能建立在农民贫困、城乡居民收入差距扩大的鸿沟间。现在经济社会发展各种矛盾错综复杂，稳住农村、安定农民、巩固农业，我们就下好了先手棋，就做活了经济社会发展大棋局的"眼"。这些深刻道理告诉我们，坚持狠抓"三农"，才能把握发展的主动权。

这是落实党的宗旨、巩固党的执政基础的重大任务。我们党的根本宗旨是全心全意为人民服务。习近平总书记强调，党中央的政策好不好，要看乡亲们是笑还是哭。如果乡亲们笑，这就是好政策，要坚持；如果有人哭，说明政策还要完善和调整。把实现好、维护好、发展好广大农民群众的根本利益作为做好"三农"工作的出发点和落脚点，是贯彻好党的根本宗旨的重要体现。我们党自成立以来，正是由于在不同时期都能正确处理农民问题，使广大农民拥护党、跟党走，才从一个胜利走向又一个胜利。这是一条根本经验，这昭示我们：只有通过不断改革，让农业强起来、让农村美起来、让农民富起来，农民群众才会更加拥护党，才会紧密团结在党的周围，才能不断巩固党长期执政的基础。

这是做好新时期"三农"工作的基本遵循。当前，我国农业处于转型升级的关键时期，面临发展方式相对粗放、资源环境约束趋紧、主体素质总体偏低、结构性矛盾比较突出等一系列问题。我们一定要有清醒认识，无论是从农业农村的重要地位，还是从我国"三农"发展的现状看，任何时候都不能放松"三农"工作。习近平总书记关于"三农"问题的系列重要论述，继承、丰富、发展了我们党一贯坚持的重农强农战略思想，明确了新时期我国"三农"工作的主攻方向和工作基调，对做好新时期"三农"工作必将产生重大推动作用。我们一定要深刻领会，系统把握，全面落实。

3. 提出了要扎实推进农业农村改革发展

贯彻落实习近平总书记的"三农"思想，就是要坚持以新发展理念为指导，把推进农业供给侧结构性改革作为农业农村工作的主线，把"三农"工作紧紧抓在手上，加快补齐"三农"短板，培育农业农村发展新动能，巩固发展农业农村好形势，服务改革发展稳定大局。

牢牢把握推进农业供给侧结构性改革的主线，不断开创农业发展新局面。推进农业供给侧结构性改革，是以习近平同志为核心的党中央准确研判"三农"发展形势作出的重大战略决策，反映和顺应了我国农业发展的阶段变化和内在要求。农业供给侧结构性改革不同于一般意义上的农业结构调整，既突出发展农业生产力，又注重完善农村生产关系，是破解当前农业供需结构失衡的有效办法，是提高农业综合效益和竞争力的必然选择。推进农业供给侧结构性改革任务艰巨，当前要紧紧围绕中央经济工作会议和中央农村工作会议的战略部署，从生产端发力，把增加绿色优质农产品供给放在突出位置，用改革创新的办法调整优化农业要素结构、产品结构、技术结构、区域结构和主体结构，着力完善现代农业经营体制，大力发展绿色农业，从整体上提高农业供给体系的质量和效益，使农业供需关系在更高水平上实现新的平衡。

加快构建"三大体系"，推进农业现代化建设，让农业强起来。习近平总书记指出，推进农业现代化，要突出抓好加快建设现代农业产业体系、现代农业生产体系、现代农业经营体系三个重点。当前，要以构建"三大体系"为抓手，推动种植业、畜牧业、渔业、农产品加工业等转型升级，努力向现代农业迈进。要推进产品创新、科技创新、制度创新和管理创新，调优调高调精农业产业，促进粮经饲统筹、农林牧渔结合、种养加一体、一二三产业融合发展，使农产品数量更均衡、质量更优更安全。要强化物质条件支撑能力建设，提高农业良种化、机械化、科技化、信息化、标准化水平，提高农业的产业素质和竞争力。要培育农业新型经营主体，健全农业社会化服务体系，加强新型职业农民培训，发挥适度规模经营的引领作用，提高农业经营集约化、专业化、组织化、社会化水平。

加强新农村建设，加快推进城乡发展一体化，让农村美起来。习近平总书记指出，要深入推进新农村建设，推进城乡公共资源均衡配置和基本公共服务均等化，全面改善农村生产生活条件，为农民建设幸福家园和美丽宜居乡村。我们要把社会主义新农村建设放到城乡一体化进程中统筹谋划，加大对农村的支持力度，推动新型城镇化与新农村建设"双轮驱动"。要促进城镇化和新农村建设协调并进，发挥好城镇化的带动作用，强化新农村建设的产业支撑，加快推动城镇公共基础设施向农村延伸、基本公共服务向农村覆盖，提高农村公共服务水平。要推进农业面源污染和乡村环境治理，积极推进农业绿色生产，大力开展农村人居环境整治行动和美丽宜居乡村建设，统筹治理农业面源污染、生活垃圾污染和工业污染。要加强农村社会治理和文化传承，注重保护和传承农业文明和乡村文化，不断创新和完善乡村治理机制，把农村真正建成乡风文明、管理民主、和谐安定的幸福家园。

促进农民收入持续较快增长，坚决打赢脱贫攻坚战，让农民富起来。习近平总书记强调，要不断缩小城乡居民收入差距，让广大农民尽快富裕起来；必须以更大的决心、更明确的思路、更精准的举措、超常规的力度，众志成城实现脱贫攻坚目标。我们要多措并举，大力推进农业产业扶贫，在贫困地区发展符合当地资源特色、市场竞争力强、回报效益高的绿色产业，使农业特色产业成为农民脱贫的重要支撑。要坚持和完善农村基本经营制度，完善农村土地所有权、承包权、经营权"三权分置"办法，优化土地资源配置，充分释放农村土地制度改革的增收红利，坚持推进农村集体产权制度改革，让广大农民获得更多财产性收入。要建立保障更加充分的社会安全网，加强对农村贫困人口尤其是缺乏劳动能力家庭的社会保障补贴，逐步建立起农村贫困家庭收入可持续增长机制。

第二节　农村产业振兴的理论基础

一、马克思列宁主义经典作家关于农村产业发展的相关理论

（一）马克思、恩格斯关于农村产业发展的相关理论

在工农与城乡关系方面，马克思和恩格斯主张工业与农业、城市与农村协调发展，通过工业与农业的有效结合，突破传统农业的生产模式和组织管理水平，提高生产技术水平和生产效率。他们还主张在农村发展一些工业部门，以消化农村的剩余劳动力和缓解城市工业用地紧张等问题。在推动生产力变革方面，恩格斯主张通过科技创新的力量来推动农村生产力的变革，他认为科技可以推动生产技术和生产机器的更新，提高生产力发展水平，科技创新的力量还可以创造出许多新的产业和生产部门。在生态环境与生产发展方面，恩格斯认为生态环境是社会生产发展的基础，产业发展不能忽视生态环境的损伤。

1. 关于工业与农业、城市与农村协调发展的理论

马克思和恩格斯认为要协调工业与农业、城市与农村之间的发展，为此要提高农业的生产效率和农业现代化水平，促进农业向工业化和市场化方向发展。马克思对发达资本主义国家进行分析道："把农业和工业结合起来，逐步消灭城乡间的差别。……只有使工业生产和农业生产发生密切的内部联系，并使交通工具扩充起来，才能让农村人口从孤立和愚昧的状态中挣脱出来。"通过工业与农业的有效结合，突破传统农业的生产模式和组织管理水平，提高生产技术水平和生产效率。当农业生产水平提高到一定阶段时将会减少对农业生产者的需求，部分原有从事农业生产的人将无法继续从事农业生产而成为剩余劳动力。这部分剩余劳动力就可以从农民变为工人，就如马克思所言："要使这些被排挤出农业的工人不致没有工作，或不会被迫集结城市，必须使他们就在农村中从事工业劳动。"为了实现城乡的协调发展，农村要配置一定的工业部门，把一些集结在城市的工业转移到劳动力资源密集的农村去发展，这样既可以推动农村产业的发展、解决农村剩余劳动力的问题，又可以为工业生产降低成本、缓解城市工业用地紧张等问题。

2. 关于推动产业变革的理论

"一经形成的工业推动所带来的结果是无穷无尽的。"恩格斯认为机器的创造与技术的改进把人类带入大工业时代,社会的产业结构也随之发生巨大的变化。这种变革首先发生在棉纺织业,纺织品产量的不断增加,也促进了相关劳动部门如花边、绢网等产业机器的生产,随之一系列产业也发生了根本性质的变革。此外,机器的创造和广泛应用使制造业逐渐发展成一个独立的产业部门,这客观上又推动了炼铜、冶铁等采矿业的发展。机器的创造和使用带动了从纺织业到整个工业的革命。产业的发展使分工更加精细,生产部门更加齐全。新的生产部门又需要创新出新的生产机器,新机器的发明又会催生出新部门和新需要,在循环发展中人类社会也随之不断向高阶迈步。由此,必须高度重视科技创新的力量,重视生产技术和生产工具的发明及改进,促使一个生产部门乃至相关产业的进步和革新。恩格斯认为"科学是一种在历史上起推动作用的、革命的力量"。他认为18世纪工业革命的爆发与科技发展的水平密切相关。科技创新的进步推动了机器的产生和更新,这对社会生产力的发展起着巨大的推动作用,同时也使社会运动活跃起来。蒸汽机和珍妮纺纱机的发明都提高了生产效率,"结果就是英国工业的兴起"。恩格斯认为科技创新作为推动人类历史发展的一股革命性力量,会对生产力的进步、产业的发展以及人类历史的进步产生深远的影响。因此,要高度重视对科技创新力的培养与发展。

3. 关于生态环境与产业发展关系的理论

生态环境无论是作为劳动对象还是劳动资料都是社会生产力发展的基础。马克思认为一切生产力都归结为自然力。自然环境是生产力发展的基础,光照、地热等自然力量会为生产提供劳动资料;自然力通过空气、食物、水源等方式为劳动者提供生存的必要资源,支撑着生产者的机体发展。只有保持良好的自然环境,才会有源源不断的自然力,生产力才能实现长久的发展。恩格斯在《自然辩证法》中就曾告诫过人类:"不要过分陶醉于我们人类对自然界的胜利……每一次胜利,起初确实取得了我们预期的结果,但是往后和再往后却发生完全不同的、出乎预料的影响,常常把最初的结果又消除了。"他认为在产业发展的过程中,资本家生产经营的目的就是攫取利润,而对自然生态等其他事项漠不关心。传统粗放型的发展模式下,生产力越发展就意味着需要投入的材料和能源越多,自然资源的过度开采势必会造成生产条件的退化。产业越发展,自然环境和生态资源破坏越严重。恩格斯看到了产业发展造成了空气的污染、植被的砍伐,生态的破坏加剧了人与自然之间的矛盾。人们对美索不达米亚森林的砍伐使土地变成不毛之地，产业的发展使艾尔克河变成了散发着恶臭的河，生态环境的破坏导致了气温的升高……这一切的变化，恩格斯都称之为"工业时代的产物"。

（二）列宁与斯大林关于农村产业发展的相关理论

列宁鼓励广大农民自愿参与到合作社中，合作社的发展促进了农业生产和城乡间商品的交换，使乡村产业和乡村经济得到了蓬勃的发展。列宁还从科技机械、生产关系及生产者的文化素质等方面着手，全面推动了乡村产业的现代化。斯大林关于工业发展与农业发展的关系的理论在开始阶段起到了一定的积极作用，但是后来舍弃了原有工业与农业均衡发展的思路，提出优先发展重工业的指令，严重挫伤了农业和农民的生产积极性，使得工业与农业、城市与农村间的距离被进一步拉大。

1. 列宁关于农村产业生产经营方式的理论

列宁认为战时共产主义时期实施的"共耕制"和"协作社"已不适合当时的国情，转为关注农业合作社。列宁提出要把分散的小农联合起来，开展集体生产和经营。要关注和维护个体农民的利益，通过合作社把国家利益和农民个人利益结合起来，在提高农民生活水平的同时逐步扩大联合规模，最终实现农业联合的大生产。这种大生产是建立在农民自愿的基础之上的联合，"农民不仅在我国而且在全世界都是实际主义者和现实主义者"。所以必须通过实践、典型示范来说服千百万小农加入合作社。列宁还主张国家从人力、物力、财力和组织等方面对农民予以支持，帮助他们建立合作社，以推动农村生产能力和经营水平的提升。在引导小农户向社会主义过渡的进程中，列宁通过实施新经济政策来鼓励商品交换，成立了商品交换的主要机构——产销合作社。列宁指出产销合作社有利于工业和农业的交流，通过工农的联合可以保证迅速和廉价地分配产品。除了产销合作社之外，还有工艺的合作社，为了生产和销售农产品，小农和手工业者也会产生联合，生产出更高级的产品，这既有利于小工业的发展，又丰富了产品的种类，为城乡居民提供了更丰富的商品选择。1923年联共（布）十三大通过《关于合作社的决议》，列宁的农业合作社理论作为指导苏联农业发展的指导思想被正式确立。广大农民积极、自愿地参与到合作社中，既推动了农业生产和城乡间商品的交换，提高了农民生活水平，又缩小了城乡差距，使产业和经济得到了蓬勃的发展。

2. 列宁关于农村产业现代化的理论

"技术奇迹首先应该用来改造全民的、参加人数最多的、最落后的生产——农业生产。"列宁提出应该把先进的科学技术投入农业以提高农业的生产效率。他特别关注电气化对生产发展的重要性，提出了"共产主义就是苏维埃政权加全国电气化"的重要论断。在农业生产领域，电气化具体表现为大力推动农业机械化。列宁认为要改造农业生产，把其纳入科学技术的发展轨道，把它从盲目经营的旧模式改造成建立在科技成就之上的现代化农业。此外，还要改变传统的小生产经营模式，推广农业规模化生产，以使农业规模化生产与社会主义工业化并驾齐驱，推动国家迈入农业电气化时代。为了推动农业现代化发展，一方面要重视生产技术的研发与应用，另一方面要及时调整生产关系——对小农进行改造，以使生产关系适应新的生产力。列宁提出："改造小农需要改造他们的心理和习惯，只有具备了物质基础和技术，只有在农业生产中大规模使用机械，实现电气化生产，才能解决小农问题，才能使他们的心理全部健全起来。"列宁提出应该在农村广泛开展文化革命运动，提高农业劳动者的文化素质水平。要发展农村的社会经济事业，对农民进行宣传、教育和培训，以此推动农村产业的现代化进程。列宁从科技机械、生产关系及生产者的文化素质等方面着手，全面推动乡村产业的现代化，农业与工业的相辅相成和共同发展促进了苏俄现代化的进程和综合国力的提升。

3. 斯大林关于工业发展与农业发展的关系的理论

在最初阶段，斯大林批判了托洛茨基工业与农业是对立的发展观，他认为："长期将大量资金投入到工业领域中是难以维持的，这会损伤农业的发展，乃至国民经济比例的失调。"工业和农业应该成比例地均衡发展，"建立在科学技术成就基础上的农业、农业合作化运动以及农业生产者生活水平的提高，这些都为苏联工业的发展提供了保障；反之，工业所提供的农业生产机器等工业制品也推动了农业生产的发展"。但是，斯大林后来的发展思路发生了转变，他舍弃了原有工业与农业均衡发展的思路，提出了"优先发展重工业"的指令。在此发展模式下，以牺牲农业的方式来加快工业化资金的积累。他提出了"在购买工业品时多付一些钱，而在出卖农产品时少得一些钱"的"价格剪刀差"理论。在此政策导向下，农业和农村要做出牺牲以支撑工业和城市的发展，农业和工业、城市和农村产生了矛盾，产业和城乡的协调发展道路更加艰难。

二、中国共产党主要领导人关于农村产业发展的相关理论

新中国成立以来，中国共产党主要领导核心将中国实际与马克思列宁主义相结合，在总结实践经验的基础上创立了具有中国特色的理论，在推进农业现代化、发展农村合作社、推动乡村产业多种经营等方面拥有丰硕的成果。

（一）毛泽东关于推动农业发展的理论

1.走合作化道路，重视农业机械化

农业合作化是在马克思主义合作化思想的指导下，以苏为鉴，走出的具有中国特色的农业合作化道路。新中国成立后，为完成社会主义革命进行了社会主义改造，走上了农业合作化的道路。土地革命完成以后，为了防止两极分化和建设社会主义经济，在党和政府的引导下，把广大农民组织起来，通过自愿的方式组成互助小组，从互助组、初级社到高级社，在全国范围内实现农业合作化，为工业化、机械化奠定了重要基础。

毛泽东提出必须在合作化的基础上实现机械化。其实，毛泽东关于农业机械化的思想在新中国成立之前就已经确立，早在1937年，毛泽东在《矛盾论》中指出"用农业集体化和农业机械化来解决工农之间的矛盾"，强调农业机械化对农业发展的重要作用，也是提高社会生产力、解决人民内部矛盾的重要途径。新中国成立之初，毛泽东提出要改造旧的生产工具，逐步实现机械化生产。后来在关于宪法草案的讲话中，毛泽东指出"我们是一个六亿人口的大国，要实现农业的社会主义化、机械化"，将机械化作为社会主义农业发展的重要目标之一提出来。1959年毛泽东更是提出了"农业的根本出路在于机械化"的重要论断，在机械化的实施上，毛泽东主张分三步，通过五个五年计划在全国范围内基本完成农业技术方面的变革，在能使用机械的部门和领域都使用机械操作，同时要求地方自主办农具研究所，以地方为主，以国家支援为辅，推进农业机械化的实现。

2.重视发展农村工业

农村工业的发展是农村生产的需要。首先，农业合作化实现后，要推进农业机械化必须推进农村工业化，才能制造农业生产所需要的生产工具，因此，毛泽东主张地方自主办农村工业。其次，农村通过合作化之后，生产率提高，发展农村工业是解决农村剩余劳动力工作问题和提高农民收入的重要途径，通过自主办工业，把农民就地转化成工人，不仅农村的产品可以为城市工业的发展提供原

料，促进城市经济建设，同时有利于农村自身经济的发展，推进全国工业化水平的提高。因此，新中国成立后，毛泽东对农村工业发展进行了探索，1958 年通过的《关于发展地方工业问题的意见》指出了地方工业发展的四个服务，包括为农业服务、为国家大工业服务、为城乡人民生活服务、为出口服务。在主体上主要是社办工业、乡办工业。同年 11 月，毛泽东在《十五年社会主义建设纲要四十条（1958—1972）》中指出："我国人民面前的任务是经过人民公社这种社会组织形式，高速度地发展社会生产力，促进全国工业化、公社工业化、农业工厂化。"在发展的资金上，毛泽东主张公社从队抽取、自身积累和国家投资相结合，此后各地大办工业，虽然在"大跃进"运动和人民公社运动中农村工业化的发展出现了偏差，但是农村工业的发展对农业机械化水平的提高和农村基础设施的建设都起到了巨大的作用，为农村产业发展奠定了重要基础。

3. 正确处理工业和农业之间的关系

优先发展重工业，不可忽视轻工业和农业的发展。新中国成立之初，新生的中华人民共和国政权还处在重重的威胁当中，外有帝国主义的战争威胁和经济封锁，内有各项事业百废待兴，毛泽东综合国内外形势提出优先发展重工业，尤其是钢铁工业和机械工业，为建立完整的工业体系奠定了基础。机械工业的发展，对实现农业机械化和生产工具的制造起到重要的推动作用，机械工业的发展是四个现代化的重要基础。他指出，"工业化道路的问题，主要是重工业、轻工业和农业的发展关系问题"。农业和轻工业关系人民的生活水平，是重工业发展的基础，要借鉴苏联的教训，注意及时调整重工业和轻工业、农业之间的比例关系，可以先用轻工业、农业少一些的办法发展重工业，但是随着重工业的发展，要调整为轻工业、农业多一些的办法来发展重工业。

农业是基础，处理好农业和其他产业的关系。一方面，以"大农业"思维处理好农业内部的关系。他指出要用"大农业"的思想调整农业生产结构，在保证国家粮食安全的基础上，农、林、牧、渔、副五业平衡发展。1960 年，毛泽东在强调农、林、牧的基础上提出了粮、棉、油、麻、丝、茶、菜、糖、烟、果、药、杂十二行的问题。他指出农业主要是粮食问题、十二个字的问题和农业布局问题。农村经济发展，不仅要有粮食，还要有经济作物，要在保证粮食生产的基础上，增加农民的收入。另一方面，农业是工业、商业、能源产业的重要基础和市场，农业为其他产业提供了生产所需的原料，同时农业生产又将为其他产业提供重要的产品市场。没有农业的发展，其他产业的持续发展根本无从谈起，因此，必须正确处理好农业和其他产业的关系。毛泽东在《论十大关系》等多处提及农业和其他产业的关系，其中最主要的就是农业和工业之间的关系。他指出农业不仅是工业原料的主要来源、工业的广阔市场，还是工业资金积累和出口物资的重要来源。因此，毛泽东指出无论何时都不能脱离农业，要妥善处理工业和农业的关系，巩固工农联盟，并将农业现代化列为四个现代化之首，坚持以农业现代化为主体，以工业现代化为主导，可见其对农业和工业关系的重视。

（二）邓小平关于推动农村产业多种经营的理论

引导农产品由单一化向多种经营方向发展。邓小平认为农业发展不能只靠粮食来带动，要开展多种经营，既要发展农业，又要发展非农产业，要走"农工商建运服"等多方向发展的道路。只有这样，农民才不会被束缚在土地上，农村才会出现各种专业队伍，农村商品经济才会得到发展。针对我国当时农村产业结构单一的问题，邓小平调整了农村产业结构政策。1979年在党的十一届四中全会上，他提出要在农村实行粮食和经济作物、农林牧副渔并举的政策。1981年国家农委发布的《关于积极发展农村多种经营的报告》指出，要调整我国农业生产结构，建立农工商综合经营的农业经济体制。该报告的发布进一步明确了在农村开展多种经营的政策方针。邓小平突破了农村单一产业的观念，主张把多种经营与乡村产业分工、发展农村商品经济联系起来，最终确立了各业相互促进、农林牧副渔全面发展的大农业发展思路，为我国乡村产业结构调整指明了发展的方向。

鼓励和支持乡镇企业发展。1979年7月国务院颁布了《关于发展社队企业若干问题的规定（试行草案）》（以下简称《草案》），这是我国颁布的第一个关于社队企业的指导性文件。《草案》明确了社队企业的经营范围、所有制性质、发展方针等若干问题。充分肯定了社队企业在促进农民就业、提高农民收入方面的重要意义。同年9月，党的十一届四中全会文件中指出"社队企业要有一个大发展"，提出要大力支持社队企业的发展，城市要对社队企业予以一定的技术指导和设备支援，帮助其建立和发展农副产品的加工业；国家也要针对不同农村的情况予以一定程度的减免税款的优惠政策。1984年3月，党中央指出社队企业要进行改革调整并将其更名为"乡镇企业"。邓小平对我国乡镇企业的发展予以了高度肯定和支持，他认为提高农业现代化水平，促进农产品极大丰富，将农业剩余劳动力转移到乡镇企业中是农业和农民发展的必由之路。在推行家庭联产承包责任制后，极大地调动了农民的生产积极性，我国农业生产率逐步提高，但农业剩余劳动力也随之增多，这直接影响了农村经济的进一步发展和社会的稳定和谐。邓小平总结了我国乡镇企业的发展经验，认为乡镇企业是推动农村剩余劳动力转移，促进我国农村工业化和城镇化最为有效的途径。1987 年中共中央政治局通过了《把农村改革引向深入》的文件，文件中指出同级政府要给予乡镇企业更多的自主权，相关部门要改进税收制度，鼓励和支持乡镇企业提高生产技术，扩大生产力。1990 年《中华人民共和国乡村集体所有制企业条例》的发布在法律层面上为乡镇企业的发展提供了必要保障。

在以邓小平同志为核心的党的第二代中央领导集体领导下，在我国农村原有的社队企业的基础上创新发展成了乡镇企业，我国乡镇企业的兴起丰富了农民的劳动方式，扩展了农民的交往范围，深刻改变了我国农村的面貌。乡镇企业的发展突破了传统经济体制和发展战略影响下形成的城乡二元制结构，开辟了一条具有中国特色的农村工业化、城镇化道路。

（三）江泽民关于科教兴农和建立农产品市场体系的理论

江泽民非常重视科技对农业的推动作用，他提出要实施科教兴农战略。江泽民认为"要依靠科技进步振兴农业"，要把农业科技工作摆在我国科技发展的重要位置，要积极推广先进的实用技术，推动科技成果向农业领域的转化。1991 年在党的十三届八中全会上，"科教兴农战略"被正式提出。江泽民指出要依靠科技和教育来推动我国农业的发展，要加强先进生产技术的推广和农民技术的培训，"一些发达国家已经把基因育种工程、电子信息互联网络、卫星地面定位系统等高新技术应用于农业。我们必须有紧迫感，尽快迎头赶上。要切实抓好农业科研攻关、先进适用技术推广和农民科技培训，使农业增长真正转移到依靠科技进步和提高劳动者素质的轨道上来。"江泽民还提出要建立农产品市场体系和农业社会化服务体系。随着我国农业生产水平的提高和分工的逐渐细化，农业生产由原来单个生产者独立完成发展为在社会化的联合中完成。由此出现了产前、产中和产后的区别。为了让农业更好地适应我国社会主义市场经济体制，江泽民提出要推进农业市场化进程，深化农产品流通体制改革。要形成开放、统一、有序的市场体系，支持和鼓励农民面向市场进行商品生产，让更广泛的农产品参与到流通领域。随着社会主义市场经济体制的日渐完善，日后农产品将由市场进行有效配置。以江泽民同志为核心的党的第三代中央领导集体初步构建起了农业社会化服务体系、农业市场信息体系、农产品质量检验体系，促进了我国农产品市场化和规范化的发展，为农业发展提供了更完善的服务。

（四）胡锦涛关于推动农村产业发展的理论

在党的十六届五中全会上，胡锦涛提出了"建设社会主义新农村"的时代命题，并提出了按照"生产发展、生活富裕、乡风文明、村容整洁、管理民主"的要求来扎实推进社会主义新农村建设。社会主义新农村建设是从统筹城乡发展的思路出发，按照"工业反哺农业、城市支持农村"的方针，充分发动社会的力量来共同推进农村和农业的发展。

为了促进农业发展，胡锦涛还致力于推进农业一体化经营。党的十七大报告指出："要探索集体经济有效实现形式，发展农民专业合作组织，支持农业产业化经营和龙头企业发展。"胡锦涛积极推动农业产业化发展，提出要在农业专业化基础上，让农业与其他产业进行合作，形成了由农业合作社主导的农业一体化战略思维。胡锦涛指出："要鼓励工商企业投资发展农产品加工和营销，积极推进农业产业化经营，形成科研、生产、加工、销售一体化的产业链。"

（五）习近平关于农村产业兴旺的重要论述

1. 以大农业思维发展农业，巩固农业基础地位

中国要强，农业必须强，有着丰富基层工作经验的习近平总书记深刻地认识了这一点，因此在农业发展方向上，他认为过去虽然在追求农、林、牧、渔、副等各产业的发展，但是只是追求单产业的利益，没有发挥产业的整体效益，他指出"现在讲综合发展，则是要提倡适度规模经营，注重生态效益、经济效益和社会效益的统一，把农业作为一个系统工程来抓，发挥总体效益"，发展大农业。要发展大农业面临的第一个问题就是农村分散经营的现状和大农业之间的矛盾，因而处理好"统"和"分"的问题是习近平总书记大农业思想问题的核心。习近平总书记鲜明地指出必须分清楚大农业和分散经营之间的关系，要使分散经营的小农经济联合成一个整体，以此来提高市场竞争力，严禁在农村经营的过程中只强调"分"，忽略了"统"，不该分的却分了，需要统的没有统起来，最后变成了"分光吃净"；在大农业的实现路径上，习近平总书记指出当前的工作难点在于统分结合里面的"统"，要促进统一的大农业发展需要提高农业组织化和合作化程度，只有通过生产上的纵向和横向联合，促进生产和销售职能优化，通过区

域之间的联合，促进区域产业升级，在此基础上形成"三位一体"的合作组织化以及立体复合式经营体系思想。习近平总书记在福建工作时就提出了农业组织化的"三位一体"，在日后工作中他亲自部署和推动了发展生产、供销、信用"三位一体"综合合作的重大改革，从而实现了对新老经济资源和各种经济组织的联系升级，后来他在进行工作经验总结时指出，"三重合作功能的一体化、三类合作组织的一体化、三级合作体系的一体化，这是一种'大农合'（大规模、综合性、多层次农村合作组织）"，同时主张发展各类农业专业协会，挖掘社会力量促进农业的发展，促进农民成立组织保护自己，借鉴发达国家的发展经验，积极推进农业组织机构改革，促进社会和政府机构联合，提高农业服务水平，形成了"大农合""大农政"推进"大农业"发展的思想。

在发展大农业的同时，必须巩固农业的基础地位。农业是国民经济的基础，为其他产业的发展提供基本的生产原料，同时也是其他产业的重要市场。在四化同步发展的过程中没有农业现代化，国家现代化就无从谈起。农业现代化作为四化同步发展的短板，也是四化同步发展的基础，没有农业的现代化，四化发展也将是不牢靠的。因此，必须保证国家粮食安全，粮食安全是国家安全的重要组成部分，无论何时都必须主要依靠国内市场。习近平总书记多次指出，中国人的饭碗必须端在自己手里，因此，积极推进惠农政策，让种粮有利可图，提高主要粮食产区的生产积极性，严格粮食生产管理，多方面保证国家粮食安全。

2. 大力推动农业现代化

党的十八大以来，随着中国发展取得历史性成就，农业现代化作为四化同步发展的短板越来越明显，因此，以习近平同志为核心的党中央为推进农业现代化进行了不懈的探索与努力，取得了丰富的成果。农业现代化的第一步是产业结构的优化调整，新时代我国农业发展主要问题在供给侧，推进农业现代化的第一步就是要调整产业结构，依托地区优势发展特色产业，促进产业体系现代化。第二步是建立现代化的生产体系，完善科技推动，提高农业的科技化水平。2013年，习近平总书记指出"我们必须比以往任何时候都更加重视和依靠农业科技进步"，必须"加快构建适应高产、优质、高效、生态、安全农业发展要求的技术体系"。第三步是实现农业产业化和市场化。习近平总书记指出，过去的小农业满足于自给自足，现在的大农业则要面向市场，追求农业生产的商品率，农业商品观念替代了自给自足的小农经济观念。习近平总书记在其博士论文《中国农村市场化研究》中对农村市场的发展进行了深刻的分析和探索，在批评对农产的发展单纯强调市场化或组织化的基础上，提出了走组织化的市场化道路。通过组织化提高农民和农村产业的竞争力，在市场中提高农村产业的利益，他着眼于四个现代化的布局，从世界农村市场发展的过程中寻求智慧，立足国内外农村产业的发展，提出加快建设多层次、多功能、全方位的农村市场体系，积极拓展农产品、农村消费品和农业要素市场，建立和完善农村市场运行机制，提高农村市场主体建设农村市场化的能力和水平，加强政府对农村市场化建设的宏观调控，推进农村产业现代化。

3. 提出农村一二三产业融合发展

随着农村产业扶贫的实施，农村产业基础不断完善，产业扶贫成效日益显著，要避免返贫，真正促进农村产业发展，持续增加农民收入，必须转变农村产业发展方式。2014 年底的中央农村工作会议第一次明确提出了农村一二三产业融合发展，2015 年中央一号文件《关于加大改革创新力度加快农业现代化建设的若干意见》中提出，延长农业产业链、促进农产品深加工，推进农村一二三产业融合发展，以此来增加农民收入，并通过《国务院办公厅关于推进农村一二三产业融合发展的指导意见》（国办发〔2015〕93 号文件）对农村一二三产业融合进行系统的部署。在随后的农村工作中不断完善，各类经营主体逐渐涌现，利益机制日益完善，农村产业发展新业态不断形成。

新时代随着我国社会主要矛盾转化为人民日益增长的美好生活需要和不平衡不充分的发展之间的矛盾，发展的不平衡不充分主要体现在农村发展问题上，因此，习近平总书记在党的十九大上作了重要报告，提出实施乡村振兴战略，坚持农业农村优先发展，把产业兴旺作为乡村振兴战略的五大要求之首。2019 年的中央一号文件《中共中央 国务院关于实施乡村振兴战略的意见》中更是明确提出"乡村振兴，产业兴旺是重点"。《乡村振兴战略规划（2018—2022 年）》以完善利益联结机制为核心，以制度、技术和商业模式创新为动力，由当地农民主办、根植于农业农村且能彰显地域特色和乡村价值的产业体系，推进农村一二三产业交叉融合发展，为农村产业兴旺发展指明了道路。

三、西方经济学中关于产业发展的相关理论

（一）比较优势理论

亚当·斯密是 18 世纪的英国古典经济学家，为经济学的创立做出了巨大贡

献。比较优势理论由亚当·斯密首先提出，后由古典经济学家大卫·李嘉图进行了丰富和发展，并在赫克歇尔、俄林进行充实和完善后发展成为现代的资源配置理论。

亚当·斯密的观点认为，各个国家找到自己的特长，根据其特长发挥其优势来进行分工，然后扩大生产规模进行专业化生产，这样可大大提高本国家的劳动生产率以及商品产量，价值规律在市场上完全发挥作用，再通过交换以达到社会福利的最大化。他的主张是各个国家建立在绝对优势基础上进行大规模生产、交换，最后达到利益共赢。

大卫·李嘉图对亚当·斯密的绝对优势理论进行了丰富和发展，在代表作《政治经济学及赋税原理》中提出了比较优势理论。一开始此理论被叫作比较成本贸易理论，后发展为比较优势理论。李嘉图认为，首先，国家间进行贸易合作的条件是建立在生产技术上的差别，而且这种差别是相对的，正是由于这种差别的存在才导致相对成本上有所差别。其次，每个国家根据生产技术优劣势的差别进行出口和进口，充分发挥本国优势，进行专业化大生产，从而促使利益双方都可以最大限度节省劳动力资源和自然资源，通过市场上的自由竞争，获得最大利益。

李嘉图认为，商品的价值取决于生产一件商品所耗费的劳动量，那么利益双方就应该生产自己拿手的商品，也就是劳动成本低一点的商品。例如，两个厂家都在生产电脑和桌子，每个厂家都各自更擅长生产其中一种商品，那为什么两家不能分工协作呢？甲厂家生产擅长的电脑，乙厂家生产擅长的桌子，这不是对两家都有好处么？利用这种可观的相对优势进行相互交换，利益双方均可获得更多的利益。

受李嘉图的影响，H-O 理论（赫克歇尔－俄林理论）应运而生。瑞典经济学家赫克歇尔和俄林主张，之所以会产生比较优势，其根本原因在于每个国家或地方生产要素相对禀赋有所差别，也就是说，生产要素并非只有劳动，还有资源、土地、资本等多个方面，各个国家应依据本国相对充裕的生产要素进行大规模专业化生产后进行出口，反之进口本国生产要素相对贫瘠的产品，从而形成各国的比较优势。

借鉴比较优势理论，乡村振兴要在充分挖掘区域自然资源优势基础上借力发展。实施乡村振兴战略的成功与否取决于农村产业的发展，农村产业是依附于自然资源而发展的产业，因此比较优势理论可用来推动农村产业区域合理化布局及专业化生产，发挥农村的区域比较优势，最终形成区域优势明显、别人难以模仿的产业。

（二）竞争优势理论

哈佛大学商学院教授迈克尔·波特在企业竞争战略理论领域具有很大的影响力。他创建的竞争优势理论以动态的、非特定化的视野把决定竞争优势进行了整理和归纳，总结为要素状况、需求状况、相关和支持产业及企业战略、结构与竞争四类决定性因素，另外，该理论把公司的战略、组织和竞争作为另外两种外部力量，这在国际上是一种新的贸易理论。波特认为，对于一个在贸易上占领优势的国家来说，成功因素的归纳是一个相对复杂、因素综合的结果，不只取决于这个国家拥有的自然资源、劳动力、汇率等，也不能仅仅通过继承获得，而是通过发挥产业创新的作用，用极具影响力的发明带动国家产业的发展。除了竞争优势理论，在国际竞争方面，波特还创造了国际竞争优势的钻石体系的架构。

竞争优势理论中的需求状况指的是此项产业的产品的需求情况，在需求数量或是成熟度方面与其他国家的优劣势比较。例如，一个国家的某种需求走在世界同类需求的前端，那么在这个国家该产业是一个较早起步的状态，有时间差上的优势。比如说日本这个国家，地域狭小，对日常使用的家电产品要求非常高，体积小、便于携带等消费者的强烈需要，促使日本的家电行业竞争力强，在国际上都占有领先的地位。

借鉴竞争优势理论来分析现在我国竞争力巨大的农村市场，农村产业要想发展领先，必须拥有强大的优势产业群。波特认为，所有战略均具有特殊性，不能普遍适用于所有环境，政府应发挥引领、督促的作用，为激烈的市场创造一个相对公平的环境。我国农村市场的发展更加离不开政府的引领和监督。

（三）产业链理论

产业链理论可以追溯到 1958 年赫希曼的《经济发展战略》，作者在书中解释了产业之间的关联效应，阐释了产业链的思想，但是没有能够提出"产业链"一词。1989 年，史蒂文斯提出产业链是一个由供货商、制造商、分销商和消费者联系起来的系统，是信息链和功能链的统一。产业链是对于一些具有某种内在联系的企业群关系的一种描述，是一个宏观经济的概念，具有结构属性和价值属性。产业链中各企业之间呈现一种上下游关系，上下游之间相互进行价值的交换，上游环节向下游环节输送产品或服务，下游环节向上游环节反馈信息。产业链不是固定不变的，其始端和终端随着产业的发展而变化，按照其变化的不同产业链可以分为接通产业链和延伸产业链。接通产业链是指将一定空间范围内的具备一定联系的产业部门，借助一定产业合作形式在产业上连接起来，共同处于统一产业链。延伸产业链可以向两个方向，即向上游延伸或向下游拓展。产业链向上游延伸一般使产业链进入基础产业环节和技术研发环节，向下游拓展则进入市场拓展环节。

（四）产业集群理论

产业集群，在一些文献和研究中也叫产业群、区域集群等，产业集群理论是20世纪出现的一种西方经济理论。虽然产业经济理论在20世纪才被明确提出，但是有着深厚理论基础。亚当·斯密在《国民财富的性质和原因的研究》一书中描写到"日工所穿的粗劣呢绒上衣就是由牧羊者、剪羊毛者、梳羊毛者、染工、粗梳工、纺工、织工等许多的小企业（劳动者）联合劳动的产物"，在当时，亚当·斯密虽没有明确提出产业群的概念，但是开创性地提到了产业联合的思想。后来，马歇尔从外部经济和规模经济的方面、工业区位论经济学家韦伯从空间角度、区域经济学家埃德加·胡佛从规模经济的角度、新制度经济学家威廉姆森从产业组织的角度研究产业集群的现象，直到20世纪20年代，迈克尔·波特在竞争战略的范围内研究产业群，并且明确提出了产业集群理论。

迈克尔·波特提出，产业集群是指在特定区域下的一个特殊领域，存在一群相互关联的公司、供应商、关联企业和专门化的制度和协会，是一个独立的又相互关联的企业通过分工协作在特定区域上的集中现象。产业集群根据不同分类标准有不同分类方式：按照集群产业的性质，产业集群可以分为传统产业集群、高科技产业集群、资本和一般技术相结合的产业集群；按照集群发展的主导因素，产业集群可以分为区位主导型产业集群、自然资源主导型产业集群、科技创新主导型产业集群、核心企业主导型产业集群。产业集聚一般发生在地理临近且产业之间关联性较强的企业之间，在产业区内部之间仍然存在着竞争性，但是产业之间的关联性又使得产业之间相互依存，在经营方式上呈现灵活多变的特点，因此，我们一般认为产业集群具有集聚性、竞争性、一体化、多样性等特征。

（五）产业融合理论

产业融合理论的产生之初并不是作为一种经济学学说，而是主要在技术研究领域。产业融合经历了从技术融合到市场融合再到产业融合的发展过程。产业融合思想发源于1963年美国学者卢森博格对美国机械工具产业的研究，他认为一个相似的技术应用于不同的产业就会产生新的不同的机械工具产业，并将这个过程称为技术融合。1997 年，美国学者格里斯腾和汉纳从产业的角度提出，产业融合作为一种经济现象，是指为了适应产业增长而发生的产业边界的收缩或消失。

产业融合按照划分标准的不同可以有不同的分类：从市场供需角度可以分为供给融合和需求融合；从产品角度可以分为替代型产业融合、互补型产业融合和融合型产业融合；从产业角度可以分为产业渗透、产业交叉、产业重组三种形式；从融合的程度可以分为全面融合和部分融合。推进产业融合的原因是多元的，技术创新、规制改革、企业间的跨企业并购与战略联盟等管理机制的创新是促进产业融合的重要原因。产业融合在本质上是一种产业创新，发生于产业边界之处，是一个动态的过程，是产业分工的内部化。

第四章　乡村振兴背景下农村产业发展现状

本章分为农村产业发展取得的成绩、农村产业振兴面临的问题、农村产业振兴存在问题的原因、农村产业振兴的发展趋势四部分，主要包括农村精神文明问题、农村产业发展和农产品问题、农业现代化发展问题、职业农民问题、地区发展不平衡等内容。

第一节　农村产业发展取得的成绩

在中国共产党的领导下和广大人民群众艰苦卓绝的奋斗下，我国农村产业发展取得了一系列的进步与成就，具体表现在以下方面：农村产业现代化水平逐步提高，产业发展的质量逐步提升；产业经营的模式逐步丰富，产业发展的整体实力增强；农村教育的发展得到重视，产业发展的人才支撑增强；农村产业的地位不断提升，产业发展的前景更加广阔。

一、农村产业现代化水平逐步提高，产业发展的质量逐步提升

实现农业现代是我国乡村产业振兴的重要目标，是促进产业结构升级、提升我国农业市场竞争力的重要方面。随着国家综合实力的增强，我国农业现代化水平有了显著提升，2014 年我国农业科技进步贡献率达 56%，农业生产正发生由要素投入转变为以科技进步为主要动力的变化。

当前，我国已经基本形成了中国特色社会主义农业现代化发展模式。农业现代化水平的大幅提升，为我国乡村产业振兴提供了基础和保障。我国农业装备技术和应用水平在不断提升。2007 年我国农业机械化综合水平已超过 40%，基本步入农业机械化发展阶段。2009 年我国耕地播种和收割综合机械化水平达到49.1%，在小麦领域机械的平均使用率已经超过 80%，基本实现了生产全程的机

械化。2019 年《中共中央、国务院关于坚持农业农村优先发展　做好"三农"工作的若干意见》发布，文件中指出："强化创新驱动发展，实施农业关键核心技术攻关行动，培育一批农业战略科技创新力量，推动生物种业、重型农机、智慧农业、绿色投入品等领域自由创新。"

二、产业经营的模式逐步丰富，产业发展的整体实力增强

毛泽东的农业合作化思想产生于革命战争年代，建国后得到进一步充实、丰富，形成了比较完善的体系，并为中国现代农业的发展找到了一条具有中国特色的社会主义道路。

2007 年，我国颁布和实施了《中华人民共和国农民专业合作社法》，极大地推动了农业合作社发展。截至 2014 年，我国农业合作社的总数已经较 2007 年增长了一倍。农业合作社发展的类型也逐渐丰富，当前已经发展成为专业大户领办型、村集体领办型、专业人员领办型、经纪人领办型、企业领办型、协会改造型和农技推广机构领办型等七种主要模式。

2008 年中共中央通过了《中共中央关于推进农村改革发展若干重大问题的决定》，首次就发展家庭农场做出重大部署，文件指出，"有条件的地方可以发展专业大户、家庭农场、农民专业合作社等规模经营主体"。2012 年《中共中央　国务院关于加快发展现代农业进一步增强农村发展活力的若干意见》发布，文件指出，"引导农村土地承包经营权有序流转，鼓励和支持承包土地向专业大户、家庭农场、农民合作社流转，发展多种形式的适度规模经营"。这是继十七届三中全会（2008 年）之后中央再次就发展家庭农场做出重大部署，各地方发展家庭农场的热情高涨。产业经营模式的逐步丰富和整体实力的增强为我国全面建成小康社会打下了良好的基础。

三、农村教育的发展得到重视，产业发展的人才支撑增强

1952 年，我国成立了一批直接由原农业部统一领导的中等农业学校。至1956 年，我国中等农业学校总数由 1953 年的 140 所增加到 161 所。在建国初期我国创建的与农业相关的学校在一定程度上保障了我国农村产业发展的人才供给。20 世纪 50 年代后期，政府开始"允许私人办学""支持群众集体办学"，放松了对办学权的统一领导，办学自主权的下放提升了人民对农村管理的积极性和创造性。

在我国走向现代化发展的过程中，乡村产业取得了巨大的进步，农村教育的发展也逐渐得到重视，农民素质和生产技能的提升促进了乡村产业的发展。

1983 年《中共中央 国务院关于加强和改革农村学校教育若干问题的通知》发布，将农村职业技术教育确立为促进我国现代化建设的重要战略举措，提升了农村职业教育的发展地位。1989 年由原农业部引头、九部委共同参与，对农村职业教育资源进行了整合，在全国推行"农科教结合"的教育模式。1990 年国家教委印发《全国农村教育综合改革实验区工作指导纲要（试行）》，要求农村职业教育要发展为为农林牧副渔直接服务的专业。2006 年《中共中央 国务院关于推进社会主义新农村建设的若干意见》发布，"培养新型农民"被首次正式提出。2007 年关于新型农民培养的相关问题被写进党的十七大报告中。2012 年中央一号文件指出，"要加快培养农业科技人才和农村实用人才，振兴农村职业教育"。2019 年《国务院关于促进乡村产业振兴的指导意见》中指出，"要开展职业培训""支持企业到贫困地区和经济欠发达地区"。同年，国务院印发《国家职业教育改革实施方案》，方案中指出"为广大农村培养以新型职业农民为主的农村实用人才"。培育新型职业农民的提出体现了新时代我国农民主体身份、职业领域的转变。随着经济的发展和社会的进步，我国农村职业教育逐步得到重视与发展。在政策的推动和引导下，我国农村职业教育改革与进步为我国培育了一批又一批的产业技术人才，为乡村产业振兴增添了发展动力，在服务"三农"、助力脱贫攻坚和乡村振兴等方面发挥了重要作用。

四、农村产业的地位不断提升，产业发展的前景更加广阔

自中国共产党第十六次全国代表大会（2002 年）以来，我国相继提出了工业反哺农业、城市支持农村、建设社会主义新农村、实施精准扶贫以及乡村振兴战略等一系列重大方略。农村土地"三权分置"改革、集体产权制度改革为乡村产业振兴提供了制度支持。"互联网+"模式的推广与发展为乡村产业振兴提供了新思路与新业态。

近年来，我国在"三农"领域进行了大规模投入，到 2011 年中央财政投入已超过万亿元，为乡村产业的发展提供了有力的财政支持。国家发展战略对农村的支持以及财政投入等大力的帮扶推进了农村的农田水利、交通邮电、商业服务等基础设施的建设。2016 年《中国交通运输发展》白皮书的数据显示，我国农村公路通达 99.8% 的行政村以及 99.9% 的乡镇，农村公路总里程高达 398.06 万公里。在交通方面，截至 2018 年 6 月，我国农村网民规模达到 2.11 亿，占全国

网民规模的 26.3%。在邮政领域方面，村村通邮、乡乡设所已经总体实现，乡镇快递网点覆盖率达 70%。乡村基础设施、公共服务和互联网的逐步完善，为我国农村产业规模化发展、培育新产业业态、实现多种经营提供了便利的条件。2016年中共中央办公厅、国务院办公厅印发《关于完善农村土地所有权承包权经营权分置办法的意见》，文件提出"实行所有权、承包权和经营权分置并行，着力推进农业现代化，是继家庭联产承包责任制后农村改革又一重大制度创新"。农村承包地确权登记颁证进一步明确了农户对于承包地经营、流转权的权属关系，为我国乡村土地资源的利用、农民的增收和乡村产业发展提供了便利条件。我国在全国推行的以股份合作为主要形式的集体产权制度改革，整合村域内多样化的资源，进行全域开发和统一规划，推动了农村产业多业态发展的新模式。这一系列制度的颁布与实行，使得农户可以从以往的对内交易推展到对外资源性资产租赁。产权的流转共享、多种形式的合作共建，为农村产业振兴提供了便利条件和制度基础，未来农村产业振兴的前景更加广阔。

第二节　农村产业振兴面临的问题

一、农村精神文明问题

精神文明是促进社会发展的重要因素，如若某一地区人民的精神风貌不佳，那么这一地区的经济建设也会受到阻碍。中宣部发布的扶农标语中曾有这样一句话——"扶贫先扶志，治穷先治愚"，说的就是在我国"三农"问题上民智和民心的重要性，社会的快速发展导致许多从事农业生产的农民难以跟紧时代的步伐。精神文明问题是我们实现乡村振兴、产业兴旺的一大阻力，也是我们国家面临严峻挑战和迫切需要解决的重大问题之一。农村精神文明问题主要有以下体现。

（一）缺乏法治教育

目前在我国乡村，人们多以传统的道德约束和思想观念作为自己的行为标准和准则，对于现代社会法治制度的了解则较为匮乏，普遍没有形成法律意识和法治思维，更有甚者，有一部分农民几乎对法律一窍不通，对于法律规定的权利和义务毫不了解。在农村，青少年接受九年义务教育可以得到或多或少的法治教育，而对于一些成年人来讲，他们没有良好的获得法治教育的途径，缺乏法律意识，甚至对法治教育出现排斥心理。

此外，有一部分人对于法律知识有所了解，但是在实际问题发生之后并不选择靠法律解决问题，大多选择"私了"，认为走法律程序过于繁琐。这类人了解法律的途径多是网络、电视、电影等，对于法律了解不全面，缺少正规的法律教育。

（二）人际关系问题

在农村，人们的利益冲突一部分是由于土地问题引起的，比如说，"土地邻居"由于一些土地边界问题产生经济纠纷。也有一部分是因为养老问题引起的，如老人子女过多而造成的赡养问题。此外，在极少数地区未完全破除重男轻女、高价彩礼等现象，由此也易引发纠纷。

（三）思想政治教育不完善

思想政治教育是需要我们每一个公民学习和了解的。思想政治教育不仅可以促进人们形成正确的世界观、人生观、价值观，而且可以为人们的生产生活提供正确的价值指导。在我国，部分农村地区人民缺乏思想政治教育，或者教育方法不完善、教育内容不彻底，导致一些农民的思维方式和价值取向存在较大的缺陷。导致此类现象发生的原因之一在于当地农民思想政治意识的匮乏和文化综合素质水平的不足。此外，教育环境缺失也是原因之一。种种原因导致一部分地区人民的思想政治教育较为落后，从而导致农村的换代升级较慢，阻碍了农业现代化的进程。

二、农村产业发展和农产品问题

我国是农业大国，农业历史文化悠久，农产品丰富多样。但是在国际化、经济全球化的背景下我国许多重要的日常农产品，如大豆、玉米等，依然需要大量进口来满足我国国民的日常需求。导致这类现象的一个重要原因是，我国实行家庭联产承包责任制，除了国有农场之外农业生产多以家庭为基本单位，难以形成大规模农业生产，农业产出呈现零星状分布。概括来说，农村产业发展和农产品方面的主要问题有以下几点。

（一）产业融合发展水平较低

1. 农业经营主体发展缓慢

农村一二三产业融合是一种集约式的农业新模式，它以农业为基本依托，集中了资本、科学技术、资源、管理等要素，以延伸农业生产链条、利益联结、创新体制机制为手段，通过转变农业发展方式，构建一个功能多样、融合协调的现代化农业产业体系，从而提高农民收益，达到一二三产业融合发展的格局。受传统模式影响，生产为主要活动内容，但在产业融合的大环境下重心由生产转向了经营，这对农村产业经营主体的要求逐步提高，也就是说，农业经营主体既要具备一定的管理能力，又要有市场意识、信息获取能力和融资技术。这就促使了新型农业经营主体的产生，新型农业经营主体建立于家庭承包经营的基础上，大多为社会化程度较高的现代化农业生产经营组织形式，如农民合作社、龙头企业等，但是新型农业经营主体在运作过程中出现了一些问题。

（1）许多新型经营主体创新意识不强。由于经营主体本身创新能力缺乏，素质与技能缺失，受传统观念影响，生产管理理念也不够新颖，这就造成了当前农村产业融合发展千篇一律，没有充分结合当地的文化内涵、民族特色、地理环境等优势，这使得三产融合程度不够深入，只停留在表面形式上；而且新型农业经营主体在管理方面人才缺失，带动能力弱，市场竞争力不足，往往只侧重于产品的简单加工，所以附加值提升幅度很小，盈利也十分有限，难以带领大家将产业做大做强。

（2）新型农业经营主体社会化服务能力弱。从目前发展来看，农民合作社等组织显露出一些问题，比如社会化服务不够、像是空架子等。由于政府财政投入力度不够，服务组织数量少、规模小、人员结构不够优化，广大农民群众对于花钱买服务的观念较为传统，积极性低，造成农民合作社等组织社会化服务能力弱的现象，对农业产业的融合发展造成了不良影响。

2. 利益联结机制松散

第一，农村产业融合归根到底是经济的联合，而经济的联合是以利益联合为前提的。我国的农业化发展较发达国家相比存在着一定的差距，对农业产业化经营的认识还不够深刻，所以在农村三产融合方面，产业融合利益联结机制松散问题较为严重。农业产业化经营尤其要注意利益的分配问题，这点是最核心的也是最基本的。理想中的农户与企业的利益联结方式是股份制合作方式，农户与企业共同承担风险与利益，但是这种方式往往很难实现，从目前来看，农户与产业化组织之间存在一些问题，比如签订的合同不够规范、内容的合法性不足等。部分情况下农民因文化程度较低，无法接受现代化的一些做法，导致农业产业化经营无法进行下去。某些地区虽然紧跟政策导向建立了股份制的合作机制，但真正落实到实际情况中仍存在问题。

第二，从产业联结机制的主体来看，农民往往被认作弱势群体，因为农民本身接受的专业知识较少，在与企业合作时便毫无话语权，很难跟上市场的发展。而新型农业经营主体在这时显现出巨大的优越性，这样一来，普通农民没有了栖身之地，在合作中很难获得公平的地位。同时，一二三产业联动机制松散，农民与加工业之间联系不够，与新型农业经营主体联系也不够紧密，这就可能造成农民的生产积极性不断降低，农民的利益也逐渐得不到保障，陷入死循环状态。

3. 一二三产业发展水平低下

从当前各地区农村三大产业融合发展的实践来看，农村三大产业融合发展的要素瓶颈制约尚未突破，土地、资金、科技、人才等要素供给不足，制约了我国农村三大产业融合发展。

（1）农村产业用地供给不足。在农村一二三产业融合发展过程中，产业用地常常难以得到稳定供给。首先，与传统农业大有不同，三产融合用地需求更大，因为产品附加值增高，产品种类丰富，因此在农村产业融合发展过程中需要更具规模化的基础设施用地。比如发展"农家乐"项目，要在保障农作物种植用地的基本前提下，同时配备餐饮用地、停车场用地、接待设施用地、居住用地等，而在很多融合项目中餐饮用地直接采用露天方式与停车场用地临时混用。在产业融合发展需要规模化土地的同时，各地申请用地指标存在时间长、难度大、成本高、指标少等情况，导致土地供给不足，阻碍了农村三产融合的发展。其次，在农村土地流转实施过程中，一些农民传统观念根深蒂固，不能深刻理解土地流转政策，也出于自我保护的原因，不愿将土地流转，所以土地流转的参与度不高，也是农村用地供给不足的重要原因。

（2）农村产业发展融资难。在农村一二三产业的融合发展中，需要大数目资金做支撑，除了一产所需要的基本费用，各类经营发展项目也需要足够的资金去建设基础设施、购买机器设备等。在农村，经营者获取资金的手段大多为银行贷款，但是获取银行贷款的前提条件多较为繁杂，门槛高，而普通农业经营主体大多为农民，产业规模小，以至于获取贷款的难度较大。同时，我国农村地区的贷款抵押形式单一，额度低且期限短，在信贷担保方面也存在一些问题，如农民以宅基地使用权、房屋等做抵押贷款，这些财产在作为担保物时存有一定缺陷，导致农民无法获得信贷支持。而且银行贷款对于普通农民来说，利息是不可忽略的一大项，利息高也很难对他们形成资金支持。

（3）农业科技创新缺乏活力

农村一二三产业融合发展的不竭动力是科技创新。农村地区的科技创新能力提不上去，农村就很难得以进步，农业生产方式也很难转变，农村产业现代化就无从谈起。首先，一些基层干部年龄较大，不愿意学习农业科技知识，自然也不能起到很好的带头作用，而且多数农业经营主体的学习意识不强，传统观念陈旧，不善于接受新鲜事物，创新意识薄弱，忽视了科技创新给农业发展带来的长远利益。其次，高质量、高水平的科技成果依旧欠缺，在涉及二、三产业需要的精加工、技术研发方面时往往创新能力不足。同时一些农技人员虽然接受了教育，学习了很多理论知识，但是在真正的实践过程中不能熟练地将理论与之结合，这也是农村产业科技创新能力不足的原因之一。

（二）特色产业发展基础薄弱

1. 人员科技水平不高

首先，以家庭为生产单位导致难以形成统一的生产质量标准。比如，农业生产中的种子、化肥、农药都是以家庭为单位购买和实施的，没有统一的标准和要求。其次，从事农业生产的劳动人员科技水平不高。有文化的农村青年大部分都进入县城、城市就读或工作，导致现阶段从事农业生产的多以中老年和缺少知识能力的中小学文化程度人群为主。最后，多数的农业研究项目普及度较低，没有做到良好的普及科技兴农。

2. 农产品品牌影响力较弱

近年来，我国在农产品品牌建设方面做了巨大努力也取得很多成就，但依然存在着一些问题。农产品品牌建设上的发展对于推动整个农村的经济发展起着非常重要的作用，毫不夸张地说，一个农产品品牌的好坏会深刻影响农产品的市场竞争力。

第一，我国农村农产品的品牌数量多但知名品牌少，很多情况下多品牌竞争市场，很难集中合力去打响一个品牌，缺乏整合优势，加上宣传力度不到位，一些品牌就算是有质量保证也难以抢夺市场。而且农产品的知名品牌较少，可能在本区域内有很好的口碑，但是扩展到全国来看，能抢占国内市场且知名度较高的品牌屈指可数。

第二，品牌建设是农产品得以长久发展的无形资产，但是许多农村企业经营者品牌意识薄弱，思想观念陈旧僵化，以为注册了商标就有品牌了，只注重商标的销售功能，而不会深刻挖掘其农产品的价值，使得产品知名度较低。与此同时，部分企业在深加工上的投入力度不大，产品种类单一，不注重市场划分，市场竞争力不强，占有率低，经营者的管理理念跟不上高速发展的市场节奏，缺乏一定的创新精神和对品牌的重视度。

第三，农产品品牌设计不规范。一个好的商标设计能为产品加分，如品牌标志需要契合市场、文化、消费者的定位，品牌的名称要与 Logo 和谐统一，品牌设计要做好色彩搭配，这些都是很深的学问。比如永久牌自行车，在保证名称顺口的同时还体现了自行车耐用的寓意。但是很多农产品在品牌设计方面，往往毫无新意，名称无法体现品牌的深刻内涵和价值，包装更是随意模仿，少数产品还存在着外包装上没有印刷保质期、生产日期以及联系方式等低级问题，给人以低劣、混乱的感觉。

3. 企业管理和发展水平较低

第一，我国农村产业发展的主要方式仍然是以传统的家庭经营模式为主，而以家庭为单位展开的农业生产和经营，较为分散，规模效益低下，而且农户对土地流转政策不够了解，无法形成意见上的统一，所以农村仍然主要以粗放型经营为主。农户经营规模小而分散，主要以初加工为主，精深加工很少，市场竞争力差，难以抵挡市场造成的风险，标准化、产业化和专业化的生产道路也只能局限在很小的区域内，产业化程度低，龙头企业的带动力不足，制约了农村特色农业的发展。

第二，在竞争力方面，规模小的散户经营在面对强大的外来品牌时，尤其在现代化企业面前，根本无力与之抗衡。由于散户经营的农产品加工和处理水平较低，多以传统工艺为主，科技含量不高，质量也参差不齐，再加上市场秩序不规范，导致大多数产品无法达到标准化认证。而且传统的经营方式决定了农产品参与市场的交易方式，规模小而分散导致散户在市场方面总是处于弱势被动地位，农业产业化的整体水平低，发展不充分、不平衡，缺乏竞争力，无法适应快速发展的市场环境。

三、农业现代化发展问题

（一）沿用传统的农业耕种方式

传统耕作作物的方式导致一些农民依旧以传统的方式理解农耕，以传统的方式进行生产生活，在接受新事物面前显得比较保守。一件新事物对于城市市民来讲或许一天的时间就可以接受，而对于祖祖辈辈在田间耕作的农民来说，或许一件新事物数月时间依旧不能完全接受。相比于城市市民经济，乡村经济发展多是依靠传统的农耕方式进行，即便是有大型机械的使用也使用有限，没有从根本上改变传统的耕作、加工、营销方式；对于高新技术的应用率普遍较低，无法利用良好的平台构建属于农民自己的平台；缺乏平台支持，由于农产品受到自然和市场两个因素的影响，经常会发生低产低收入或者是高产低收入的情况。

（二）基础设施不完善

基础设施的薄弱会导致农业现代化进度缓慢。一方面，交通的不便导致"有货卖不出去"和"货物需求不能满足"的两端紧张。农副产品的生产周期长，保鲜期短，尤其以瓜果蔬菜最为突出。没有良好的保险基数和运输条件，农作物滞销，同时城市市民需求得不到满足，造成两难局面。如此一来，原始的耕作产物不能获取应得的经济回报导致农民收入低下，从而导致经济发展的困境。另一方面，某一农耕地区的经济不发达的情况下，相对而言该地政府就会减少对当地的资金投入，所以导致基础设施的不完善，而交通、信息、物流的不便利就会导致农作物无法卖出好的价钱。由此一来就会造成恶性循环，没有经济发展就没有基础设施的完善，没有基础设施的支持，当地产业就不能得到良好的发展，使得当地的农业现代化速度降低，人民的生活水平提高速度变缓。

四、职业农民问题

（一）政府对培育职业农民的力度不够

实现农民的幸福感是一切乡村工作的着重点，农民的生活水平得到保证是产业兴旺的最终目标。发展乡村产业的关键是关心农民的发展，农村实现小康社会的关键在于农民的职业化，让农民不再是一个称呼，而是一个职业。目前社会中大量的资源倾向于生产要素的投资、建设、发展。当然这是无可厚非的，但是不能忽略乡村的主体和实现产业兴旺的最直接的受益人群——广大农民。

政府需要紧跟时代发展，建立健全农民培训机构，利用政府的各项职能手段，为农民提供良好的学习发展环境。新时代的农民不同于以往历史时期的传统农民，随着时代的发展进步，云计算、人工智能等高端技术逐渐普及，所以新时代的农民需要具备更全面的综合素质。这就需要政府不断加强政策调整，积极支持新时代的新农民，尽一切所能为农民的发展提供一切可行的帮助和政策的扶持。

（二）农民自身对于职业化要求度低

耕作文明已经深深烙印在农民的血液里，虽然时代的进步发展使得大部分农民接触到了新兴的科学技术，但是不少人依旧认为农民只是从事简单的耕种、灌溉、施肥、收割这一系列传统的耕作，而没有意识到机械化种植的巨大潜能。即便是伴随着科技的发展，大规模机械化生产代替了传统的人力、畜力等，但是根本上的传统耕种方式依旧占据大部分农民的意识。他们中的大部分人没有意识到，农民可以是一种现代化职业，可以像工人一样实现现代化操作。所以他们依旧延续着传统的耕作范式，提高的只不过是现代科技为他们提供的技术支持。

在大部分农民意识中缺少职业农民的认识，就像是"生产力"和"生产关系"的关系一样，随着科学技术的发展"生产力"在不断进步，而作为劳动者的农民内心的"生产关系"还停留在以前，没有得到发展和进步。这样的状态虽然可以维持经济的稳步发展，但是就长远利益而言是不科学的。只有让农民意识到农民可以成为一种现代化职业，才能加快我国的农业现代化进程。

第三节　农村产业振兴存在问题的原因

一、地区发展不平衡

一方面，我国国土面积大，地大物博，同时农业经济发展存在区域发展不平衡的状况，且由于地理、人文、历史等方面的原因，我国不同地区的农业发展程度也表现出差异性。比如，东北地区以重工业为主，但是随着人们对生态环境保护的重视和加强，以及自然资源的逐渐枯竭，东北地区的产业呈现下降趋势。华东、华南地区以长江三角区和珠江三角区为代表的农业产业，依靠便利的地缘条件和政策优惠条件，近年来呈现良好的发展势头。而西北、西南地区由于受到地势条件和气候条件的影响，农业产业始终得不到良好的发展。尤其是在山地、丘陵地带，农业的生产条件非常困难，生产成本相对较高；在我国西北荒漠地区，近些年来实行的退耕还林还草工程，虽然解决了大部分荒漠化、沙漠化问题，但是农业产业的发展依然受到限制。

另一方面，即便是同一产物生产地区，由于对农业生产技术不同或不当的运用，也会造成农产品质量的参差不齐，从而导致本土特色农业产品在市场份额占有量上逐渐减少，当地人民反而会选择购买其他地区同类农产品。这样就会导致当地农民对农业产业的经济依赖减小，进而影响当地特色农业产业的种植面积，而种植面积的减小更会导致当地产量的减少，由此产生恶性循环，导致农业产业的比重在总经济量中的比例减少。

二、对农业支持力度不够

（一）基层管理体制尚需健全

对于大多数经济发展水平落后的农村地区来说，城市化发展水平较低，农村基层治理存在着一些问题。

农村人才队伍建设较为薄弱，村干部的素质也参差不齐。通常来说，广大农村地区的基层管理者平均年龄较大，文化程度较低，思想较为保守，不易于接受新鲜事物，缺乏一定的基层管理理论知识。

部分农村基层干部在村务管理过程中无视基层管理制度，办事效率低下，不作为或者固执己见，涉及村民切身利益的事情，没有做到与民协商，处理不够透明，也不够公开民主。有些村委会成员间的关系也较为紧张，出现问题互相"踢皮球"，有利于自身利益的工作抢着干，工作死角却没人愿意接手，没有真正做到为人民服务。

村民是农村基层社会治理的主体，但不少村民的公民意识和监督意识较为淡薄，再加上很多人不满足于当前农村地区的经济发展水平，选择到城市打工，留在村里的多为妇女、老人和儿童，这就造成农村地区的人口年龄结构非常不合理，而这些在外打工的人们由于常年不在家更不愿意去参与农村事务决策，也导致农村干部队伍缺乏活力、后劲不足。

（二）相关规章制度有待完善

农村产业的健康有序发展，必须依靠相关规章制度的约束，才能规范农村各经营主体的行为。农村产业发展存在农村人才工作机制不够完善、配套设施不健全、人才开发经费短缺、农产品市场价格保护机制还不健全、没有建立起规范的市场体系等问题。

现代农业的发展需要大量资金做支持，而我国目前对农业的投入力度还不够大，企业融资渠道不畅，缺乏对于中小企业的政策扶持，招商引资制度也不够完善，中小企业在金融机构申请资金时面临步骤繁杂、审批程序迟缓等问题。政府应丰富贷款抵押方式，营造良好的融资环境，满足乡村振兴多样化的金融需求，积极推进农村承包土地经营权和农民住房财产权抵押贷款试点，优化投资结构。同时，政府应针对农业基础设施薄弱状况，提高农业补贴政策的指向性和精确性。很多农村目前创新创业项目发展受限，缺乏对创新创业项目政策扶持的相关管理条例，政府相关部门应下发文件或政策鼓励人才投身于乡村振兴，并给予优惠保障政策，同时加快完善农村的公共配套服务。

（三）资金支持力度亟待加强

首先，政府对农业的金融支持力度有待加强。政府雄厚的财力支持是农业得以发展的重要保障，中央一号文件连续多年重视农村发展问题并作出具体战略部署，使得农民收入持续增长，社会稳定和谐，农村农业发展取得历史性成就，但是农业产业的资金支持力度仍有待加强。

现代农业的发展需要大量资金做支持，资金链断裂，企业就不能持续稳定地发展，而目前农业资金的供给量远远跟不上农业产业化的发展速度。农户在金融机构申请资金支持的步骤繁杂，审批程序迟缓，但农业生产往往迫切需要得到资金。同时，农产品需要投入大量资金，周期长、见效慢，而且很容易受到自然灾害等不确定因素的影响，不易把控。这些造成企业融资渠道不畅和还款压力大等问题，导致农业产业发展后劲不足。

其次，农业产业的现代化发展，需要投入大量的人力、物力，农业科学技术创新研发、完善基础设施建设、土地管理、农业资源改造、生态环境治理等也需要经费支持。同时，农业作为一个利润较低的产业，存在"有钱人不投农业，想投农业的人没钱"的问题，在农业与房地产建筑业相比之下，人们往往选择投资后者。另外，近年来各商业银行由于农业易受环境影响的自然特性，对农业产业的投资标准较高，往往谨慎地选择经济实力强大的龙头企业做投资。

三、产业集群竞争优势不足

（一）相互利益联结不够紧密

在政府的扶持下，我国农村产业集群取得较快发展，但从目前来看，农村产业规范的集群数量多但规模较小，分布零散，组织化水平较低，集群内各主体间的关系不够紧密。利益的相互联结对农业产业集群的平衡发展至关重要，农户与合作社之间、农户与龙头企业之间、龙头企业与合作社之间都需要保持相互依赖、稳定持久的合作关系。

一方面，受传统保守的经营模式影响，农户基本以小农经济为主，自给自足，农户行为具有独立性特征，所以在营销方面农户基本上保持自产自销的经营模式，对龙头企业或是合作组织的依赖程度较低。但在发达国家，很少存在农民自销的情况，大多以集群方式对农产品进行深加工，以提高产品的附加值。同时，农户的行为具有不确定性，当合作企业的收购价格低于市场收购价格时，易出现违反合约的情况。互信不足，缺乏完善的合作机制，使得集群内部主体之间的利益关系脆弱。

另一方面，我国农业产业正处于转型阶段，政府鼓励农户积极参与集群，但门槛较低，对农业生产技术没有过高要求，同时农户可自行选择参与或独立完成，这些也是影响集群内部合作关系的重要原因。而在市场的公平竞争方面，企业与农户的地位是不同的，企业在市场中占有主动权，可自由选择收购的农产品对象，这就造成农户间不得不参与竞争，而这种竞争并不能促进农业的科技进步，这种不平等的地位阻碍了农业产业集群的发展，也打消了一些农户参与集群的积极性。

（二）龙头企业竞争优势不足

大型龙头企业的引领，对于推进农业产业化和带动整个农村的经济发展具有重要作用。据实地考察研究，龙头企业发挥优势是一个地区快速提升农业生产专业化程度和水平的有效策略。广大农村地区已逐渐开始建立龙头企业，但从目前来看，大多数仍以小规模为主，缺乏有实力的龙头企业，产品结构单一，管理模式粗放，深加工水平低下，产业链条短，创新能力不足，对农民的引领带动能力也不够。对于现有龙头企业来说，品牌是企业的灵魂，品牌效应越来越重要，龙头企业要想发展就必须在市场上立足，靠质量和营销打造成知名的品牌，没有较强的品牌影响力会失去营销主动权。

龙头企业如果在精深加工领域的技术创新含量较低，科技研发跟不上，科技经费投入不足，产品附加值低，就难以获得较高的经济和社会效益，在面临大的市场风险时就难以克服。同时，龙头企业的发展对农户的要求较高，无法做到对农户的监督，实际中经常出现农产品质量问题，与农户之间存在有意或无意的违约现象，也没有与农户签订较为规范的合同，因此农户比中小企业承担着更大的市场风险。

（三）市场运营机制不够完善

农业市场化是促使农业快速发展的根本途径之一。当前我国农业产业化取得巨大成就，农业集聚程度也在不断上升，但是农业产业在其发展过程中的问题日益凸显。

目前我国农产品市场价格保护机制还不健全，没有建立起结构完整、规范的市场体系。农产品的价格机制需依靠国家的宏观调控，完全自由的市场价格机制不能保护农业生产和农民的利益。在农村产业集群过程中，集群内部各主体竞争尤为激烈，一些企业的创新能力不足，农产品同质化问题严重，配套的基础设施也不够完善，难以确立核心竞争力。农业集群虽取得进展，但农户作为农村经济中最基本的生产单元，具有很强的独立性，很多地区仍坚持以传统农业生产方式为主，自负盈亏，而且散户商品观念淡薄，经济实力不足，专业化程度低，更是无力在激烈的市场环境中与龙头企业抗衡。

农产品市场运营机制的完善，是应对经济社会发展的必然要求，也是建立完善的社会主义市场经济体制的难点和重点。当前农产品市场竞争激烈，市场交易不规范，导致少数商家为追求经济利益，不惜将一些不合格农产品混入市场等损坏区域品牌形象的恶劣行为产生。

四、行政举措对产业选择发展路径的干预

产业发展理论认为，产业发展必须坚持差异性原则，充分利用本地区土地、资源、劳动力、资本、技术等各种生产要素，依托优势资源，遵循客观实际，遴

选特色产业，实现合理规划布局。在农村产业发展的过程中，政府运用行政手段对农业发展路径应加以适当干预，但不可过度。

首先，在以项目制为基本政策手段的背景下，财政专项扶贫资金曾作为"增量"资源供给到各个贫困地区，保证了产业扶贫的稳定推进。在产业扶贫项目立项初期，地方官员难以完全避免主观判断和亲和性意向选择。其次，在绩效考核体系下，地方政府或通过借助各种行政政策进行直接干预，对当地传统产业进行激活与重构。在此情况下，有特色资源和区位优势以及主要领导挂点的村庄，在被投入大量扶贫资源后，更有机会发展成"明星村""示范村"，并成为扶贫绩效的展示窗口。而其他基础较为薄弱、缺乏特色的村庄则获重视程度不够，导致扶贫效果存在差距。再次，产业项目在实施过程中易发生导向、功能、作用和运行方式上的偏差，导致项目实施实际效果不佳。随着大量农村年轻劳动力到城市务工，农业从业劳动力的能力和素质下降，无法从事大量繁重的生产任务，更无力采用先进的农业生产技术、农耕机械进行生产，于是一些有较好经济效益的农业项目由于需要较大强度劳动而无法推广。

五、信息不对称影响产业参与主体的选择

由于产业发展的市场化效率原则和公平性诉求之间存在着内生冲突，而政府、企业、农户之间也存在典型的信息不对称问题，使得各方利益存在难以协调的困局。

第一，企业在产业运营前无法准确把握潜在参股农户的参股意愿与承担成本，也无法精准识别农户所具备的实际资产质量和资本增值能力，更无法准确判断政府的实际支持力度和政策的可持续性。第二，农户由于缺乏对产业现实经营状况、市场潜力的充分了解，无法准确判断项目能否带来真实的市场收益、实现资本合股的倍增效应。对农户个体而言，由于搭便车能够获得更多实际收益，在生活困境得到纾解后出现的自我满足和惰性，直接影响其参与产业的积极性和主观能动性。第三，政府在产业发展过程中，既无法完全监督产业主体的实际经营过程，确保其按照产业规划切实落实相关政策要求，也无法准确把握农户参与产业建设的真实意愿和心理预期，难以确定达成最大效益的最优补助比例。

六、产业振兴创造力和示范带动性不足

一是龙头企业不多，导致示范性作用弱。近些年，一些地区在乡村产业方面涌现出了国信集团、奢爱良蔬、冠科农业等农业龙头企业，但随着持续发展呈现

出了现有龙头企业质量不高、新进龙头企业数量较少的现象，致使现代龙头企业的带动效应不好、示范效应不高、影响范围不广，制约了产业发展。

二是品牌效应不强，导致很难形成产业发展新优势。虽然一些地区全力抓好农业"长宽高"三篇文章，精心培育产业品牌，但品牌打造需要时间融入、文化注入、匠心植入，没有更快形成叫得响的拳头产业，致使品牌的影响力不足、知名度不高，影响了品牌经济的发展，无法形成新的产业优势。

三是创新能力不足，导致产业现代化融合程度低。一些地区由于专业技术人才的缺失和创新、创造能力的不足，不能运用新思维和新方法来促进农业发展，导致运用高科技、现代化手段武装农业、提升农业的水平较弱，致使农业科技园区创建较为缓慢，农业现代化程度较低。同时，农业从业人员多缺乏创新思维，只习惯于用老方法来解决问题，不能将农业产业与旅游业、互联网、文化产业很好地融合在一起，导致产业链无法很好延伸。

七、环保意识、监管机制、资金投入不完善

（一）全民环保意识有待提高

随着经济社会的不断发展，群众对生活环境的要求越来越高，但从自身做起、积极投入环境保护的自觉性有待提升。目前，由于农民的文化水平有限、综合素质不高，部分群众的环保意识比较薄弱，认为生态环境保护是政府的事，存在着事不关己、高高挂起的思想，导致绿色环保的生产方式和生活理念难以形成，影响了生态环境的质量。

（二）环境监管机制不完善

一些地区在健全完善环境监管机制方面存在常态长效不够的问题，个别区域、部门环保工作责任制落实不严格，督促检查不严，针对一些人乱排污水、乱扔垃圾的行为没能进行严肃处理，致使其肆意妄为。主管部门压力传导不够、监管范围存在盲区，没有层层签订责任状和保证书，导致个别人群存在侥幸的心理，谋取私利，破环了守护人民群众的"绿色门槛"。

（三）资金投入不足、渠道单一

一些地区用于生态环境的资金多数来自上级专项资金拨款和地方政府本地资

金投入，少数由村民自筹，渠道较为单一，而且村民常常是心有余而力不足，自筹资金只够尽一点绵薄之力。虽然，一些地区在多个领域、多个层面积极开展生态专项行动，从改善基础设施到人居环境整治，从水系治理到生态保护，但受区本级财力、建设周期等因素影响，资金投入严重不足，部分专项行动水平还有较大提升空间。

八、文化的吸引力弱、弘扬力度不够和资金投入不足

一是文体活动吸引力不强，导致群众参与度低。一些地区的文体活动多集中于春节、中秋节等重大传统节日，且多以歌舞类为主，群众性、创新性、特色化的活动较少，导致文体活动形式不新颖，吸引力不强。特别是近几年来，由于受新冠肺炎疫情等不可抗因素的影响，更多的是开展线上活动，没能多元化开展线下大型的文体活动，致使活动的吸引力不够、群众的参与度不高。

二是传统文化弘扬力度不够，导致传承力度较低。一方面由于一些地区的农民存在文化程度较低、知识储备不够等现象，他们容易被不良信息影响，从而对传统文化的重视不够，弘扬力度不足。另一方面，虽然一些地区能够大力弘扬传统文化、坚持社会主义核心价值观，但由于离乡打工的人越来越多，农村年轻人越来越少，文化发展和弘扬的创新举措不多、创新意识不强，因此传统优秀文化传承水平不够高、效果不够明显。

三是专项资金投入仍显不足，导致设施标准不高。由于部分地区本级财力有限、多靠向上争取，文化资金用于"文化惠民"工程的投入稍显不足，而且为了能够均衡化、公平化地为各村建设文体广场，导致资金没能在更高标准、更大力度上投入，从而文体设施标准不够高。

九、基层治理模式中组织作用发挥不足

一是组织管理方式单一，导致治理程度不高。一些地区采用的"1+3+X"基层治理模式基于一个党支部，由村干部管理，志愿者积极配合，但这样的组织管理方式有些单一，在组织的系统性、操作性、先进性上缺乏考虑和研究，创新能力稍显不足，导致治理程度还不够高。在基层党组织建设和乡村治理方面基础薄弱、覆盖范围广、管理难度大，在政治领导力、组织覆盖力、群众凝聚力、社会号召力等方面还不同程度存在短板，致使改革创新的能力还不够高。

二是"村两委"干部老龄化严重，导致治理能力不足。一些地区的乡村振兴

的核心在于基层党组织干部，只有建强基层组织队伍，才能更好指导本村村民创新创造、创业兴业，但现在看部分地区的"村两委"干部年龄结构相对老化，村干部55岁以上的占比较大，而且有能力的青年大多外出打工，致使基层治理能力严重不足、乡村振兴发展水平明显不高。

三是政府与群众供需不对等，导致致富能力不高。目前来看，一些地区在乡村振兴发展中，政府投入资金稍显不足，群众需求较多，如在产业发展、项目建设等生产与消费对接上，没有通过组织建设发挥相应作用，带富致富领富能力还需持续提升。

十、客观氛围不浓严重阻碍人才振兴

一是自身发展意识不强，培育力度不大。部分农民还存在着思想意识不高的情况，缺乏对自身的长远规划，认为学习专业知识和技术是在浪费时间，还不如出去打工赚钱。这样的思想导致许多年轻人流失，更加减少了专业人才和技术人才的基数。总的来看，一些地区虽然重视人才，但是从基层培养人才、从高校引进人才的力度还不够大，导致人才资源匮乏。而且目前乡村人才总量相对不足、结构和分布还不尽合理，致使留才育才的效果还不够明显。

二是创业氛围不浓厚，导致创新性不强。一些地区各领域尤其是农业发展领域人才数量不足、带富能力偏弱，虽然依托乡村振兴学院的技术培养、能力培植，但目前人才的质量还不能满足农业农村现代化建设需要，致使创业创新的人才还不够多、氛围还不够浓厚。

第四节　农村产业振兴的发展趋势

新时代乡村产业振兴需要树立新发展理念，坚持走创新、绿色、开放之路。我们应以创新驱动乡村产业升级和人才培养，促进城乡协调发展和农产品的供需平衡，在振兴乡村产业的同时兼顾生态环境保护，借助"互联网＋"模式和"一带一路"倡议拓展乡村产业振兴渠道，促进产业振兴成果的共享。我们应以产业振兴助力乡村振兴战略的实施，加快实现农业强、农村美、农民富。

一、坚持走创新发展之路

创新发展的重点是解决发展动力的问题。要实现乡村产业振兴必须改变传统

依靠物质要素投入驱动的发展模式为依靠科技创新驱动的发展模式，必须改变单一的人才培养模式为多元化的人才培养模式。我们可以用科技创新推动乡村产业转型升级，用创新引领乡村产业振兴人才培养，从而为我国乡村产业振兴增添发展的动力。

（一）用科技创新推动乡村产业转型升级

在我国经济发展新常态下，不是不需要国内生产总值而是要改变国内生产总值的增长方式，要处理好产业升级与经济发展增速的关系。在乡村产业转型时期，经济效益的增长有必要规定在一定的合理区间内，以往单纯追求经济效益高速增长的发展模式已然与新时代的发展要求不相符。单纯追求经济效益的增长只会沉迷于原有的产业结构，阻碍产业的优化升级，不利于乡村产业的可持续发展。我们不能因为短期内经济的波动而忽视了乡村产业结构调整的长期任务。经济的增速要适度让位于产业发展的质量，我们应将产业发展模式的调整作为重中之重，只有在科技创新驱动下逐步完成乡村产业的转型升级，才能促进乡村产业长久的振兴，实现产业兴旺的发展目标。

近年来，我国科技创新成果逐渐增多，但是科技成果投入产业生产的转化率却不高，科技成果供给和需求脱节问题较突出，科技成果转化呈现出"哑铃型"特征。科技创新成果转化的瓶颈一方面导致了科技创新成果的闲置与浪费，另一方面使得我国产业，特别是乡村产业缺乏科技创新的驱动力。因此，我们要突破阻碍创新成果转化的藩篱，打通科研机构与乡村企业合作的通道，从信息沟通和成果评价这两个方面建立以市场为导向的合作机制，提升科技创新成果向乡村产业领域转化的能力。

（二）用创新引领乡村产业振兴人才培养

在实施乡村振兴战略过程中，我们可用创新引领乡村产业振兴人才培养，创新乡村人才培养模式，推广符合新时代乡村产业发展需求的培训内容，为我国乡村产业振兴培育人才，为实现产业兴旺增添动力。

《国务院关于印发国家职业教育改革实施方案的通知》中指出，把职业教育摆在教育改革创新和经济社会发展中更加突出的位置，以促进就业和适应产业发展需求为导向，着力培养高素质劳动者和技术技能人才。劳动者在农业生产中起主导作用，有文化、懂技术、会经营的新型职业农民是当前推动我国乡村产业振兴所迫切需要的。"有文化"是要求职业农民具备一定的科学文化知识，有市场意识和现代农业观念；"懂技术"是指职业农民要具备学习和应用先进生产技术的能力；"会经营"需要职业农民具备一定的产业经营和管理能力，可以合理配置土地、人、财、物和信息等资源，发展适合的产业经营模式。新型职业农民的培养需要开展有针对性的教育，是新时代职业教育服务乡村振兴的着力点。

二、坚持走绿色发展之路

生态文明建设与人民幸福息息相关，良好的生态环境是公共产品，是普惠民生的福祉。新时代乡村产业振兴要遵循绿色发展理念，将生态文明落实到产业振兴中的各个环节。

（一）大力发展绿色循环经济

为了实现乡村产业的绿色振兴，我们应积极转变传统的生产模式，大力推广循环经济；要调整和优化乡村产业结构，通过改造乡村传统产业、淘汰落后产业、积极发展生产型服务业等方式实现乡村产业的节能减排；努力加强生态环境保护的法制机制建设，约束和惩处浪费自然资源、破坏生态环境的行为，实现乡村产业的文明生产。

（二）构建绿色技术创新体系

《国家发展改革委 科技部关于构建市场导向的绿色技术创新体系的指导意见》是我国第一次针对绿色技术创新领域提出的体系建设意见。该意见中指出，绿色技术包括节能环保、清洁生产、清洁能源、生态保护与修复、城乡绿色基础设施、生态农业等领域，涵盖产品设计、生产、消费和回收利用等环节的技术，这是从国家层面上首次提出的对绿色技术的明确定义。绿色技术创新分为绿色技术工艺创新和绿色技术产品创新两大类。绿色技术工艺创新是指进行清洁工艺创新，减少产业生产所造成的环境污染，并通过末端治理技术创新降低已排放污染物对环境的危害。振兴乡村产业，绿色技术创新体系的构建不可或缺，绿色技术创新是以绿色生产为目标，推动绿色技术成果向市场转化，通过技术创新的竞争优势实现乡村产业振兴与生态环境保护的协调发展。

三、坚持走开放发展之路

开放发展的重点是解决发展内外联动的问题。借助"互联网＋乡村传统产业"的融合发展，可以将市场细节融入乡村生产经营的过程中，推动电子信息技术与乡村传统产业的结合，开辟乡村产业经营和流通的新渠道。"一带一路"战略的实施将为我国乡村产业振兴创造新机遇，与沿线地区和国家建立长效的合作交流机制，对提高我国乡村产业的开放水平，推动世界贸易合作，拓宽乡村产业振兴渠道具有重要意义。

（一）借助"互联网+"模式，加强乡村产业与外界的联系

传统线下的销售模式中，农产品流通的中间环节较多，产品耗损和交易成本也随之增加。"互联网+乡村传统产业"的融合发展创造了乡村产业振兴新模式，我们可借助互联网技术将市场细节融入乡村生产经营的过程中，在消费者和乡村产业经营者中间搭建一个便捷的互动平台。信息技术和通信水平的提高可以促进乡村产品供应链的发展，增加乡村企业的市场份额。依托互联网信息技术，可以构建农产品供应链的云服务平台，服务平台通过收集和分析海量的产品订单信息，生成相应的生产作业计划，帮助生产端及时掌握市场动态，并根据市场需要及时调整生产计划，这有利于实现生产方和消费方的信息对称，满足农产品的供需平衡。我们通过服务平台可对农产品进行集中控制、同步化传送，加强供应链主体的信息交换，实现企业的信息对称、资源共享和服务互补；通过大数据的收集和支持还可以帮助供给端精准定位目标消费者，提高市场营销效率。

互联网技术与乡村产业的有效结合可以更加快速有效地帮助生产者掌握市场动态，拉近了消费者与生产经营者之间的时空距离，促进了乡村传统产业从生产商向服务商转型。在优化生产环节的同时，"互联网+"模式还有利于产品供求市场有效对接，这在很大程度上解决了传统乡村产业中市场信息不畅而导致的产品滞销问题。借助IT技术可以实现随时随地的联通，促进资源、信息及各生产流通环节的衔接。"互联网+"模式的应用和推广可以突破传统的时空限制，为乡村产业打通与外界联系的通道，大大提升开放的程度。

（二）借助"一带一路"发展平台，加强国际交流合作

农业是我国的基础产业，我们自古丝绸之路时就已经与其他地区在农业领域进行了贸易与交流。我国乡村产业要加强与周边地区的贸易合作，提高对外开放程度，优化配置世界市场的农业资源，提高我国农业的市场竞争力。我们要以市场需求为导向，增加农产品的有效供给，利用好国内、国际两个市场，致力于满足当前多元化、优质化的消费需求。在国际贸易竞争中，我国乡村产业要对自身的生产资源和农产品进行合理的市场定位，综合考量沿线国家与我国市场的差

异性，坚持将"走出去"和"引进来"相结合，统筹好国际和国内两个市场，加强我国农产品贸易在世界范围内的优化布局。我国乡村产业要完善区域性合作网络，实现信息和资源的共享，加强与沿线国家的往来，解决农产品贸易中信息不对称的问题。相关企业要加强与境外产业的网络联结，适当提高网络密度，促进合作区域间信息的共享和自由流动，提高跨境农产品贸易一体化水平，形成我国乡村产业全面开放的新格局。

中华人民共和国成立以来，我国与其他国家建立了良好的外交关系，这为我国农业打开世界贸易市场打下了坚实的基础。"一带一路"倡议传承了古丝绸之路友好的合作精神，推动了区域利益共同体的构建，加强了我国与沿线国家和地区的互联互通。我国乡村产业要积极参与到国际合作中去，通过达成一系列的合作共识，释放贸易合作潜力，建立我国与其他国家的贸易伙伴关系。与沿线国家和地区建立长效的合作交流机制，积极推动我国多边贸易的发展，有利于提高我国乡村产业的开放水平，为乡村产业振兴打开新的发展局面。

第五章　乡村振兴背景下农村产业振兴模式

本章分为美丽乡村引领型、电商平台助推型、基层党组织引领型、农旅一体化带动型、纵向一体化延伸型五部分。主要包括美丽乡村引领型模式典型案例分析、电商平台助推型模式典型案例分析、基层党组织引领型模式典型案例分析、农旅一体化带动型模式典型案例分析、纵向一体化延伸型模式典型案例分析等内容。

第一节　美丽乡村引领型

一、美丽乡村引领型模式概述

美丽乡村引领型模式建立的前提是加强农村基础设施建设，改善农村的生态环境，依靠政府帮扶与产业交叉等方式打造宜居美丽乡村。其重点在于瞄准前景好的生态产业，制定科学的乡村发展规划，在保护"青山绿水"的同时又做大"金山银山"，构建经济发展与生态保护之间的互动机制，进而实现产业与环境互相促进、人与自然和谐共处，推动产业融合发展，经济生态和谐并进。

二、美丽乡村引领型模式典型案例分析

（一）背景介绍

石门县秀坪园艺场位于湖南省常德市石门县南部，园艺场由 5 个行政村组成，共有 1535 户、5200 人、51 个村民小组，行政区划面积约为 11 万平方千米。园艺场主导产业为柑橘，现有柑橘种植面积近万亩，每年柑橘产量约 2.5 吨，鲜果产值约 3500 万元，每年直接或间接加工柑橘 0.8 万吨左右。2014 年初被正式

定为全国 1100 个"美丽乡村"创建单位，中共常德市委"美丽乡村"建设标准示范单位，全年累计能接待游客 1 万多人次，创收 200 万元，稳定实现"两不愁、三保障"的目标。2016 年脱贫达 42 户，共计 127 人。

（二）秀坪园艺场美丽乡村引领型模式应用成果

秀坪园艺场区位优势明显，产业特色突出，柑橘文化底蕴深厚，生态环境优美，本着产业提升，设施完善，生态保护，文化传承的规划理念，按照"中国柑橘技术研发、推广、应用现代化生产示范区，中国美丽乡村建设与管理模式创新示范区，中国最具有吸引力的周末休闲度假乡村旅游目的地之一"的发展定位，当地大力发展柑橘文化延伸产业。依托柑橘种植这一主导产业，当地一些农民纷纷自主创业，以柑橘为主题，形成了农业观光、餐饮、娱乐、休闲等较为完整的产业链，借助发展"欢乐橘园"和"甜蜜产业"，秀坪园艺场已经顺利实现了产业兴旺、生态宜居和生活富裕的目标。与此同时，当地还十分重视推进基层社会治理和乡风文明建设，率先成立了社区董事会、理事会等，通过引入市场机制，进行公司化运作，通过产业发展的配套资金相继完善医疗、卫生、文教等公共服务体系（包括水、电、路等方面的基础设施建设），在积极推进村风文明建设和生态环境治理的过程中，打造别具一格的秀坪园艺场"橘"文化，建设了柑橘文化展览室，每个农家小院外都悬挂了书写着跟柑橘有关的对联、牌匾，开展具有秀坪园艺场特色的"穿衣戴帽"的活动。此外，当地还结合土地流转、林权确认等农村基本经营体制改革，有效地将农户纳入产业链条，使其共享乡村振兴的成果。

第二节　电商平台助推型

一、电商平台助推型模式概述

（一）基本内涵

电商平台助推型模式主要是借助互联网、物联网、云数据等现代信息技术的发展成果，通过建立网络销售平台和高效的物流系统，打通农业产业从生产环节到终端消费的所有环节，形成线上线下一体化、产销链条无缝对接的现代农业产业新业态。

（二）发展意义

1. 落实"三农"政策，助力乡村振兴

电商平台直接扎根于农村服务于"三农"，真正使"三农"政策落地，使农民成为平台的最大受益者。发展农村电子商务有利于促进农村物流的快速发展，加快农村剩余劳动力的转移，增加农民的收入。

2. 打破固有传统，调节农村生态系统

发展农村电子商务有利于加快农村市场转型，促进农业产业化发展，解决农业信息不畅的问题，促进农产品更好地在市场上流通。我们可通过电子商务辐射周边产业建立农村产业结构，构建绿色生态经济圈。

3. 优化市场配置，推动数字经济发展

电子商务是利用信息技术完成交易活动的一种新型商务模式，具有直接、快捷、低成本、打破时间和空间限制等特点。农村电商全面助力数字乡村建设，电子商务在农村经济的发展中起着重要的推动作用，有利于全面构建数字化经济市场。

二、电商平台助推型模式典型案例分析

下面以南京市栖霞区"淘宝村"为例，通过探究南京市栖霞区四个"淘宝村"的农村电商助力乡村振兴案例，从农村电商发展的现状入手，重点分析三个发展已较为成熟的电商模式，探索其成功发展的具体策略。

（一）背景介绍

南京市栖霞区外沙村、中桥村、靖安村、花园村是最早一批发展农村电子商务的地区，被认定为"淘宝村"。认定标准：①电子商务年销售额达到1000万元；②本村活跃网店数量达到100家或活跃网店数量达到家庭户数的10%等。因此，选取此四村作为研究对象，综合分析其在电商发展中采取的商业模式和独特的创新之处，为其他地区巩固脱贫成果、实现乡村振兴提供参考。

（二）主要商业模式

1. C2C 模式

C2C 模式就是个人消费者与个人消费者之间的电子商务。C2C 电商的交易份额在我国电子商务各细分市场中占比较大，为 12.34%。以栖霞区外沙村的"欣欣花园"为例，早在 2004 年农户自主在淘宝平台开设运营"欣欣花园"网店。自 2004 年首次"触网"发展至今，该村已从起初的一个郁金香花棚发展到今天一共有 350 亩（1 亩 =666.67 平方米）地，种植 100 多个品种的鲜花的彩虹花卉产业园，营业额超过 2000 万元。该网店就是典型的借助 C2C 平台，通过农户和消费者的联系，成功实现了花卉的自产自销。

C2C 模式的应用在一定程度上解决了村民就业渠道狭窄、能动性低的问题，并且在自身盈利的同时，带动了大批村民自主提升产品质量，调节产业结构，以满足多样的消费者需求。

2. G2C 模式

G2C 模式就是政府与公众之间的电子政务。广义的 G2C 是政府通过电子网络系统为公众提供各种服务。在此我们仅分析电子商务视域下狭义的 G2C，即政府帮扶下的公益助农项目，例如，助农消费平台的搭建、政府牵头的各项电商活动等。

2020 年 5 月 20 日，栖霞区举行了"南京·栖霞淘宝直播基地"的落地启动仪式，旨在汇聚"青年主播"力量，加快"直播平台"建设，推动"优质商品"触网。八卦洲街道外沙村"益农信息社"借"互联网＋农产品销售"融合发展，多渠道帮助蔬菜种植大户、农民线上销售芦蒿等蔬菜，解决了区域农产品的滞销问题。由政府牵头的 G2C 商业模式虽然是短期政策性行为模式，但能够有效解决某些地区因销售辐射面小，农产品产量过剩导致的滞销问题。

3. O2O 模式

O2O 模式就是线上到线下的电子商务，其将线下的商务机会与互联网结合，让互联网成为线下交易的平台。O2O 模式适用于环境保护较好、地域文化丰富的乡村地区。在该模式下人们可将旅游观光与农业生产相结合，把农业项目如水稻、花卉、养蚕等打造成观赏点，同时把这些农副产品及加工的健康产品与旅游直接挂钩，使游客在观赏的同时就能品尝到新鲜的农产品。

三、电商平台助推型模式创新策略

（一）"龙头企业＋合作社＋大户"模式

围绕"粮头食尾""农头工尾"，通过"龙头企业＋合作社＋农户"模式，栖霞区龙潭街道搭建了统一运营平台，大力发展种植业，完善线上线下流通体系，成功打造了"江苏最好吃的大米"品牌——芳草渡大米。组建芳草渡公司时，各村使用帮扶资金直接入股，持有芳草渡公司股份，获得经营收益。由各村合作社负责大米种植，芳草渡公司统一收割、储存、烘干、加工、包装、销售，通过"龙头企业＋合作社＋大户"的模式，促进企业经营、合作经营、家庭经营协同发展，进一步提高了组织化程度，激发农业农村发展的内生动力。

（二）多种融媒体营销策略

栖霞区融媒体中心着力于构筑"融媒体＋电商"创新体系，通过技术手段结合线下线上平台，进行"扶贫＋农产品＋农村产业"新模式新发展，促进信息与产业的完美融合，通过双方新媒体资源的整合运用，以图文直播、短视频、新零售等形式，"三屏一声""两微一抖"矩阵助力产业创新升级，为推进"三农"工作提供创造性解决方案。栖霞区旨在深化区域融媒体中心与区域电子商务公共服务体系的融合，推动新媒体在服务"三农"方面的广泛应用，共同打造区域电商知名品牌，助力脱贫攻坚和乡村振兴。

第三节　基层党组织引领型

一、基层党组织引领型模式概述

农村基层党组织不仅要在政治引领方面成为坚强的战斗堡垒，也应在经济发展和脱贫致富中发挥积极的推动作用。这种模式主要依靠当地强有力的基层党组织，牢固树立"党建＋扶贫"的理念，以党建为抓手，通过党支部领办农民专业合作社，开办村办加工企业，创办生产基地、精品园和示范区等方式，发挥基层党组织强有力的示范、指导、引领及辐射等作用，增强农户的市场经营意识，提升其组织化水平，提升农户抵御市场风险和自然风险的能力，从而促进当地经济发展和增收致富。

二、基层党组织引领型模式典型案例分析

在本节中，基层党组织引领型模式分析，以湖北恩施州来凤县后坝村为例。

（一）背景介绍

以湖北恩施州来凤县后坝村为例，其距县城仅 25 公里，全村面积 4.9 平方千米，人均耕地面积不足 1 亩，全村贫困户 15141 户，贫困率为 25.9%。在传统的生产经营方式下，勤耕苦作并未让当地村民过上衣食无忧的好日子。这些年在村支部书记的带领下，村两委从发展规划、产业布局等基础性工作做起，通过深入考察、调研、座谈，确定了思路明晰的扶贫致富道路，后坝村将所有农户进行了相应划分，根据每户实际情况制定了发展方向和增收措施，同时还安排本村产业能人到外地学习成功经验和先进技术。"火车跑得快，全靠车头带"，面对村民等待观望的局面，村支部书记率先创办了土鸡养殖合作社，同时又建起 100 多亩的有机蔬菜种植大棚，并从山东寿光高薪聘请技术人员专职负责温室蔬菜管培，之后又建立了藤茶种植合作社，还积极招商引资，并启动了"公司＋基地＋合作社＋农户"的分散合作模式。

（二）后坝村基层党组织引领型模式应用成果

目前，后坝村已建成了 3 家合作社，1 家藤茶加工厂，形成了千亩藤茶育苗种植、土鸡养殖孵化、温室培育等多类型产业基地。此外，还依托温室瓜果采摘，天然山林、瀑布和小溪等生态资源优势，开发了一条环村生态旅游线。在后坝村党支部的引领下，后坝村以极具前瞻性的战略眼光，凭借特色产业基础，充分挖掘农村闲置和优势资源，结合新农村建设理念，积极推动了农村一、二、三产业融合发展，取得了非常显著的经济效益和社会效益。后坝村各项产业发展顺利，藤茶、有机蔬菜、土鸡养殖等产业带动了当地农户显著增收，全村基础设施和道路交通条件明显改善，人居环境得到优化，村容村貌焕然一新。

第四节　农旅一体化带动型

一、农旅一体化带动型模式概述

（一）农旅一体化

1.农旅一体化概述

（1）农旅一体化的内涵

农旅一体化是乡村旅游和休闲农业发展的新模式，是实现产业融合的新手段。在充分尊重农业产业功能的基础上，可合理开发利用农业旅游资源和土地资源，以所开发的农业旅游休闲项目、农业配套商业项目、农业旅游地产项目等为核心功能架构，建设整体服务品质较高的农业旅游休闲聚集区。

乡村不仅拥有丰富的自然景观和生态资源，而且拥有丰富的历史文化与民俗风情。农旅一体化发展的主要任务就是根据当地最具优势的旅游资源，通过系统的规划与设计，建设具有市场竞争力的旅游目的地，带动乡村全面振兴。

（2）农旅一体化的规划设计

农旅一体化战略是一项多产业、多部门协同合作的战略，因此在实施之前需要进行统一的规划设计，规划不仅需要反映乡村旅游发展的趋势，也需要体现农村社会发展的趋势与规律。对农旅一体化的内容规划设计是规划的重要环节，具体包括：一是对农旅一体化的战略定位与发展方向的规划，二是对农旅一体化发展的进程安排与空间布局的规划，三是对农旅一体化发展的具体产品开发与推广的规划，四是对农旅一体化发展的保障体系建设的规划。

（3）农旅一体化的基本原则

第一，强化政府支持原则。乡村的建设与发展不同于城市的建设与发展，在完全市场化的条件下，城市拥有更多的资源以及发展的主动性、协调性与规范性。而在基础薄弱的农村环境下，仅仅只是依靠市场力量，放任村民自主开展农旅一体化，这过程中一定会遇到很多问题。政府必须发挥自身在农旅一体化发展中的指导作用，并且为其提供资源、解决困难，支持、引导乡村旅游朝着正确的方向发展。

第二，村民参与原则。政府指导，并不意味着政府作为发展的主体直接参与农旅一体化的具体事务。在发展的实际进程中，仍然需要发挥村民的主体作用，他们作为农村的主人，是最有意愿参与家乡的发展建设的，因此，必须鼓励当地村民积极参与农旅一体化发展，依靠人民群众，并且让人民群众分享发展得来的红利。

第三，利益公平分配原则。在农旅一体化发展中，自然面临着纷繁复杂的利益分配问题，这里不仅需要打破原有的利益格局，还需要对新增利益进行调整分配，只有合理、公平地分配发展旅游带来的收益，才能激发村民参与农旅一体化发展，才能够最大限度地激发劳动人民的创造性、开拓性等。反之，则会因为利益矛盾、纠纷丛生，从而阻碍农旅一体化事业的发展。

2. 农旅一体化的时代意义

（1）新时代的乡村振兴之路

"实施乡村振兴战略"在党的十九大报告中首次提出，它是实现中华民族伟大复兴和全面建设社会主义现代化国家的一项基础性工程。乡村振兴战略就是通过大力推动发展乡村的经济、社会、政治、文化与生态文明，让农村的整体发展水平得以提升，全面实现乡村的兴盛和繁荣。推行农旅一体化发展模式，让农村产业与旅游产业融合共同发展，利用农村的丰富资源带动农村生态旅游事业的发展，是实现乡村振兴的重要路径。

（2）新农村建设的必然要求

党的十六届五中全会对我国新时代的新农村建设提出了明确要求，指出要积极稳妥推进新农村建设，按照"生产发展、生活富裕、乡风文明、村容整洁、管理民主"的标准，对农村进行多领域、高层次、全方位的发展与建设，提高农村家庭经济收入，改善农民家庭居住环境，提升农民的文化水平与素质，最终把农村建设成经济发展、设施完备、生态宜人、文明和谐的社会主义新农村。农旅一体化发展就是充分协调、融合农村地区农业、工业以及服务产业，通过农村产业推动、生态园区的兴建以及乡村旅游的规划等一体化建设发展，助推新农村建设。

（3）新旅游发展的优势路径

旅游业在促进当地经济发展、改善地方人文环境、提高当地居民经济收入水平等多个方面，发挥着重要作用，它能够提高人民的生活水平，是促进国民经济发展的重要产业。以旅游业为优势产业，统一规划布局、推进产业融合、实施系统营销，有利于不断提高旅游业的服务质量、生态和谐程度，满足我国公民对于旅游日益增长的需求。农旅一体化是乡村旅游和休闲农业发展的新模式，将现代化旅游业与农村产业发展相结合，形成多种乡村环境下的旅游新形态，包括自然观光、乡村生活体验、休闲度假、民俗民风考察等，成了现代旅游业发展的优势路径，具有极大的行业发展潜力与前景。

（二）农旅一体化带动型模式

农旅一体化带动型模式是在充分依托当地交通区位优势、产业基础优势和旅游资源优势的基础上，按照农旅一体化的战略布局，以特色优势农业为主体，通过农旅一体化进行产业链条延伸，充分挖掘"农业乡村旅游"的休闲观光功能，借助品牌营销和乡村生态旅游的发展机遇，赋予传统特色农业新功能，实现农业与旅游业的深度融合。

二、农旅一体化带动型模式典型案例分析

实施乡村振兴战略，是全面建设社会主义现代化国家的重大历史任务，是新时代"三农"工作的总抓手。在此背景下，本节以南岳区为例，深入探索经济结构优化方式、农旅一体化迅速发展的原因，以及乡村旅游产业不断提质升级的奥秘。

（一）背景介绍

南岳区隶属于湖南省衡阳市，位于湖南省中部偏东南，地处湘江之西北的湘中丘陵山区，衡阳市区之北侧，以南岳古镇为中心，北、东、南三面被衡山县环绕，总面积181.5平方千米。至2021年，南岳区辖1镇1乡1街道（即寿岳乡、南岳镇、祝融街道办事处），共18个建制村，296个村民组，7个社区居委会，101个居民小组，全区常住人口8万余人。

（二）农旅一体化带动发展现状

南岳区依托境内的南岳衡山大力发展旅游产业。2019年，南岳区获批国家全域旅游示范区，先后荣获"国家级旅游业改革创新先行区""全国社会治安综合治理先进集体""中国旅游影响力年度文化景区"等称号。2020年南岳区年接待游客突破1300万人次，旅游总收入突破110亿元。

1. 发展优势

南岳区始终以"绿水青山就是金山银山"为发展理念，积极落实国家政策，不断加快区域内农旅一体化发展步伐，促进乡村旅游产业提质升级。在推进农业科技成果产业化方面，南岳区注重扶持农业企业发展，优先对茶业、雷笋等重点产业和项目进行资金投入。例如，云雾茶业研发的"祝融红"及"云尖绿茶"产品荣获第十一届湖南茶业博览会"茶祖神农杯"名优茶评比金奖。南岳区深入实施乡村振兴战略，目前已完成红星村等5个村"多规合一"村庄规划编制。南岳区发展新型农业合作社，因地制宜发展现代农业，大力发展主导产业，协同发展种植业，建成由十里茶乡观光运动休闲区、古镇祈福文化体验区等组成的"全域旅游经济走廊"，推出创客空间、房车营地、非遗展演等旅游新业态。红星村依托优良的自然资源，充分挖掘农耕、山水、人居文化，因地制宜发展乡村特色旅游，成功举办了"相约花海，体验农趣"主题活动、大型户外亲子烧烤等彰显地域特色的乡村旅游活动，吸引了大量的游客前来观光，为游客提供回归田园生活的乡村特色游。

2. 发展不足

虽然南岳区农旅一体化发展取得了长足进步，但是也存在不足之处，主要表现为个体经营户一般投入资金有限，经营水平不高。南岳区乡村旅游个体经营模式主要有两种：一种是作为南岳衡山景区的旅游接待补充，依托自己的剩余劳动力，以及住房、庭院所经营的餐饮式农家乐，游客一般停留时间不长，营收有限；另一种是利用南岳衡山海拔500～700米一带的景观，夏季凉爽如秋的宜人山地气候条件，并利用自家庭院所经营的农家休闲度假山庄。如南岳镇的南山村和岳林乡杉湾村，每当盛夏季节就有数十家农户忙于接待游客。但中亚热带山地景区的旅游因季节性太强，每年经营的旺季仅2个月左右，所实现的旅游收入现阶段也有限。

（三）农旅一体化带动型模式发展建议

1. 重视战略规划，筑牢生态屏障

首先，继续加强生态资源保护。南岳区应完成生态保护红线、永久基本农田、城镇开发边界三条控制线的划定任务，开展林业保护规划工作；深入实施村民建房"带图审批、按图监管、照图验收"制度，持续推进自然保护地村民生态

搬迁，推动生态功能区人口逐步有序转移；全面提升森林防灭火能力，推行"林长制"，持续抓好森林景观优化、森林病虫害防治、珍稀濒危野生动植物保护工作；大力实施古树名木保护工程，加大"衡山松"的保护力度，建设省级生态廊道，完成生态观测站建设；全力打造林业科普教育基地，焕发南岳植物科研的历史荣光。

其次，持续推动绿色低碳发展。南岳区坚持生态惠民，完善生态补偿制度，改变风景资源保护补偿费发放方式，形成全民参与的大生态环境保护格局；大力发展绿色农业，推动农作物秸秆、畜禽粪污、农药包装废弃物综合利用，创建畜禽养殖标准化示范基地，完善农产品质量安全追溯体系；做好管水用水文章，加强节水型装置在各领域的推广使用，巩固节水型社会创建成果；大力倡导文明健康、绿色环保的生活方式，推进清洁能源项目建设，让蓝天白云、绿水青山成为新的竞争力。

2. 建设美丽乡村，全面推进乡村振兴

（1）加强美丽乡村建设

南岳区可按照"一村一貌、一村一景"的理念，推进农旅一体化，将后山片区乡村打造成记得住乡愁的美丽家园，将前山片区乡村打造成市民休闲花园；加快乡村建设，大力开展农村集体经济"三年行动计划"，加强农村土地流转的规范管理和服务引导，加大对"三农"领域的资金支持力度；依托国家级田园综合体打造休闲农业发展示范点；启动农村人居环境整治"五年行动"计划，实施绿化、美化、亮化、净化、序化"五化"工程，统筹推进农村污水集中治理配套设施建设，打造污水处理样板点；积极探索乡村治理新模式，大力推进乡风文明建设，坚持"能人治理、精英带动"，健全人才返乡留乡激励保障机制，建设乡村振兴人才队伍。

（2）大力发展现代农业

南岳区应坚持以旅兴农，大力发展高效、集约、有机农业，培育壮大茶叶、菊花、腐乳、红薯等特色农产品加工龙头企业；坚持品牌强农，实施"山上种茶、山下植苗""一村一品、一村一特"工程，积极推进茶场改革，高质量建设省级优质农产品（茶叶）供应基地，打造以"十里茶乡"为主体的茶旅融合示范基地，做大做强南岳云雾茶区域公用品牌；实施"优粮、优菜"工程，积极培育扶持专业大户、农民合作社、家庭农场等新型农业经营主体，建设荆田、双田、水濂、红星连片优质粮食、蔬菜基地和农业休闲观光基地；落实最严格的耕地保护制度，推进高标准农田建设，实施小型农田水利工程，杜绝连片抛荒现象，加快粮食和物资储备中心建设，坚决遏制耕地"非农化"、防止"非粮化"，做到应种尽种，全力保障粮食安全。

3. 完善基础设施，优化旅游环境

南岳区应加强城景区一体化建设，形成交通环线，实现城景区交通无缝对接，全面提升旅游承载力；加快周边旅游配套设施提质改造，优化中心景区交通组织及旅游线路，实现旅游步道全线贯通、人车分流，不断提高旅游舒适度；按照国际化标准，提质升级景区标识标牌；增加日韩文字对照，逐步提升国际旅游接待水平。同时打造主题突出、特色鲜明、传播广泛、社会认可度高的旅游品牌形象，针对自驾游、避暑养生、研学旅游、红色旅游等市场，开展专项营销、精准营销，巩固传统香客市场，拓展新兴旅游市场。

4. 推动旅游业态多元化、旅游市场营销化

（1）完善旅游产品体系

南岳区应围绕传统旅游六要素，加大旅游产品开发力度，着力打造"忘不掉的南岳、离不开的南岳、提得走的南岳"旅游产品体系；做好万寿广场灯光秀、古镇戏台非遗戏曲、"望岳"非遗音乐会的常态化演出；支持区内星级酒店设立旅游产品展示区，推出南岳旅游产品礼包；以天子山火文化园、国家级田园综合体、庙东商业步行街等为载体，着力培育和扶持一批精品露营基地、主题民宿、休闲街区、美食街区，引进知名餐饮品牌，着力扶持一批小酒吧、小书吧、小清吧、小茶吧、小讲堂、小非遗吧，不断培育壮大南岳的"夜经济"，形成全天候的旅游消费格局。

（2）推进旅游营销机制改革

南岳区应推进旅游营销机制改革，积极引导战略投资商和专业运营商等社会力量参与旅游营销，构建政府与企业经费共担、市场共拓、形象共塑、利益共享的旅游营销工作机制；打造提升传统节庆、现代节事、体育赛事品牌，全力办好国际文化旅游节及系列文旅活动，举办"我在寿岳有棵树"、星空节等特色旅游活动；细分旅游市场，针对自驾游、康养游、研学游、红色游等旅游新趋势，进行专项营销、精准营销。

5. 坚持以旅兴农，推进茶旅融合

南岳区应以云雾茶业、怡绿茶业等农产品为依托，以各类现代农业示范基地为龙头，针对茶叶、雷笋、林木花卉、生猪、水产品、果蔬等优势特色产业发

展需求，整合农业科技创新资源，重点在良种培育、丰产栽培、生态养殖、精深加工等领域进行关键共性技术联合攻关，加快科技成果转化，提升农业现代化水平；大力发展高效、集约、有机农业，培育壮大茶叶、菊花、腐乳、红薯等特色农产品加工龙头企业。

第五节　纵向一体化延伸型

一、纵向一体化延伸型模式概述

纵向一体化延伸型模式实际上是以农业产业化龙头企业为主体，向上、下游产业环节进行延伸，通过对生产经营、农产品加工、贸易流通等环节的深度整合实现贸工农一体化、产加销一条龙。这种模式是农村一、二、三产业融合最有效、最紧密的形式，对于带动农业发展和农民增收致富的效果也最明显，但对于承担主体作用的企业的管理能力、技术、资金、风险观念和市场意识要求相对较高。

二、纵向一体化延伸型模式典型案例分析

（一）背景介绍

位于湖南省花垣县的湖南德农牧业集团有限公司成立于 2011 年，是以湘西黄牛保种选育、繁殖、清真加工、出口贸易等业务为主的省级农业产业化龙头企业，是国家级黄牛养殖示范基地、原种场、资源场。公司建有天然牧场基地、繁育中心、智能化工厂与深加工中心、冷链物流中心、青饲料与有机肥加工厂、交易中心、生态旅游休闲中心等，形成了完善的产业链条，且已建成电子商务平台进行产品线上销售，国内辐射至北京、上海、山东、香港等地区，还远销俄罗斯、中东、东南亚等海外市场。

（二）德农牧业纵向一体化延伸型模式应用成果

德农牧业结合当地实际，采用家庭农场委托养殖、村级合作社入股发展种养殖产业和培训就业三种模式进行精准扶贫，已帮助当地大多数贫困农户脱贫致富。有能力的农户可进行家庭农场委托养殖，例如，每个家庭农场可以领养 30

头母牛，公司每年支付 4000 元 / 头的费用，签订协议，再以 2000 元 / 头价格回购出生 8 个月后的新生牛，农户可以得到 12 万～ 16 万元 / 年的收益。贫困村可建立养牛合作社，农户可以荒山草坡、土地流转等入股方式参与，农户、村集体和公司各占比例为 7 ：1 ：2，并由公司进行村级特色产业规划，既要保障产业发展，又要维护生态环境，促进人与自然和谐发展。公司还免费提供养殖培训服务，并对返乡就业人员和大学毕业生提供就业岗位。

德农牧业作为武陵山片区的农业龙头企业，坚持采用"以大带小、以强带弱、以富扶贫"的形式，依托湘西黄牛"养—销—加—扶"完整的价值链条，实现了龙头企业、家庭农场、基地、农户等多主体利益分享。德农牧业极大地推动了当地畜牧业、肉食加工业和休闲娱乐业的深度融合，加快了贫困地区农村精准脱贫的进程。

第六章 国外农村产业振兴现状与经验

本章分为日本农村产业振兴概况、韩国农村产业振兴概况、美国农村产业振兴概况、德国农村产业振兴概况、荷兰农村产业振兴概况五部分。主要包括日本、韩国、美国、德国及荷兰农村产业振兴经验等内容。

第一节 日本农村产业振兴概况

一、日本农村产业发展现状

第二次世界大战后，日本加快推进工业化和城镇化进程，导致城乡发展差距逐渐加大，乡村人口减少、产业萎缩等问题日益严峻。为了促进城乡均衡发展，日本以挖掘本地资源、尊重地方特色为发展理念，因地制宜地利用乡村资源来发展和推动农村建设，最终实现了乡村的可持续性繁荣。

（一）实施"一村一品"农业特色发展模式

日本的农业经营体系也是以小规模农业种植为主。"一村一品"就是指根据一定的区域布局、生产条件和规模经营的要求，因地制宜地发展独具特色的主导农业产品和产业，形成具有区域品牌优势的产业集群。

一是依靠特色资源发展本地优势产业。日本政府根据本国的地形特点、自然条件状况，培育了独具特色的水产品产业基地、香菇产业基地、水果产业基地、牛产业基地等，这些基地的产品很好地迎合了日本消费者的需求，不少产品很快占领了市场，如大分县的柑橘"山魁"、旧大山町的"梅子蜜"等。

二是实行一次性深加工的策略提升农产品的附加值。如日本的甜柿非常有名，在于其对品种进行了改良，使柿子的口感非常好，同时保鲜期也较长。在日本静冈县、岐阜县等地，以柿子为主要原料或辅助材料开发的深加工产品以及衍生产品非常多，如风味柿果糕点、饮品、美容护肤产品、日用品等。

（二）依托"六次产业化"促进产业融合发展

2010 年日本农林水产省出台了《六次产业化·地产地消法》，旨在鼓励农业生产向第二、第三产业延伸，促进产业融合发展。

一是将"地产地消"作为推进产业融合的基本方略。"地产地消"鼓励本地农产品本地消费，当本地农产品不能满足本地消费时再通过进口或者其他方式引入外地的农产品。"地产地消"有效地削减了物流等成本，培育了本地农产品品牌，为消费者提供了放心新鲜的农产品，也增加了本地就业。

二是强化本地土特产品的开发、生产和加工。"地产地消"的主要方式是开设农产品直销店。由于本地产品原料、生产和受众相对稳定，通常产量不大，企业会提前按照订单进行生产，再通过直销店、会员制邮购等方式进行销售，这种土特产品的价格也往往高于进口品。

三是充分发挥日本综合农协的作用。日本农协由中央农协联合会和地方都道府县农协联合会两层机构组成，农协积极帮助地区在农产品的生产、加工、流通和销售环节建立产业链条，促进产品的顺利交易。

（三）重视乡村振兴的人才培养

日本高度重视乡村人才的培养和培育，因而为乡村发展提供了源源不断的人才支撑。

一是支持各种力量参与农村人才教育。日本通过利用全国各类的农业学校，有组织有计划地开设多种类型的培训班，针对不同的农业技术、商业开发等需求进行技能培训，不断拓宽农民的职业发展方向，实现农业农村人才知识技能的不断更新。

二是实施农村人才"领头羊"政策。日本充分意识到乡村顶尖人才对农业农村发展产生的巨大带动作用，因此，不断加大对经营管理人才和科学技术人才的政策支持力度。各级政府都会定期举办各种研讨会、交流会等，促进高素质人才的交流与合作。

三是有效利用和充分发挥女性的力量。政府启动了"女子农业开发项目""女性农业经营者培养事业"等，实现了对女性人力资源的合理开发利用。

（四）强化法律保障与财政支持

为了更加有效地促进乡村发展，日本政府构建了多样化的财政支持政策和广覆盖的、完备的法律法规体系。

一是出台了一系列形式多样的财政补贴政策。日本政府对农业的补贴力度非常大且形式多样，是公认的补贴型农业。如农产品加工流通销售补贴、针对贫困山区的直接补贴政策、针对环境友好型农业发展专门执行的现金补贴、土地整理费用和流转促进补贴等。

二是出台了完备的法律法规保障农业农村的全面发展。为深入推进土地制度改革，日本政府先后制定和修订了60余部农业土地利用的相关法律法规。通过《山村振兴法》、"粮食·农业·农村基本计划"、《六次产业化·地产地消法》等一系列统领性政策以及各项细化政策的出台，确保了各项政策落地实施，如表6-1所示。

表 6-1　日本农业主要的补贴政策

类型	典型项目	补贴内容
农地流转和农业就业有关的补贴	扩大农业经营规模的集中连片合作补贴	扩大规模补贴是每0.1公顷10万日元，对提供租赁土地的农户0.5公顷以下补贴30万日元，0.5公顷至2公顷之间补贴50万日元
收入补贴	稳定土地利用型农业经营收入措施	经营面积在一定公顷或者销售额达到一定数额的农户或农业经营组织，补贴方式由面积直补和产量直补两部分组成
市场价格补贴	奶农补贴	对其饲料作物面积按照每公顷1.5万日元进行补贴，对收购原料奶进行牛奶加工则按照每公斤1280日元进行补贴
直接补贴	中山间等地区直接支付制度	对经营面积超过1公顷，且与当地村落签订5年以上农地承租合同的规模经营者提供直接补贴，补贴金额最多每公顷2.1万日元，承租农地的坡度超过10%以及承租面积跨越两个以上村落时，还可以分别再获得补贴
贷款补贴	农林渔业金融公库	为农林渔业经营主体新修、改造农业农村基础设施、购买机器设备等提供中长期高额贷款。贷款期限平均为12.2年，最长达25年，贷款金额可高达项目总额的80%
食物安全补贴	环境保全型农业支付制度	对减少使用化肥农药的农户优先提供国家扶持资金和中长期低息贷款，对减少50%以上化肥农药使用量的农协及农户给予现金补贴

二、日本农村产业振兴经验

(一) 强化政府政策支持及规划管理

日本制定了相应的项目或计划，从战略高度上引导农村产业融合发展，投入大量的财政资金，以财政优惠、补贴、低息或免息贷款的形式刺激各经营主体大力发展。一方面，中央政府制定相应的法律法规以及各项政策来保障农村产业融合的开展；另一方面，地方政策根据各地实际情况来制定其发展规划，引导各经营主体自主性发展。

我国连续几年发布的中央一号文件都强调了发展农村一、二、三产业，融合发展是解决"三农"问题、推进农业供给侧结构性改革的有效途径和重要举措。各地政府应切实落实中央政策，因地制宜制定出适合当地地理环境、资源禀赋、生产结构等实际情况的发展规划。

(二) 强调农户的经营主体地位

日本要求工商资本的占比不得超过49%，保障农户利益，让农户得以分享农业产业链延伸的红利，提高农民收入水平，缩小城乡收入差距。

在我国，要带动农民真正参与农村一、二、三产业融合发展，让农民真正分享到产业融合发展带来的利益，就要完善利益联结机制，完善订单农业，推广股份制和股份合作制，探索新型利益联结机制，鼓励工商资本进入，利用其资本、技术、经营管理理念的优势带动农业生产者参与农村产业融合发展，但也要防止工商资本将农民推向利益分配的边缘。

(三) 形成较为完善的行业自律体系

日本详细制定了农产品质量、服务质量的标准，引导其规范化发展。行业自律在我国属于发展薄弱的环节，政府要促进行业交流平台的搭建，使其发挥交流纽带的作用，详细制定旅馆、餐饮、娱乐等的行业标准以及评价体系，为农户提供相关法律、政策的咨询服务。

第二节 韩国农村产业振兴概况

一、韩国农村产业发展现状

韩国农村的转型发展在很大程度上归功于20世纪70年代初兴起的新村运动。在新村运动推行的十余年间，韩国政府通过农民精神启发、大力开展基础设施建设、增加农业技术支持和补贴、调整农业产业结构等方式，促进了农业农村经济的发展和整体面貌的改善。韩国新村运动的实施路径及其经验对于我国具有较强的借鉴作用。

（一）倡导农民精神及生活状态的改善

新村运动是在当时农民生活困苦、居住环境简陋、收入微薄、精神萎靡的背景下兴起的。对农民精神的激发和重塑生活的希望是当时该运动发起的重要起因。具体措施包括以下几方面。

一是大力实施国民精神启蒙教育。韩国政府在各地兴建了村民会馆，用来组织开展精神文化活动、实施普及教育活动、举办农业技术培训班和交流会等，激发农民参与农村建设的积极性。

二是向农民无偿提供各种建筑物资。为了缩小城乡差距，韩国政府针对农村基础设施破旧的现状，大力改善基础设施条件，为农村建设免费提供水泥、钢筋等建筑材料，积极兴建公共道路、地下水管道、排污系统、河道桥梁、电网通信等，极大地改善了农村的生活和生产条件。

（二）调整产业结构发展非农产业

在新村运动初期，韩国政府就非常重视农村多元化产业结构的发展。

一是鼓励农业产业由单一种植向多元综合农业发展。鼓励不只单纯地种植谷物、豆类等粮食作物，而且增种经济类作物，同时发展畜牧产业、果蔬花卉等，建设专业化农产品生产基地，提升农民的经济收入。

二是鼓励农业产业由单一的农业生产向加工、销售等第二、第三产业领域不断延伸。实施"新村工厂"计划，将原来小作坊式的农产品加工转换为具有品牌经营意识的集生产、加工、销售等为一体的综合经营。实施"农户副业企业"计划以及"农村工业园区"计划等，促使农工商企业联合起来共同开发农业产品，优化农业产业结构。新村运动的实施改变了韩国落后的农业国面貌，重新唤醒了乡村的活力，实现了农业现代化的目标。

（三）强化农业扶持和技术创新政策

创新是农业可持续发展的动力源泉。韩国政府高度重视技术创新在农业生产中的重要作用。新村运动开展后，韩国在全国大范围推广水稻高产新品种。此后，通过科学育苗育种，先后研发出西海稻、花珍稻等新品种。韩国政府规定水稻种子每四年更新一次，由专门的种子供给所负责繁育、生产和普及。

此外，有利的财政补贴和扶持政策也为农业生产保驾护航。主要的支持政策包括：针对大米生产的稻田直接收入支持机制、针对蔬菜价格的农渔产品价格稳定基金、针对减少化肥和农药使用导致作物减产带来收入损失的"环境友好型"农业补贴等。这些措施对稳定韩国农业生产、提高农民收入起到了积极作用。

二、韩国农村产业振兴经验

韩国农村产业融合发展的成功经验对我国有良好的指导作用和借鉴意义。

（一）完善农村产业融合发展法律法规体系

要加快完善农村产业融合发展法律法规体系，为农村产业融合发展以及新型农业经营主体提供法律保障。在韩国，农村产业融合发展的各项重大举措、规划措施、支持政策均有相应的法律法规做保障。《农村融复合产业培育与发展支持法》《农业、农村及食品产业基本法》《农民等非农业收入支持法》《农渔业经营主体培育及支持法》等为韩国农村产业融合发展提供了充足的法律保障。

另外，韩国地方政府针对特定地区农业发展资源环境和基础条件，因地制宜地出台并实施了一系列推动农村产业融合发展的地方条例，如《农村融复合产业培育及支持条例》《激活城乡间交流支持条例》《土特产品发展及支持，农产品直接交易活性化相关条例》等。农村产业融合发展相关法律与地方条例共同构建起较为完善的韩国农村产业融合发展法律法规体系。

从2015年开始，中共中央国务院每年发布的中央一号文件均涉及推进农村产业融合发展，激发农业多功能性，培育农业新业态，将农村产业融合发展作为推进农业供给侧结构性改革的有效途径。

各地方政府也根据本地资源禀赋、生产结构、地理环境相继出台农村产业融合发展指导意见和发展规划。但我国还缺少与农村产业融合发展相配套的专项法律和地方法规，农村产业融合发展新型经营主体的合法权益缺乏明确的法律保障。我国应当加快构建农村产业融合发展法律法规体系，切实保障新型经营主体以及农户的合法权益，保证农村产业融合的有序、快速发展。

（二）坚持市场主导、政府引导

在推进农村产业融合发展的过程中，韩国坚持市场主导与政府引导相结合的发展模式。我国也应当解决传统经济社会发展政府主导、市场缺位的问题。在农村产业融合发展过程中应坚持以市场为导向，遵循消费者需求结构和消费市场变动规律，培育并发展农业新业态、生产特色农产品、研发并推广农业生产技术，满足不同层次消费者的需求。在坚持市场主导的同时，还要积极发挥政府的作用，充分发挥政府在财政、规划、政策等方面的优势，从财政补贴、税收减免、人才引进、业态培育、技术研发等方面，推出有针对性的产业融合发展支持政策、减税补贴政策、农业人才培养政策、农业技术研发支持政策等，借助政策扶持，加速聚集并整合农村地区的资源要素、产业资本、先进技术，充分挖掘农业的多种功能，积极培育农业新业态，推动农村产业融合发展。

第三节　美国农村产业振兴概况

一、美国农村产业发展现状

美国是全球农业大国，也是世界上城市化水平最高的国家。20世纪60年代，高度城镇化带来的一系列城市问题更加突出，促使美国政府反思，并采取了一系列针对城镇建设、农业发展的多元融合的政策来推动城乡一体化，进而带动农业、农村的发展。

（一）建设宜居宜业的小城镇

美国政府充分意识到大中小城镇的均衡发展是城乡一体发展的关键。在城镇化进程中，通过整体统筹区域资源、生态环境、重大项目布局，着力打造"大都市—中心城市—小城市—中心城镇"四级城镇体系，充分发挥中心城镇对广大农村地区的辐射带动作用。

一是推行"示范城市"试验计划。20 世纪 60 年代实施的该项计划旨在通过对大城市的人口分流来推进中小城镇的发展。在小城镇的建设上，将个性化特征和公共服务功能结合起来，强调生活宜居和休闲旅游等多重目标的合一，促进城乡均衡发展。

二是加大对农村社区基础设施建设投资。为保证农村社区能够持久繁荣发展，美国公用事业服务部门不断加大对公路建设的投资力度，同时为农村地区提供水、电、气、信息等关键基础设施的投资。

三是优先支持贫困地区农村社区。相继出台了"奋斗力量倡议"项目、融资贷款项目等，支持农村地区经济发展。

（二）重视农业科技的研究和推广

科技创新是核心的生产力。美国政府一直高度重视农业的科技研发和技术推广。

一是高度重视农业教学和科学研究。《莫里尔法案》出台后，明确规定出让土地的费用必须用来设立从事农业和机械教育的赠地学院，康奈尔大学、加利福尼亚大学等均是由此发展而来。这些学院在农业科技成果的研发和技术人才的培养上发挥了重要作用。同时，美国还拥有农业研究局、孟山都、杜邦先锋、陶氏益农等诸多政府、企业及非营利性研究机构。

二是注重产学研用的转化利用，搭建了有效的农科推广体系。1862 年通过的《莫里尔法案》，明确规定赠地学院主要负责农业科技的基础研究，政府层面的国家粮食和农业研究所以及各州的农业试验站负责研究成果的具体推广工作。通过政府与公司研究机构间的联合研发、专利授权或转让等方式，有效地降低了研发成本，加速了科研成果的转化进程。

（三）搭建农工商一体化产业链条

美国的农业生产是在高度专业化的基础上建立起来的以生产为中心，加工、销售、经营全链条一体化的生产经营体系。美国把合作组织作为农村经济发展的关键组成部分，合作社是农户和市场沟通的重要渠道。

一是促进农业产业链纵向横向融合。农业合作社通过提供销售和加工服务、供应服务、信贷服务等，搭建了完整的产业链条，降低了生产成本。同时，农业合作社、农业综合企业等机构的联合也加速了第一、第二、第三产业之间的融合，生物农业、数字农业、旅游农业也迅速兴起。

二是依托服务组织实施农业政策。农业合作组织能以较低的成本向农民提供农业产业项目，提高发展滞后社区获得项目的机会。如在初期农牧场主发展项目中，优先支持由社区合作组织为农牧场主提供培训、教育、推广和技术援助服务。

（四）构建多元融合的政策体系

长期以来，美国农业的发展在很大程度上得益于完备的农业发展法律法规和政策支持体系。当前，美国的农业农村政策关注点已由单纯的农业产业向农村居住社区、农村综合经济等更加多元融合的问题转变。

一是更加注重提高农业和农产品的市场竞争力。美国取消了传统的价格和直接补贴政策，通过价格损失补贴、农业风险补偿等创新形式，应对因市场风险而受到的损失。

二是大幅提高农业保险保障水平。美国建立了覆盖面广、赔付率高的农业保险制度，为农业生产保驾护航。

三是充分重视中小农场和农村小企业的发展。美国农业部实施的中小学校食品营养餐计划，优先向中小生产者采购农产品。同时对创业期农牧场主给予贷款支持，帮助他们获取土地和资本、开展生产经营。

四是实施环境保护与农业支持相结合的政策。通过成立区域气候中心，为农牧民提供应对气候变化的即时信息、预测评估、应对预案、改善措施等，帮助生产者积极预防水土流失及自然灾害。

二、美国农村产业振兴经验

（一）健全乡村产业振兴的法律法规体系

美国农村产业发展经验表明，健全和完善的法律法规体系是美国农村产业发展的重要保障。我国可以借鉴美国农业法案的立法方式和原则进行查漏补缺，并从全局性的角度做好乡村产业振兴的顶层设计，完善乡村产业振兴的法律体系，将脱贫攻坚、精准扶贫等战略实施中的局部性、经验性的成功做法固化下来，进行全面推广。各地政府要抓住《中华人民共和国乡村振兴促进法》颁布实施的有利时机，做好法律宣传，抓紧制定配套政策法规，增强法律的引导性和约束力；要深入推进行政执法改革向农村基层延伸，增强基层干部和农民群众的法律意识，把我国的制度优势延伸到农村，以适应农业农村产业发展的长远需要。

（二）提高农民的主体地位

乡村振兴战略的实践主体是农民，要充分发挥农民群众在乡村振兴战略以及农业农村现代化推进过程中的作用。切实关注农民群众的需求，通过各项惠农富农政策满足农民的利益诉求，利用强化补贴、保险等手段保证农民的最低收入。重视和改善农民的社会地位，加强农民职业教育，增加精神文化产品供给，满足农民的精神文化需求，提升农民对创造美好生活的积极性，激发农民的主体意识，让农民更广泛、更深入地参与到发展农村生产力的伟大实践中来。

（三）培育新型农业经营主体

根据国情、农情，以小农经济为主的中国农业并不适合美国农场主的规模化模式。但是这并不意味着反对规模化，我国可以探索适合国情的规模化模式，主要是培育多元化的家庭农场、专业大户、农民专业合作社以及农业产业化龙头企业等新型农业经营主体，发展具有较高水平的机械化、电气化以及一定深度的化学化、生物化的适度规模经营，提高农业劳动生产率。新型经营主体重视科技创新，通过开展产学研合作，引进自动化、专业化程度更高的机械装备等，可以节约人力成本，能够在国际市场上争取比较成本优势，是推进农业现代化的重要力量，应加强引导，加大扶持力度。

（四）科学开展农村规划与建设

借鉴美国对农村规划的经验，应支持各地根据实际情况确立乡村振兴规划，并增强其引导性和约束力。重视农村建设与特色小城镇建设相结合，保护好青山绿水的自然生态环境以及具有历史意义或乡土特色的人文环境，奠定农业农村可持续发展的基础，鼓励农户在自然生态资源保护工作中承担一定的责任，同时加强政府层面的政策引导和公共宣传，使农村成为产业兴旺的承接地和生态环境保护的受益者，实现农业高质高效、农村宜居宜业、农民富裕富足。

第四节　德国农村产业振兴概况

一、德国农村产业发展现状

城市化进程中如何应对乡村发展危机、促进农村繁荣发展，是大多数国家曾经或将要面对的一道难题。德国城市化起步较早，在其城市化的不同发展阶段，乡村地区面临的问题和挑战有较大差异，所采取的应对措施也在不断调整完善。德国应对乡村发展危机的做法，可以为我国找准切入点、有效促进乡村振兴提供启示。

（一）以产业"逆城市化"增加乡村就业机会

第二次世界大战结束后，大规模重建使德国的城市成为经济和生活的中心，加之农业机械化使大量劳动力从农业中解放出来，乡村人口大量减少，缺乏生机和活力。针对这种情况，1954年和1955年原联邦德国先后颁布《土地整治法》和《农业法》，推动小规模农户退出后的土地流转集中、发展农业规模经营，推动完善乡村基础设施、提高乡村生活水平。通过完善产业基础设施和功能区布局规划，强化小城市和小镇的产业配套与服务功能，增强其对大企业的吸引力，让在小城市和小镇工作、回乡村居住成为理想的工作生活方式，形成了产业和人口的"逆城市化"发展趋势。德国排名前100名的大企业只有三个将总部设在首都柏林，很多大企业的总部设在小镇上，如贝塔斯曼集团、大众、奥迪、欧宝的总部分别在居特斯洛、沃尔夫斯堡、因戈尔施塔特和吕瑟尔斯海姆小镇上。这在很大程度上带动了乡村的现代化，促进了城乡的均衡协调发展。

（二）以欧盟"引领项目"促进乡村地区综合发展

欧盟促进乡村地区综合发展最主要的项目是农村地区发展联合行动项目（LEADER，源于法语 Liaison Entre Actions de Développement Rural）。该项目创立于1991年，最初是一个区域性农村发展的实验项目，采取"自下而上"的方法让当地群众参与农村地区发展的决策和管理，2007年被纳入欧盟农业政策的重要组成部分，经过不断发展在各地成立了地方性行动小组，联合广泛的利益相关者共同推进农村社会发展。

经历了工业化驱动的"逆城市化"阶段后，德国乡村人口结构已由传统的农业人口为主转变为非农业人口为主。要把这些人留在乡村，除了就业外还需要增强乡村绿色生态环境和特色风貌对他们的吸引力。因此，1969 年原联邦德国颁布《"改善农业结构和海岸保护"共同任务法》，通过补贴、贷款、担保等方式支持乡村基础设施建设，保护乡村景观和自然环境。1976 年，对《土地整治法》进行修订，突出保护和塑造乡村特色。1977 年，由国家土地整治管理局正式启动实施以"农业－结构更新"为重点的村庄更新计划，主要内容是在保留原有特色基础上整修房屋和强化基础设施，使乡村更加美丽宜居。

（三）以生物质资源利用促进产业融合

德国将可持续发展作为国家战略予以持续推进，支撑可持续发展战略的一个重要方面是生物质资源的利用。德国联邦食品与农业部和联邦环境、自然保护与核安全部于 2009 年联合发布的《国家生物质能行动计划》和德国联邦食品与农业部于 2013 年发布的《国家生物经济政策战略》，均将生物能源、生物原料开发利用以及生物废弃物利用作为创造乡村就业机会、提高农业增加值和保护乡村生态环境的重要手段。

一方面，生物质资源的利用扩大了农场收入来源，解决了农业废弃物污染问题。德国对生物发电厂给予装机设备和上网电价补贴支持，约定了 2020 年对每组发电机的一半产能以 0.19 欧元 / 度并网收购，而正常并网发电价格是 0.04 欧元 / 度。根据德国新修订的《可再生能源法》，生物质能源纳入了竞标系统，这有助于生物能源运营商获得更大配额的上网电价补贴支持。2021 年，德国政府要求未来三年，生物质能发电的装机容量每年平均要增加 150 兆瓦，之后的三年平均每年要增加 200 兆瓦。生物能源产能的扩大将给未来乡村地区增加一项新创收产业。生物质发电的补贴政策，本质上是以城补乡、以工补农。生物能源的主要原料是作物秸秆、牲畜粪便等，不仅解决了农业废弃物的清洁化处理问题，而且还减少了温室气体的排放，成为优化乡村环境和保持自然生态的一个重要环节。

另一方面，生物质资源的利用促进了农业产业链的整合和城乡融合。分布在乡村地区的生物发电厂基本都是农场入股成立的，具有紧密的利益联结关系。因为能够从发电厂获得分红，农场主都积极将作物秸秆运送到发电厂，同时产生的沼液又由农场主免费拉回去作为生物有机肥，促进了生态农业的规模化推广。在农业加工产业链上，种植者与企业也以股权为纽带紧密相连，形成互促互利的良性发展模式。例如，下萨克森州的甜菜种植农场组成甜菜种植者协会，入股参与两个糖料加工厂，派出代表监督糖厂的甜菜收购、扣杂、付款和利润分配，糖厂与种植农户签订订单进行配额生产，形成稳定的供销关系。2017年，德国甜菜种植补贴取消后，尽管甜菜生产者的种植收益受到较大影响，但因为能够分享下游糖加工技术进步带来的糖产业收益的增加，并没有影响甜菜生产者的种植积极性。此外，以农场为主投资经营的生物发电厂，还可以自主投资建设输热输气管网，通过沼气供气、供暖、供应热水等不同能源形态满足周边社区居民的用能需求，以获得更大的生物能源收入。周边社区则可以不依赖于市政能源供应而获得更廉价、生态的能源。

（四）以创新发展推动乡村再振兴

通过实施村庄更新项目，德国大部分乡村形成了特色风貌和生态宜人的生活环境，乡村成为美丽的代名词。但由于乡村人口老龄化和人口数量的减少，使得基本生活服务因缺乏市场规模而供应不足，生活便利性下降又导致人口进一步从乡村流出。特别是医疗服务的不充分使越来越多的老年人卖掉乡村住房到城市居住，现代生活服务设施和就业机会的不足使年轻人越来越难以留在乡村。面对保持乡村活力的新问题，德国又出现乡村"再振兴"的需求。

2014年10月29日，德国联邦食品与农业部提出了新的农村发展计划，其目标是支持农村创新发展，让农村成为有吸引力、生活宜居、充满活力的地区。该项目包括四大板块：一是未来导向的创新战略样本和示范项目，资助农村发展的利益相关者针对特定问题提出创新解决方案，并基于这些创新方案对未来农村发展提出政策建议，关注的主题包括保障基本服务、改善内部社会发展、增强中小企业发展所需要的基础设施、发展新形式的乡村文化、应对变化与挑战；二是乡村提升项目，支持13个结构劣势区域积极应对人口结构变化、增加区域价值和保障乡村就业，为每个区域提供1500万欧元支持；三是开展"活力村庄"和"我们的村庄有未来"的竞赛奖励；四是研发和知识的转移，让乡村能够获得创新资源，并支持乡村发展领域的研究创新。为了有效推进乡村的进一步发展，德国联邦食品与农业部将促进乡村可持续发展作为其重要任务，2015年专门成立了乡村战略司。

（五）产业振兴是核心，土地整治是基础

土地整治是促进乡村振兴的重要基础平台。德国在城市化进程中始终重视乡村土地整治，在不同发展阶段赋予其不同功能。早期主要推进农地整治，解决细碎化问题，以利于机械化和规模经营。后期，把基础设施和公共事业建设作为乡村土地整治的重点。20 世纪 70 年代以后，在乡村土地整治中突出景观和环境保护。长期以来，我国农村土地整治的主要目的是提高耕地质量、增加耕地面积以及腾退农村建设用地指标，没有与乡村发展深度融合。因此，应赋予我国农村土地整治更完整的功能，将其作为实施乡村振兴战略的重要基础平台，推动土地整治与农业规模经营、乡村旅游、基础设施建设、景观和环境保护等相结合。

不同发展阶段的乡村衰落的内在逻辑不同，促进乡村振兴的策略也必须相应地进行调整。德国作为工业化的先行者，经历了城市化的完整过程，其在不同发展阶段面临的乡村发展问题不同，应对策略也有较大差异。特别是在城市化率达到 70% 以后，这一点更为明显。此前，主要以农业支持保护对冲农业比较效益下降，以基础设施和公共服务建设对冲城乡生活条件差异的扩大；此后，要更加注重以空间规划和区域政策对冲城乡工业的效率差异，以生态环境和乡土文化对冲城乡生活繁华程度差异的扩大。我国目前仍处在城镇化快速发展阶段，应坚定不移地推进以人为核心的新型城镇化，继续降低乡村的人口总量和占比。要注意改善乡村人口结构，让乡村能够留住和吸引一批年轻人，以增强乡村的生机和活力。为此，要紧紧抓住振兴产业这个核心，为年轻人创造有足够吸引力的职业发展空间；同时，也要改善农村人居环境、提高公共服务水平，让年轻人愿意在乡村长期生活下去。

促进乡村振兴需要营造社会氛围。德国不仅通过颁布《土地整治法》《农业法》《联邦空间规划》等法律法规、实施村庄更新计划和欧盟"引领项目"等投资建设活动以促进乡村振兴，而且注重为乡村振兴营造氛围。例如，在民间自发开展乡村社区美化竞赛的基础上，原联邦德国农业部于 1961 年将其转化为全国性的乡村竞赛制度，每三年举办一届"我们村庄更美丽"竞赛，2007 年更名为"我们村庄明天会更美好"竞赛，从注重外在美转向注重内涵美。

我国应借鉴德国经验进行统筹规划，围绕现阶段乡村振兴的核心内容设计赛事内容和规则，提高活动的实效性和持久影响力。

二、德国农村产业振兴经验

（一）均衡城市化和生产力布局

均衡的城市化和生产力布局更有利于乡村地区发展。德国走出了一条以小城市和小镇为主的城市化道路，通过空间规划和区域政策，引导工业向小城市和小镇布局，为"在乡村生活、在城镇就业"的人口迁移模式的发展提供了机会，带动了乡村地区的发展。我国于1996年迈过30%的城镇化率，进入城镇化快速发展阶段，但城镇化进程中各类资源明显向大城市集中，"大中小城市和小城镇协调发展"的预期结果并未出现。特别是以东南沿海地区和大中城市为主、农民大跨度转移就业的人口迁移模式，对乡村腹地的带动效果较差。今后应更好地考虑在基础设施投资、医疗和教育资源布局、土地指标分配等方面为中西部地区县城和小城镇发展创造条件，把小城市和小镇这个节点做活，为城乡融合发展提供有效支点。

（二）积极推进土地整治

土地整治是促进乡村产业振兴的重要平台。德国在城市化进程中始终重视乡村土地整治，将其作为解决乡村发展问题的重要切入点，在不同发展阶段赋予其不同功能。德国的经验表明，随着城市化的发展，乡村土地利用的结构、布局、功能都会发生急剧变化，单纯靠土地市场难以适应这种急剧变化，需要政府以法律、规划、建设项目等方式介入。应赋予我国农村土地整治更完整的功能，将其作为实施乡村产业振兴战略的重要平台，推动土地整治与农业规模经营、乡村旅游、基础设施建设、景观和环境保护等相结合。

（三）营造良好的社会氛围

德国不仅通过颁布一系列法律法规、实施村庄更新计划和欧盟"引领项目"等投资建设活动来促进乡村产业振兴，而且注重为乡村产业振兴营造良好氛围，如积极开展全国性的竞赛等。近年来，我国一些地方自发开展了美丽乡村、星级农家乐等评比活动，农业农村部也推动开展了"中国农民丰收节"活动。应借鉴德国经验，对这些活动进行统筹规划，围绕现阶段乡村产业振兴的核心内容设计赛事内容和规则，提高活动的质量效益和影响力。

第四节　荷兰农村产业振兴概况

一、荷兰农村产业发展现状

荷兰全境国土面积仅有 4 万多平方千米，人均耕地面积远低于世界平均水平，却成为目前全球最发达的农业现代化国家之一。荷兰是世界第二大农业出口国，素有"欧洲菜园""欧洲花匠"之称，其农业发展以集约化、专业化、现代化为突出特点，在诸多方面值得各国学习和借鉴。

（一）推动农业集约化、规模化生产

如何利用有限的土地高效地进行农业生产是荷兰农业发展面临的首要问题。在合理规划利用土地的基础上，荷兰政府大力发展设施农业，构建了高效的农业产业链条。

一是实施系统的农地整治和开发政策。1965 年，荷兰政府颁布了《空间规划法》，明确规定乡村地区每一块土地的利用方式必须符合土地使用规划的规定。1985 年，新出台的《土地开发法》更加强化了土地综合利用的目标，有效保障了农业土地利用的规模化和完整性。

二是大力发展以玻璃温室为特色的设施农业。荷兰温室面积约占全球温室总面积的 25%。大量现代化智能化控制温室为农作物生长提供了适宜的温度、湿度、光照、肥料等环境因子，无土栽培、移动保温幕、模拟气候系统等技术的应用更进一步推动了荷兰设施农业的可持续发展。

三是构建农业产业链条与集群。近年来，荷兰大力推进技术和产业创新，在高效的农业产业链条基础上打造了产业集群，如"食品谷"和"绿港"。"食品谷"目前集聚了欧洲大量的国际食品企业、瓦格宁根大学等研究机构和相关研究人员，成为欧洲最具权威的农产品和食品营养研究中心。

（二）建立规范有序的市场经营模式

荷兰建立的规范有效的农产品生产—经营—销售—消费模式，为农产品提供了畅通的流通体系。

一是建立了订单式的农业生产模式。订单式的农业生产模式已成为荷兰农业生产的主要方式，农业企业、经销商向农户订购农产品，明确收购农产品的品种、数量、质量和价格。订单式的农业生产模式最大限度地规避了生产经营风险，也促使农民可以集中精力搞好生产。

二是建立了多样化的农产品分销模式。荷兰的农产品分销模式主要包括拍卖、集体议价和集中采购三种。其中，荷兰鲜花产品主要通过拍卖方式实现分销，蔬菜谷物等农产品通过农业合作社与经销商直接议价达成销售合约，一些大型乳制品企业则直接从所属农场进行内部采购。荷兰的行业分销组织数量不多但颇具规模，在一定程度上提高了农产品的流通效率。

三是建立了互惠共赢的农业合作模式。荷兰建立了农业生产、销售、农机、加工、保险、金融等民间组织，以便为农户的农业生产提供各种周到的社会化服务。

（三）促进景观与土地利用相融合

近年来，荷兰政府除了加强农业生产功能外，也更加关注自然保护、景观发展、旅游休闲等综合性的乡村发展手段。

一是逐步由土地整治转向土地保护和综合利用开发。20世纪80年代后期，荷兰政府对生态环境越发重视，明确规定空间规划必须划定"绿线"和"红线"。"绿线"范围包括自然保护区和农田，"红线"范围指城市建设用地，城乡建设中需要严格划定绿色廊道等生态体系。此后，文化保护、旅游休闲等功能也逐渐被纳入政府的土地开发方式中。

二是大力发展创意农业产业。荷兰将本国优美的自然生态风光、民俗文化特色和农业产业结合起来，在农业生产过程中融合了休闲娱乐、文化传承和观光旅游等功能，大幅度提升了农产品的附加值。如库肯霍夫公园已成为世界上著名的郁金香生产和观赏基地、羊角村美丽的自然生态环境已成为乡村旅游发展的典范。

二、荷兰农村产业振兴经验

（一）重视科技兴农

乡村产业高质量发展是提升农业竞争力的重要途径，表现为节本增效、绿色安全等，而这些均依赖于科技创新。为此，应当建立政府引导下的"企业—科研单位—社会力量"三位一体的创新机制。一方面，以国家农业科技创新联盟为载体，重点关注产业、企业或者地方农业产业发展中的关键技术性难题；另一方面，以企业为主体，促进企业与高等学校、科研机构等实现产学研协同。通过新技术、新品种、新装备、新产品研发，有效推进智慧农业、生物种业、设施农业、绿色农业投入品、农产品加工等领域的创新，延伸乡村产业价值链。

（二）强调农业社会化服务的供给

为了更好给农业发展提供社会化服务，荷兰在 1874 年就成立了消费合作社，而后逐渐发展，从分散到集中，既有综合性的，又有专业性的，更好地为农业的产供销提供全程服务，形成了完善、高效、便捷的农业社会化服务体系。据此，我国可以结合本国实际情况，进一步完善农业社会化服务的供给机制。

第七章　乡村振兴背景下农村产业振兴发展策略

本章分为新时代农村未来发展趋势、农民是产业振兴的主体、农村产业振兴发展策略三部分。主要包括乡村振兴与新型城镇化双轮驱动将成为新常态、明确乡村振兴背景下产业发展与农民主体性的关系、合力解决产业兴旺要素难题、充分发挥新型产业经营主体带动作用等内容。

第一节　新时代农村未来发展趋势

一、乡村振兴与新型城镇化双轮驱动将成为新常态

乡村振兴不能就农村论农村，国家出台的《乡村振兴战略规划（2018—2022年）》明确提出："坚持乡村振兴和新型城镇化双轮驱动，统筹城乡国土空间开发格局，优化乡村生产生活生态空间，分类推进乡村振兴。"因此，乡村振兴与新型城镇化双轮驱动将成为新常态，而城乡关系、工农关系的重塑是新时代做好"三农"工作、促进农业农村现代化、实现乡村振兴的重要抓手。

（一）城乡融合发展是实现乡村振兴的路径与导向

城市和农村是人类经济社会活动的两个基本区域，推动城乡融合发展既是经济社会发展的内在规律，也是我国建设社会主义现代化强国的重要内容和发展方向。从发展经济学理论上讲，工农关系决定了城乡一体化或者融合发展的水平，农业和工业之间、城市和农村之间存在有机的内在联系，彼此互为补充和依赖，不能人为地割裂二者的联系。城乡融合发展必须破除城乡二元结构，这也是未来乡村振兴的方向与路径。

1. 我国改善城乡关系的政策演进不断取得创新突破

2002 年，党的十六大报告首次提出"统筹城乡经济社会发展"；2008 年，中央一号文件提出"形成城乡经济社会发展一体化新格局""探索建立促进城乡一体化发展的体制机制"，同年 10 月召开的党的十七届三中全会进一步提出"把加快形成城乡经济社会发展一体化新格局作为根本要求"；2013 年，党的十八届三中全会通过的《中共中央关于全面深化改革若干重大问题的决定》明确提出"城乡二元结构是制约城乡发展一体化的主要障碍。必须健全体制机制，形成以工促农、以城带乡、工农互惠、城乡一体的新型工农城乡关系，让广大农民平等地参与现代化进程、共同分享现代化成果"；2017 年，党的十九大报告首次提出"建立健全城乡融合发展体制机制和政策体系"，城乡融合发展的重要性可见一斑。由城乡统筹发展、城乡一体化发展到城乡融合发展这种重大政策导向的演变，反映了我党对新型工农城乡关系的认识正在逐步深化，在科学处理工农城乡关系的理论和政策创新方面不断实现了新的突破和跨越。

2. 新时代乡村振兴亟待重塑新型工农城乡关系

随着近年来我国城镇化水平的不断提高，新农村建设的持续深入推进，城乡之间的相互联系和影响作用明显增强，城乡之间的人口、资源、要素、产权流动和交叉整合日趋频繁，产业之间的融合渗透逐步深化，城乡之间呈现"你中有我，我中有你"的发展格局。越来越多的问题表现在"三农"，根子在城市；或者问题表现在城市，根子在"三农"。这些问题的解决需要系统的制度设计，不能简单地"头痛医头、脚痛医脚"。城乡统筹主要强调政府资源的统筹分配，但在引导社会资源资本和人才支持"三农"发展方面却表现乏力，容易成为薄弱环节。城乡一体化发展则更侧重于加强对"三农"发展的外部支持和"以城带乡"，弥补"三农"发展的短板，逐步缩小城乡差距。相比之下，推动城乡融合发展与前两者一脉相承，但站位更高，内涵更丰富，更容易聚焦城乡之间的融合渗透和功能耦合。目前，单靠城乡统筹和促进城乡一体化发展，已经越来越难以适应新时代社会主要矛盾的变化和城乡关系的重塑。因此，建立健全城乡融合发展体制机制和政策体系，引导更多的社会资源和人才参与"三农"建设，解决城乡发展失衡、农业农村农民发展不充分的问题，让广大农民在共商共建共享乡村振兴的过程中有更多的获得感、幸福感，对满足城乡居民不断增长的美好生活需要具有重要意义，坚持城乡融合发展是实施乡村振兴的重要途径和战略需要。

（二）新型城镇化是促进乡村振兴的重要推动力

推进新型城镇化与乡村振兴都是我国建设社会主义现代化强国的重要内容，二者相互促进。由于农村自身所具有的相对封闭性、滞后性的特点，发展的内生动力不足，决定了乡村振兴不能就农村而言农村，必须在"四化同步"推进的宏观背景下，结合新时代城镇化的新要求，加快城乡互动，促进乡村振兴。各国实践证明，一个国家和地区的城镇化水平越高，城市支持农村、工业反哺农业的条件和能力就越强，农业农村发展步伐就越快。城镇化进程在很大程度上促进了农村自然经济形态的瓦解，对乡村振兴的带动作用主要表现在三个方面：

1. 通过吸纳农村剩余劳动力为乡村振兴创造条件

城镇化是农村剩余劳动力转移的重要渠道。随着现代生产力水平的不断提高、国家开放政策的不断深化和市场经济的体系更趋成熟，城市现代产业发展对人口的集聚能力显著增强，农村剩余劳动力的城镇化转移使农民在获得工资性收入的同时，还获取了必要的现代产业技能和城市生活方式，有利于农民工返乡创业并促进乡村发展。

2. 城镇化为现代农业发展创造了新的机会和需求

随着城镇化水平的提高，城市发展对农村产品提出了更大的需求，对农村的粮油蔬菜供给保障能力和农产品质量也提出了更高的要求。特别是将加速农业经济形态的转化，农产品精深加工、休闲观光农业、乡村文化旅游、农村电子商务等三产融合发展态势将不断增强。随着新时代城乡居民消费结构加快升级，多元化、个性化的中高端消费需求将快速增长，从而有利于推进农业由增产导向转向提质导向，服务城市需求的现代农业将得到大力发展。

3. 城镇化有利于形成全社会共享发展成果的机制

城镇化是一个城乡双向互动的过程，在促进农村人口向城镇集聚转移的过程中，农民的生产生活方式得到了较大的改变，现代城市文明也加速向农村传播和扩散，城市基础设施、公共服务产品等也逐渐向农村延伸，从而促进城市资本、人才向农村流动。这一互动过程有利于城乡要素交换和公共资源的均衡配置，加快实现城乡基本公共服务均等化，使农民能享受到改革发展的成果，有利于推动形成全社会共享发展成果的机制。

二、新型职业农民将成为推动乡村现代化的重要力量

伴随乡村振兴战略的深入实施，我国农村土地制度改革、户籍制度改革将持续深入推进，农业农村发展的政策红利将进一步释放。同时，新型城镇化和工业化进程加快，城市支持农村、工业反哺农业的能力明显提升，推动农业农村高质量发展和乡村现代化建设步伐将进一步提速，城乡要素流动性也将进一步增强，乡村将成为创新创业者和投资者青睐的热土，新型职业农民将成为乡村振兴的重要力量。

（一）各类创新创业要素将加快向乡村流动

乡村振兴离不开城市资本、人才、信息、技术等要素的参与支撑，新时代各类创新创业要素将加快向乡村流动。

1. 城乡基础设施互联互通增强要素流动的便利性

城乡融合发展是乡村振兴的重要导向，随着以交通、信息、能源、公共服务设施为代表的城市基础设施向农村延伸，农村综合生产生活条件将发生重大改变，城乡要素市场一体化水平将大为提高，城市要素流向农村的基础设施瓶颈得以破除，要素流动的自由性和便利性明显增强。

2. 城市资源配置需要新的发展空间

随着城市人口的大量集聚，城市建设和功能拓展均将受到内部发展空间的制约，城市资本需要新的投资领域，城市部分功能需要向乡村外溢，城市居民需要新的创业就业载体和空间，因而服务城市需求的农村新型产业将带来大量新的投资机会，为城市资源的优化配置提供了新的广阔空间和有利条件。

3. 乡村自身现代化发展需要城市资源要素的支撑

农村人才资源和创新要素匮乏是制约农村实现现代化的最大障碍，无论是乡村综合环境的整治、乡村产业的振兴，还是乡村文化的繁荣都需要城市创新资源的支撑。特别是随着乡村综合条件的改善，对城市资源的吸引力将逐步增强，乡村将成为新时代创新创业的载体和热土。

（二）农民从身份到职业的转化进程将加快

长期以来，我国实行严格的城乡户籍制度，农民和城市居民成为两种截然不同的身份，附着在户口上的是城乡基本公共服务和社会福利待遇的不平等。随着

工业化、城镇化的快速推进，大量农民为了脱离农村"农民"身份的束缚，向非农产业转移，成为"农民工"或者变为正式的城市居民，从而导致农村凋敝和一系列社会问题，而且农业农村的现代化也不是仅仅依靠传统意义上的农民就可以实现的。随着乡村振兴和城镇化双轮驱动发展，"农民"去身份化和职业化必将成为新的发展趋势。

1. 现存的"农民"身份在制度设计上将逐步淡化

户籍制度改革是破解我国城乡二元结构难题、推动新型城镇化的重要内容和举措。自 2002 年国家提出统筹城乡发展以来，各地在推动户籍制度改革方面已经做了多方探索，逐步取消户口的农业和非农性质差异已成为共识，这也是以城乡融合发展推动实现乡村振兴的内在要求，"农民"身份将逐渐淡化。

2. 新型职业农民是未来乡村创新创业的主体

城镇化和户籍制度改革可以缩小城乡差距和促进城乡居民基本公共服务均等化。但无论社会如何发展，农业作为一种产业存在就必然会有职业"农民"存在，农业产业经营也必然要遵循市场机制和规则以实现利润最大化，"农民"本身属于职业的范畴。在"农民"去身份化的过程中，新型职业农民群体将大量出现。在新时代，农业生产现代化的核心因素将取决于农业劳动力的素质，具有高素质的职业农民是推进乡村振兴的主体和生力军。新型职业农民是指具有科学文化素质、掌握现代农业生产技能、具备一定经营管理能力，以农业生产、经营或服务作为主要职业，以农业收入作为主要生活来源，居住在农村或集镇的农业从业人员。农业部出台的《"十三五"全国新型职业农民培育发展规划》提出发展目标：到 2020 年全国新型职业农民总量超过 2000 万人。职业农民承载了我国乡村发展的希望和未来。

三、先进科技和要素渗透将推动乡村产业深刻变革

当前，大数据、物联网、人工智能等现代科技信息技术蓬勃发展，现代产业正面临科技进步带来的深刻变革，新业态、新模式以及个性化的新需求正加速推动产业融合发展，产业的边界日趋模糊。同样，随着乡村振兴战略的深入实施、现代科技管理知识在农业农村领域的深度应用，技术创新和管理创新成果正在借助产业结构调整，以渐进、渗透、跨界方式改造着乡村产业，乡村产业发展也会呈现新的特点和变化趋势。

（一）科技兴农的战略支撑作用将进一步增强

科技兴农就是运用科学技术解决"三农"发展中的实际问题，推动农业农村现代化，这不仅是推动乡村振兴的发展共识，也是我国实施创新驱动发展战略的重要内容，更是适应新型工业化、城镇化、信息化发展的客观需要。未来国家强化农业的科技支撑主要体现在三个方面。

一是更加重视农业科技创新水平的提升。进一步加快完善农业科技创新体系，培育符合现代农业发展要求的创新主体，强化财政资金对农业基础研究领域的投入。重点增强种业创新、现代食品、农机装备、农业污染防治和农村环境整治等方面的科研工作，加快推动农业科技成果的转化应用和绿色技术供给，进一步健全农业技术推广体系。

二是更加重视农业科技创新平台基地建设。鼓励建设打造一批国家级和省级农业科技园、一批科技创新联盟、一批农业科技资源开放共享与服务平台，培育一批农业高新技术企业，强化形成具有国际竞争力的农业高新技术产业。

三是深入推动现代互联网、物联网等信息技术在"三农"领域的应用。国家鼓励发展智慧农业、农村电商，推动农村就业创业及公共服务的信息化、网络化，提升"三农"发展的信息化水平。总之，科技兴农工作的成效将成为决定乡村振兴战略实施成败的关键所在。

（二）乡村产业融合与经营组织变革更趋明显

产业融合发展是现代产业发展的趋势，也是工业化、城镇化、信息化发展到一定阶段的必然结果。随着我国"四化"协同发展的持续推进，城乡一体化融合发展的水平将明显提升，农村也不再是单纯的农业生产场所，三次产业的多种业态相伴而生，互为补充和依赖，产业的界限和业态更趋模糊和多样化，经营组织模式也在不断变革创新。近年来，我国"三农"发展已取得明显成效，农村产业融合发展态势已初步显现，城乡产业发展的关联性更加紧密，但产业融合发展的层次总体依然较低。从未来发展趋势看，乡村产业将呈现以下四个方面的特点：

一是农业与旅游文化生态等元素融合促进农村传统产业转型。目前我国经济社会发展已经步入旅游经济时代，旅游业也从过去的观光发展到休闲度假，特别是城市人口对乡村旅游服务需求较大。我国广大农村具有丰富的自然生态、特色种植、地域民俗、农耕文明、传统村落、历史古镇等诸多乡村旅游资源，发展乡村旅游的基础条件较好。乡村旅游可以促进农村传统生产向特色花卉苗木种植、田园创意、特色餐饮、高端民宿、文化表演、休闲康养等现代都市休闲农业方向发展。从本质上看，休闲农业是以农业活动为基础，把农业和旅游业相结合的一种新型多功能的高效农业，通过"旅游＋"促进旅游与其他产业融合将成为未来乡村产业振兴的重要方向。

二是加快延伸农业产业链，提升产业附加值。一些涉农经营组织，以农业为中心向前向后延伸，将种子、农药、肥料供应与农业生产连接起来，或将农产品加工、销售与农产品生产连接起来，或者构建产供销一条龙现代农业产业链。

三是先进技术渗透于农业促进业态多元化。信息技术的快速推广，既模糊了农业与第二、第三产业间的边界，也大大缩短了供求双方之间的距离，这就使得网络营销、在线租赁等都成为可能。譬如通过推动互联网、物联网、云计算、大数据与现代农业结合，构建依托互联网的新型农业生产经营体系，促进智能化农业、精准农业的发展；支持发展农村电子商务，鼓励新型经营主体利用现代信息技术在农产品、生产生活资料以及工业品下乡等产购销活动中，开展线上网络交易；利用生物技术、农业设施装备技术与信息技术相融合的特点，发展现代生物农业、设施农业、工厂化农业等。因此，产业融合发展是农业产业化的高级形态和升级版。

四是新型农业经营组织将蓬勃发展。现代信息和管理技术的运用，将促进家庭农场、专业合作社、协会、龙头企业、农业社会化服务组织以及工商企业等多元化经营组织加快发展，成为推动乡村产业振兴的重要组织力量和经营模式。这些新型农业经营组织无论是在商业模式创新还是在品牌培育方面都将发挥至关重要的作用，经营组织变革也将进一步促进多种形式的农村产业融合发展。

四、特色小镇将成为助力乡村振兴的新经济模式

近年来，我国特色小镇蓬勃发展，已成为经济新常态下各地实践探索出的新经济模式，与田园综合体、美丽乡村共同成为乡村振兴的重要载体。随着乡村振兴战略的深入实施，特色小镇的发展模式和呈现的新形态将更加多元化。各类特色小镇的兴起和发展也是我国乡村供给侧结构性改革的生动实践和重要特色，对推动新型城镇化建设、促进农村经济转型和乡村现代化具有重要意义。

（一）我国特色小镇的发展现状及作用

特色小镇不同于特色小城镇，这两个概念经常被混淆。2016 年 10 月，国家发展改革委发布《关于加快美丽特色小（城）镇建设的指导意见》，明确区分特

色小镇和特色小城镇。特色小镇主要指聚焦特色产业和新兴产业，集聚发展要素，不同于行政建制镇和产业园区的创新创业平台。通常是在几平方公里土地上通过集聚特色产业，促进生产生活生态空间融合发展。中国的小城镇常指有行政区划单元的建制镇、乡集镇，还包括县城所在地的城关镇，是我国城镇体系中最基层的城镇级别。特色小城镇一般拥有数十平方公里土地和一定的人口与经济规模，是特色产业鲜明的行政建制镇。

1. 国内特色小镇的发展现状

从国内实践来看，为了加快推动城镇化进程，黑龙江省最早在 2010 年开始正式提出要建立六类 21 个特色小镇。2011 年北京、云南、天津等省市也纷纷提出建设特色小镇，但让特色小镇声名鹊起要归功于浙江省，以至于很多人认为特色小镇发源于浙江。2014 年杭州首次提出打造云栖小镇，2015 年 4 月浙江省出台了《浙江省人民政府关于加快特色小镇规划建设的指导意见》，对特色小镇的创建程序、政策措施等做出规划，2016 年经过住建部、国家发展改革委等三部委力推，这种在块状经济和县域经济基础上发展而来的创新经济模式被大力推广，特色小镇成为中国经济转型的样本。2016 年、2017 年住建部连续两年公布了两批共 403 个国家级特色小镇建设名单，再加上各地方创建的省级特色小镇，2018 年全国特色小镇数量已累计超过 2000 个。在建设特色小镇的具体实践中，当其他省市还在大搞"农民进城、村民上楼"时，浙江特色小镇却另辟捷径实现了"村中见城、城中有村"，为国内特色小镇的发展树立了典范。

在特色小镇快速发展的过程中，也出现了一些不好的苗头和问题，主要表现在特色小镇房地产化，究其原因在于一些地方过度依赖传统发展路径。从地方政府层面看，只要争取到特色小镇这顶"帽子"，就可以拿到项目获得国家财政资金支持和增加土地财政收入，立竿见影解决政府缺钱的问题。从企业发展角度看，以特色小镇名义拿地容易，成本也相对较低，可以有效解决企业缺地问题。于是，部分地方政府急于求成，行政干预过多，纷纷推出一大批文旅小镇、康养小镇、体育小镇等。很多不具备产业基础的地方也盲目"跟风"，尤其是大量房地产开发企业以发展特色产业的名义介入，在城市周边拿地，炒概念、造景观、建住宅、破坏生态。结果很多小镇没有真正形成特色产业支撑，聚不起人气，特色小镇徒有其名，反而加剧了地方政府的债务风险，让特色小镇变成了"地产小镇""风险小镇"和"空镇"。为了规范特色小镇发展，2017 年住建部、国土资源部、财政部、发改委四部委联合发布指导意见，防止特色小镇过度房地产化，避免"假小镇真地产",严防加剧政府债务风险。2018年国家发展改革委进一步明确提出暂缓特色小镇申报创建,并明确了规范发展的相关要求。

2. 特色小镇的作用

不同于一般的小城镇建设,特色小镇是新时期城镇化推进过程中的一种模式创新,是典型的集约化、特色化发展。一般来说,围绕乡村振兴而发展的特色小镇应具备六大特征:产业特色集聚效果突出、发展的机制创新活力较强、社区综合服务功能基本具备、文化生态特色效应显著、旅游服务功能相对完善、政府引导市场化运作。特色小镇是一个"生产、生活、生态、文化、旅游"五位一体新的经济增长平台和创新创业的综合承载体,能顺应新型城镇化的发展趋势和要求。尤其要注意的是,特色小镇在规划、建设、管理的全过程中,要突出企业的主体地位,充分发挥市场配置资源的决定性作用。同时,也不能把城市文化、城市建设思维强加到小镇上。只有这样,特色小镇才能可持续健康发展,从而避免"问题小镇""风险小镇"等情况发生。

具体来看,特色小镇对实现农业农村现代化具有四个方面的促进作用。

一是在乡村或城市周边发展起来的特色小镇可以带动和促进现代农业的发展,特别是促进乡村旅游与农村产业的深度融合。

二是特色小镇通过集聚特色产业,有利于形成规模化、品牌化效应,提升小镇区域影响力。

三是特色小镇通过产业和人口的集聚,可以带动农村社会化服务体系的建设,增强社区功能,有利于缩小城乡公共服务水平差距。

四是特色小镇通过集中的社区功能,有利于推动乡村文明建设,促进乡村治理现代化。因此,加快规范引导特色小镇建设,对促进乡村振兴、提升城镇化水平意义重大。

(二)特色小镇未来发展重点和趋势

特色小镇作为新时代城镇化创新发展的产物,虽然目前在发展过程中出现了一些不足和偏差,但其作为新的经济增长平台和发展新模式,未来发展潜力很大,将成为助力乡村振兴的重要支撑。

从今后的发展趋势和发展重点看,特色小镇建设必须做到"五个结合",具体分析如下。

一是特色小镇建设要与区域城镇化战略相结合。国家实施城市群战略是我国新时期城镇化的重大导向，譬如加快建设京津冀城市群、长三角城市群、关中平原城市群、成渝城市群、长江中游城市群等，各地方/区域也将形成若干次级城镇群。推动区域城镇群建设发展有利于人口合理集聚，促进土地等资源的集约化配置利用。特色小镇作为新的城镇化形态，好比嵌入以行政区划为主导的城镇群上的颗颗明珠，增进城镇群的经济互动联系，提升城镇化水平。

二是特色小镇建设要与城乡资源要素配置相结合。通过对资金、土地、劳动力、公共服务等资源的统筹配置，促进城乡资源要素有序合理流动，提高资源配置效率，充分发挥资源要素集聚的支撑作用。

三是特色小镇建设要与乡村产业振兴相结合。特色小镇处在城乡接合部，是城镇联系农村的纽带，有利于城镇的中小加工制造业、现代服务业向农村延伸，促进传统农业升级发展，特别是有利于突出产业的特色和创新，譬如形成一批科创小镇、文创小镇、旅游小镇、电商小镇、康养小镇等。

四是特色小镇建设要与创新农村服务供给相结合。通过特色产业和人口的集聚，带动公共服务设施建设和社区功能配套，促进服务供给和服务模式创新，弥补"三农"发展面临的服务短板。

五是特色小镇建设要与推动农村实现全面小康相结合。重点培育特色小镇带动贫困农村脱贫致富的功能，切实发挥产业扶贫带动作用，提高农村贫困家庭生活质量，增强脱贫致富的造血功能。

同时，需要指出的是，从特色小镇与特色小城镇的实践来看，二者也并不是完全并行而不可融合的两种形态和载体。在江浙发达地区，由于城镇化和现代化水平较高，特色小镇与小城镇融合发展态势较为明显。随着乡村振兴战略的深入推进、城乡一体化发展水平的提升，特色小镇与特色小城镇的融合发展态势也将更趋明显。

总体来看，随着国家乡村振兴战略的深入推进，我国"三农"发展将面临深刻的变革和新的发展机遇，但同时我们也必须客观看待乡村振兴中存在的各种矛盾和问题。我国农业农村长期以来积累的问题不可能短期内就得以彻底解决，特别是改革开放以来我国城镇化和工业化快速推进导致的农村凋敝、乡村社会治理难度大、乡村民俗文化的传承后继乏人等现实问题，以及农村土地改革推进较慢、发展现代农业人才匮乏、老少边穷地区的贫困状态依然严峻等问题，这些问题的叠加会导致乡村发展的差异性和多样性趋势仍将延续，因此，实现乡村振兴将是一个艰巨的长期的战略性任务。

第二节　农民是产业振兴的主体

一、明确乡村振兴背景下产业发展与农民主体性的关系

（一）激活农民主体性的核心议题

在乡村振兴背景下，有效激活农民主体性成为重要任务。理论界关于激活农民主体性的既有议题，循着"谁来激活"和"如何激活"两条路展开，但对激活农民主体性过程的载体何在、还权赋能的改革取向、何以激活农民的主体性等问题，仍有待进一步探讨。以产业发展为支撑载体，以还权赋能为核心取向，以体制机制变革为根本保障，契合乡村振兴的时代特点，抓住制约农民主体性的根本性问题，为乡村振兴背景下激活农民主体性提供新的尝试。

1. 激活农民主体性的既有议题

农民是乡村振兴的核心主体，有效激活农民主体性，是全面实施乡村振兴的题中之义。随着乡村振兴战略的提出，乡村研究范式开启了由"国家视角"向"农民本位"的转换进程，关于农民主体性研究走向深入。总体看，学者围绕"谁来激活农民主体性""如何激活农民主体性"等议题，形成了较为丰富的研究成果。

关于谁来激活农民主体性，已有研究主要聚焦政府、政党组织、市场、社会力量等主体。如政府，主要通过政策松绑、改革赋权与思想引导等职能履行来实现。政党组织，主要依靠党建引领自治的方式，推动政治优势转化为治理效能来达成。市场，主要凭借对农民主体地位的尊重和市场权利的维护，推动产业持续发展。社会力量，主要借助社会工作者、社会中介等力量来落地。而关于如何激活农民主体性，既有研究循着还权赋能、制度建构、文化涵育与组织推动等路径展开。还权赋能论者强调，权利不足与能力弱化是农民主体性缺失的突出表现，主张实施以体制机制变革为支撑的还权赋能。制度建构论者认为，制度创新可以为激活农民主体性提供制度基础，强调要健全公共性的集体土地所有制、自治性的村民自治制度和保护性的城乡二元制度。文化涵育论者指出，文化的涵育功能可以为激活农民主体性铸魂塑能，倡导对农民的价值引领、认同培育与素能

提升。组织推动论者坚持，去组织化是制约农民主体性的重要症结，主张通过农民组织化激活农民主体性。既有研究关注了激活农民主体性的多元主体和多维路径，为研究乡村振兴背景下的农民主体性激活提供了重要借鉴。

2. 以产业发展实现还权赋能的新尝试

在众多激活农民主体性的研究路径中，还权赋能的主张契合了乡村振兴的时代特点，抓住了制约农民主体性发挥的根本性问题。还权赋能理论，发轫于20世纪80年代的西方企业管理实践，被用于员工行为的潜能激发、员工心理的效能感提升等方面，后被拓展到社会工作等领域，旨在帮助目标群体摆脱权利不足、能力弱化、认同缺位等不利状态，协助其实现权利保障、能力提升与认同建构。在乡村振兴背景下，农民主体性的核心问题是权利和能力问题，关键在体制机制保障，以还权赋能为核心议题，厘清了农民主体性缺失的关键问题——"权能缺失"，明确了激活农民主体性的改革思路——"还权赋能"，找到了重塑农民主体性的长效路径——"体制机制变革"，可以作为乡村振兴背景下激活农民主体性的理论指导和实践遵循。

同时，在乡村振兴背景下，产业发展能够为实现还权赋能和激活农民主体性提供载体支撑。既有研究关注了农村产业化中的农民主体性问题，强调要尊重维护农民主体地位和市场权利，但其落脚点仍然是如何推动产业持续发展，并未将产业发展作为实践载体予以重视，对产业发展激活农民主体性的实现机理阐释更是欠缺。现实观察也表明，产业发展较好的地区，其农民主体性往往得到有效彰显。在乡村振兴背景下，健康持续的产业发展，既是实现乡村振兴战略目标的核心动力，又是解决农村一切问题的前提条件，能够为激活农民主体性注入活力。为此，坚持以产业发展为载体支撑，以还权赋能为改革取向，以体制机制变革为根本保障，可以为乡村振兴背景下农民主体性激活提供新的改革策略和实践方案。

在乡村振兴背景下，以产业发展实现还权赋能，进而激活农民主体性的理论进路何以可行，产业发展与农民主体性之间的互动逻辑如何连接，产业发展激活农民主体性的实现机制如何构建，如何找到一条产业发展赋能农民主体性的理想之路，这些问题亟待从学理上予以解读、从类型上进行分析，以期实现产业健康发展与农民主体性有效激活的良性互动。

（二）合理发挥牵引式治理分析框架的作用

1. 明确牵引式治理的理论内涵

为深入解读产业发展与农民主体性之间的互动关系，深度回答乡村振兴背景下产业发展激活农民主体性的共性特点，深刻揭示产业发展激活农民主体性的作用机理和实现机制，研究以利益为视角，以还权赋能为主线，建构了基于"契合度—参与性"的牵引式治理分析框架，旨在从学理上做出系统回应。

（1）牵引式治理的框架建构

在乡村振兴背景下，产业发展激活农民主体性的有效实现，有赖于产业发展作用于农民主体的核心机理——利益牵引的有效发挥。利益是马克思主义的核心范畴之一，马克思曾指出："人们奋斗所争取的一切，都同他们的利益有关。"从功能角度看，利益对人们行为具有重要的牵引作用，它是人们做出选择的基本依据，付诸行动的关键动力，权衡得失的重要尺度，产生矛盾的重要诱因，调解纠纷的基本途径，预见走向的重要考量。为深入考察产业发展激活农民主体性的实现机制，研究紧扣企业与农民的双向互动，并以"契合度—参与性"为基本分析维度，发现了产业发展作用于农民行为的核心机理——利益牵引，建构了牵引式治理的分析框架。

同时，牵引式治理的分析框架特别将"还权赋能"作为核心取向贯穿始终，注重分析产业发展激活农民主体性的作用过程和实现逻辑。就作用过程来看，产业发展激活农民主体性大体经历如下阶段：一是在互动中衔接。还权赋能要求实现思想与能力衔接。产业与农民的互动，始于产业的引入与布局，发展于产业的利益激励与农民利益需求的对接，落脚到农民的思想观念、经营能力的衔接。二是在衔接中参与。还权赋能强调尊重农民参与治理的权利。在思想衔接与能力衔接基础上，借助产业发展的利益驱动和党员干部的模范行动，以及企业提供务工机会、服务供给、质量监控等多种保障，使农民广泛参与产业发展成为现实，使农民参与治理的权利得到维护。三是在参与中共赢。还权赋能倡导维护农民的市场权益。在广泛参与基础上，村庄能够以农村股份合作等多种形式，建立利益联结机制，制定规则制度、协调矛盾纠纷，实现多方共赢发展，使农民市场权益得到保障。四是在共赢中培育。还权赋能主张提升农民的综合素能。在共赢发展过程中，借助服务意识、责任观念、诚信理念等再教育，实现全方位的还权赋能，农民的主体自觉、行动能力、创造精神得到提升，农民主体性得以有效激活。就实现逻辑看，在牵引式治理的互动衔接、组织参与、共赢发展、素能培育等各阶段，还权赋能的理论关怀始终存在，并分别以思想观念调适、市场经营能力培育、参与权利保障、市场权益维护、综合素能提升等形式贯穿其中，成为理解牵引式治理的逻辑主线。

（2）牵引式治理的内涵特征

在提出与界定"牵引式治理"内涵时，研究特别注意与"中心式治理""赋能型治理""优势治理"等现有概念进行区分和对话。如"中心式治理"强调对处于社会网络结构中心位置的贫困农民治理，而"牵引式治理"关注全体农民的主体性激活，实现了研究对象的拓展。"赋能型治理"关注外在要素，如党建引领、载体创新、技术运用和治理革新等治理资源对农民主体的赋能，而"牵引式治理"则立足农民主体、坚持向内挖掘，强调利益因素对农民主体性的内在驱动。"优势治理"侧重政府和农民关系的清晰厘定，及其各自治理优势的发挥，而"牵引式治理"则强调产业与农民的双向互动，主张在互动衔接、组织参与、共赢发展、素能培育等过程中，实现农民主体性的有效激活。

所谓牵引式治理，是指在产业发展的利益牵引下，企业主体借助村庄的组织动员，推动农民逐渐改变思想观念、提升素质能力以适应产业发展需要，并在参与产业发展、共享发展红利等过程中，以体制机制变革为支撑落实还权赋能，逐步实现主体性的有效激活。可以说，在牵引式治理中，企业是关键主体，村庄是重要依托，农民是关照对象，利益牵引是核心机理，体制机制建构是有力保障，还权赋能是价值关切。特别指出，在市场经济条件下，产业发展必须符合市场需要，具备发展农业产业的降水、光照、土壤等物理条件，相匹配的风俗、礼仪等文化环境，相契合的政府意愿和产业政策，相配套的产业环境和市场条件等基础支撑，这是牵引式治理发挥作用的先决条件，也是本文研究的前提假设。背离市场需要、难以存活的产业，其牵引式治理作用无从谈起。

（3）牵引式治理的效果评价

在产业发展过程中，牵引式治理激活农民主体性的成效评判，应当从其作用过程来把握，重点考察产业契合度、农民参与性及其两者形成的整体合力。产业契合度是指引入或布局的产业，要与农民的利益诉求相契合。这其中既有利益的一致对接，又有利益的有效满足，这是影响农民参与积极性的关键要素，也是激活农民主体性的基础条件。同时，农民作为受作用的一方，不是消极被动的，而是积极能动的主体。农民参与性就是农民对产业发展的特殊回应方式，表现为参与意识的强弱、参与能力的大小、参与实践层面的广窄等多方差异性。农民参与性是产业发展持续性的内在要求，也是农民主体性激活与否的突出表现。两者的整体合力是指产业契合度与农民参与性的良性互动，产业发展因有了高质量的群众参与而力量倍增，农民主体性因有了高质量的产业发展而有效激活。

（4）牵引式治理的类型划分

基于"契合度—参与性"的分析框架，根据产业发展与农民主体性的多元互动状态，可以将实践中出现的特点不同、效果迥异的牵引式治理实践进一步类型化。牵引式治理大致可以分为四种类型。

第一种类型是"同心同向"型的牵引式治理。作为牵引式治理的理想类型，象限内实现了产业高度契合与农民积极参与的良性互动，农民主体性得到了有效激活。在实践中，由于利益契合和利益满足，农民能够主动转变观念、提升能力，自觉把产业发展当作集体的事业，积极发挥自主性、能动性、创造性，实现了产业、农民、村庄的共赢发展，展现出良好的示范效应。

第二种类型是"有心无力"型的牵引式治理。在这种类型下，由于利益实现程度较低，较高的产业契合无法吸引农民的积极参与，农民主体性的激活程度十分有限。此时，尽管利益比较契合，但产业发展带来的收益预期较低，经过利益比较，理性的农民仍然选择其他收入相对较高的行业。如尽管部分扶贫产业契合了农民的利益需要，但由于临时性岗位的收入有限，缺乏收益的比较优势，仍然无法吸引青壮年劳动力参与其中。

第三种类型是"强人所难"型的牵引式治理。在这种类型下，经由特殊的动员施压，较低的产业契合转化为推动农民较积极参与，农民主体性发挥呈现"虚高"状态。此时，产业发展与农民利益契合度不高，但迫于企业和村庄的反复动员和强力施压，农民被迫压制主体意愿，勉强参与产业发展。但由于存在利益偏差，部分农民会选择出勤不出工、出工不出力等消极参与行为，在看似"集体参与"的"虚高"表现中，致使农民主体性被误读和曲解。

第四种类型是"徒劳无功"型的牵引式治理。在这种类型下，由于产业低契合与农民低参与的相互叠加，形成了农民主体性的无效发挥。此时，由于利益相悖，产业自布局进入即遭到农民排斥，如一些污染性的企业进入农村后，农民非但不愿参与，更拒绝为企业发展提供支持。同时，随着环境污染带给农民生活困扰的加剧，甚至会爆发农民与企业的矛盾冲突，不仅导致企业发展困难重重，而且使得农民主体性激活成为泡影。

可见，在乡村振兴背景下，产业发展激活农民主体性的成败，关键在于产业契合度与农民参与性的互动情况。不同的互动组合，将会形成不同的牵引式治理类型，产生不同的治理绩效。

2. 理解牵引式治理的实现机制

在前期调研基础上，综合案例选择的典型性、路径推进的代表性、资料获取的便捷性等因素，这里主要选取陕西省咸阳市礼泉县 Y 村作为案例样本，以解释产业发展激活农民主体性的牵引式治理实现机制。Y 村地处关中平原，共 62 户 286 人，土地面积 709 亩，有"关中第一村"的美誉。自 2007 年始，Y 村在村支书 G 的带领下，坚持尊重农民主体地位，大力发展乡村旅游产业，让农民广泛参与产业发展，共享产业发展红利。2020 年 Y 村旅游产业收入 10 亿元，村民人均纯收入达 10 万元，并于 2021 年获评全国乡村特色产业亿元村，达到了村庄产业发展与农民主体性激活的双赢局面。回顾 Y 村产业发展激活农民主体性的实践过程，牵引式治理的实现主要依托衔接机制、参与机制、共赢机制与培育机制的有效发挥。

（1）衔接机制：牵引式治理的基础条件

以还权赋能为基本要求的牵引式治理，主张强化农民的市场思维观念和生产经营能力，使之具备与产业发展相匹配的思想意识和行为能力。在乡村振兴中，通过建立农民与产业发展的衔接机制，实现农民与产业发展的思想衔接和能力衔接，成为牵引式治理的基础条件。

Y 村的产业发展是党支部带领农民在集体经济架构上发展起来的，农民和村集体天然地成为产业发展的企业主体。这种天然链接，使得企业能够有效依托村庄的治理资源，降低了企业与农民的合作成本。但在产业发展初期，Y 村也面临着农民思想转型与能力提升的问题。为此，一方面，村党支部以观念转变促进思想衔接。针对部分群众对发展乡村旅游持观望、质疑态度，Y 村通过"乡土"的价值挖掘、"资源"的认知教育，让农民重新认识乡村生活的旅游价值。通过市场观念的强化、服务意识的教育、契约观念的增强，培育与乡村旅游相契合的价值观念。通过党员的模范行动、集体经济的财力支持、"免费景区＋免收租金"模式的管理创新，快速发展起了"农家乐＋民俗街"的产业形态，形成了农民参与产业发展的示范效应。在经济利益驱动和熟人关系治理的影响下，农民逐步转变了对产业发展的观念和态度，为农民参与产业发展奠定了思想基础。

另一方面，村党支部以教育培训推动能力衔接。马克思指出："要改变一般人的本性，使它获得一定劳动部门的技能和技巧，成为发达的和专门的劳动力，就要有一定的教育或训练。"针对部分群众缺乏参与乡村旅游的知识和能力的实际，Y 村把教育农民作为重点任务，组织成立了农民学校，定期开展产业政策、服务标准与工作要求等知识技能培训；成立创业就业工作服务站，为有需求的农民提供创业咨询、就业指导、贷款抵押等服务，提高农民的就业创业能力。同时发挥平台组织的治理优势，让农民无成本或低成本进入农民创业平台，不断提升农民合作经营与致富能力。通过教育引导，农民因具备了与产业发展相一致的思想共识、相匹配的能力条件能够参与到产业发展之中，并为牵引式治理的作用发挥提供基础条件。

（2）参与机制：牵引式治理的实现方式

以还权赋能为核心主张的牵引式治理，强调参与生产经营管理是农民的基本权利，主张让农民更加广泛、深入、有效地参与产业发展。而按照马克思主义的观点："主体、主体性不是先验和预成的，而是在实践中生成、确证和提升的。"通过健全农民融入产业发展的参与机制，让农民更广泛、更深入、更有效地参与产业发展是牵引式治理的实现方式。

一是在分享发展机遇中形成广泛参与。产业发展带来了前所未有的市场机遇，使得农民就近创业就业、致富增收成为可能。如乡村旅游带动了销售、加工行业的发展，客流量的激增催生了民宿、餐饮行业的火爆，需求的升级助力新业态、新领域不断涌现，使得农民能够广泛参与到产业发展的各个环节，在分享发展机会的同时，越来越多的农民也被深深地吸纳到产业发展之中。

二是在矛盾纠纷调处中实现深度参与。产业发展不仅带来发展机遇，也催生矛盾纠纷。在产业发展中，Y 村先后遇到了游客激增带来的餐饮供需矛盾、生产经营引发的农民合作矛盾、收入悬殊导致的利益分配矛盾等问题。为此，Y 村健全落实了村级民主决策机制，规范完善了"四议两公开"制度，创新开设"明理堂"作为常态化协商平台，让农民在参与决策、参与协商的过程中，自主化解矛盾纠纷，实现参与进程深化。

三是在制度规范中提升农民参与实效。美国经济学家道格拉斯·诺思指出："制度是一个社会的博弈规则，或者更规范地说，它们是一些人为设计的、形塑人们互动关系的约束。"从功能看，制度具有稳定预期、规范行为、减少机会主义与促成合作行为的作用。Y 村制定了商户分组自治制度，将全村商户按照经营品类和所处位置划分成若干小组，借助"发誓文化"的承诺机制、动态打分的考评机制、失信经营的淘汰机制，有效规范了商户的生产经营行为。Y 村制定了特色小吃街管理规范，涵盖从商户经营项目的申报认领，到项目经营资格的择优录用，从特色小吃品类的统筹布局，到最低收入补贴的维持保障收入补贴，从对后进户的改进指导，到失信经营商户的惩戒退出，在有效规范商户经营秩序的同时，保障了农民的经济利益，提高了农民参与生产经营的积极性。总之，通过分享发展机遇、参与矛盾调处、规范生产经营，农民广泛、深入、有效地参与到了产业发展之中，参与治理的基本权利得到维护。

（3）共赢机制：牵引式治理的动力支撑

以还权赋能为改革取向的牵引式治理，倡导通过体制机制建设实现多方主体的共赢发展，实现对农民市场权益的有效维护。正如习近平总书记指出："改革发展搞得成功不成功，最终的判断标准是人民是不是共同享受到了改革发展成果。"实现改革发展成果共享，让参与产业的利益相关方都能分享发展红利，是牵引式治理的动力支撑。

其一，干部让利谋共赢。实现共赢发展，干部作风是关键。特权思想与特权现象，不仅是中国共产党作风建设的大敌，也与农民群众的日常期待、产业发展的市场环境格格不入。在产业发展中，Y 村村支书主动放弃持有合作社的股份，以自己的模范行动诠释着共产党人造福村民的初心，并带动普通党员干部的作风转变。如今，"干部队伍就是服务队""谁搞特权谁就没有威信"等成为 Y 村干部的思想共识和行动指引，深深赢得村民和商户的认同支持，为共赢发展营造了良好氛围。

其二，利益联结带共赢。利益联结是实现共赢发展的黏合剂与动力源。在实践中，Y 村把优势产业进行股权化改造，创办了 20 余家股份制合作社，充分吸纳本村村民、周边村民和外来商户入股分红，形成了全民参与、风险共担、收益共享的利益共同体。借助股份合作社改革，不仅实现农民在产业发展中稳定获益，而且促进农村多元主体由松散型的"利益相关"转向紧密型的"利益联结"，助推多元合作的持久维系。

其三，利益协调保共赢。为了协调多元主体间的利益分配矛盾，推动实现共赢发展，Y 村充分发挥利益要素的协调功能，创新设置了"三股共有"的股权结构，从而保障了村民的基本利益。村民可以交叉持股，自主选择持有农家乐、合作社等不同类别的股份，强化农民的利益联结。为防止收入两极分化，专门设置调节股，优先保证小户入股权利，并对分红金额予以倾斜；同时，对大户入股金额加以限制，超过一定标准的股份在分红时适当减少，达到收入分配合理调节的目的。可见，在干部让利的示范带动下，借助股份合作的利益联结、股权结构的利益协调，农民的共赢发展有了组织制度支持，农民持续参与产业发展有了长效保障。

（4）培育机制：牵引式治理的价值依归

以还权赋能为价值关切的牵引式治理，重视对农民自主性、能动性、创造性的系统培育，强调对主体价值、行动能力、创造精神的有效激发。按照马克思主义的观点，农民主体性是指农民在日常生产和生活实践中所展现的自主性、能动性与创造性。健全农民培育机制，不断增强农民的自主性、能动性、创造性，是牵引式治理的价值依归。

第一，在认同强化中增强农民自主性。自主性是主体性的首要特征，是"主体在作用于客体的过程中所显示的'主人'性质"。有学者揭示了自我认同与自主性发挥的内在关联性，为激发农民自主性提供了启示。实践中，Y村通过村庄历史、民俗文化、地方名片等地方性知识的深度挖掘，让农民对生活于其中的乡土文明有了全新的文化体认与精神认同。同时，乡村旅游的利益实现、乡村教育的文化培育、乡村实践的日常参与，使得农民对自身的主体地位、行动能力、主体价值进行再确认，主体自觉日渐形成，自主性也随之增强。

第二，在责任内化中发挥农民能动性。能动性是主体性的内在规定，是"主体在对象性活动中表现出来的主动性质"。从逻辑上讲，内化于心的责任认知是一种内驱力量，是外显于行的主体能动性发挥的基础支撑。Y村以股份合作社为利益纽带，让农民明白产业发展与个体利益实现休戚与共的道理，逐步实现了共同体意识的再造与农民主体责任的内化，并促成农民自发成立了各类协会组织，自觉开展对商户的指导、监督和管理活动。正是借助日常化的参与实践，农民有效地将责任认知转换为责任行动，并最终落实为能动性的有效发挥。

第三，在利益实现中激发农民创造性。创造性是主体性的最高层次，是人全面发展的根本特征和最高目标。回顾Y村产业发展历程，从产业规划吸纳民意到产业实施依靠民智，从产业发展带动民富到产业持续汇聚民力，正是在尊重、维护、实现、保障农民主体利益的过程中，农民创造性得到了生动彰显，产业发展也获得了源源不断的动力。

3. 优化牵引式治理的实现路径

乡村振兴背景下，产业发展激活农民主体性是一个崭新的学术命题。从应然逻辑看，产业发展激活农民主体性，需要依托以利益牵引为动力、以还权赋能为主线的牵引式治理，凭借衔接机制、参与机制、共赢机制和培育机制来落地。从实然角度看，依托牵引式治理的实践优势，农村应实现农民与产业在市场思维与经营能力的有效衔接，并以参与治理、共享发展、素能培育为形式，保障农民的治理性权利和市场性权益，增强农民的自主性、能动性、创造性，达到还权赋能和农民主体性激活的实践效果。而理想型牵引式治理的迁移，需要实现乡土逻辑、利益逻辑、制度逻辑的有效契合，推动产业的嵌入与融合，强化农民的组织和参与，保障多方的合作与共赢。

（1）乡土逻辑：实现产业的嵌入与融合是前提

牵引式治理实现的社会基础是乡村社会，其遵循的基本逻辑是乡土逻辑。匈牙利哲学家卡尔·波兰尼认为，人类的经济活动总是"嵌入"社会之中，且无法与社会"脱嵌"。乡村振兴背景下，产业发展同样深深地嵌入各种文化和结构设置之中，从产业的选择布局到嵌入融合再到落地生根，都要充分考虑当地的治理环境、市场条件、社会基础。一般来看，内源式的产业发展能够依托村庄内部的治理资源，如依托关系的强链接、交易的低成本、规范的强约束等更容易达成合作，但同样面临农民观念转型与组织整合问题。外引式的产业布局，则首先需要打通乡村治理的"最后一公里"，实现治理逻辑的乡土转换。在实践中，市场主体既要依托政府的产业政策支持，又要借助村庄权威的治理优势，培育形成市场利益驱动与乡村关系治理的合力，实现乡村的内在整合。只有当产业实现由选择布局的"嵌入"到与乡村自我发展的"融合"，牵引式治理功能才会逐渐显现。

（2）利益逻辑：强化农民的组织和参与是关键

牵引式治理实现的现实动力是利益牵引，其遵循的运行逻辑是利益逻辑。无论是对农民的动员组织，还是对农民参与的循序提升，都离不开农民利益的关照与维护。学者阿恩斯坦根据公众参与程度高低，提出了涵盖三个阶段八个阶梯的参与阶梯理论。从对农民的组织动员到农民的积极参与，遵循着参与阶梯的发展逻辑，需要从对农民的有效组织起步，融入对农民的教育、引导农民参与协商、合作，让农民在循序渐进中提升参与的积极性和主动性。就此而言，在推进产业发展过程中，要注意优化农民的组织方式，如借助典型示范与利益关照，激活农民的参与动力；同时，对农民自组织进行规范和培育，让农民以组织化的形式参与到乡村产业发展。在参与的过程中，要注意整合利用教育培训带来的观念能力塑造，产业发展带来的利益回馈，矛盾协调给予的效能反馈，以及股份合作培育的责任内化，文明公约培育的行为规范等多方合力，不断推动农民在参与产业发展中，对自身的主体地位进行再确认，对主体能力进行再认同，对主体价值进行再明确，为激活农民主体性创造重要条件。

（3）制度逻辑：落实多方的合作与共赢是保障

牵引式治理实现的长效保障是制度建设，其体现的内在逻辑是制度逻辑。推动多方的持久合作与共赢发展，归根结底需要体制机制建设，需要规章制度保障。利益相关者理论的核心思想是强调对多元利益主体间利益冲突的关照与调和。在产业发展中，牵引式治理激活农民主体性的长效发挥，需要以实现利益相关方的合作共赢为动力支撑，以制度建设为根本保证。从产业发展的实际来看，正是因为产业发展与乡村基础条件和农民意愿相契合，才能够赢得村庄认可与群众认同，进而有效扎根乡村，并逐步发展壮大。同时，农民正是基于对产业的利益预期和发展认同，才愿意自觉参与到产业发展中，并与产业发展同进步。在利益相关方对共赢发展的共同追求下，借助有关的制度规则建设，企业获得了市场利润、群众口碑，农民实现了致富增收、能力成长，村庄开始走向繁荣发展、内力增强。从这个意义讲，正是多方共赢局面的形成与维系，强化了利益联结机制的功能持续，保证了牵引式治理作用发挥的动力充沛。

二、积极推动农民主体地位的实现

推动农民主体地位实现需要国家、社会和农民自身的共同努力，通过完善相关体制机制和方针政策，培育、提升农民的主体意识与主体能力，调动社会力量与资本积极参与，为农民主体地位实现提供全方位支持与保障。

（一）进一步激发农民主体意识

农民主体地位的实现是以农民思想上的自我确认为基础的，要调动农民在乡村振兴中的积极性，必须充分尊重农民意愿，维护农民根本利益，提升农民的获得感、幸福感和安全感，发挥农民主体作用，要在思想上引导农民树立主体意识。

1.通过教育引导激发农民主体意识

要给农民提供真实而全面的信息和知识，教育引导农民自觉树立主体意识。相关工作人员要向广大农民群众大力宣传讲解乡村振兴战略、脱贫攻坚、中央和省委一号文件等，提高广大农民群众对国家政策、经济发展、法律法规等知识的知晓率，通过开展深入群众家中、踏足田间地头、组织小型活动等形式多样、内容丰富的活动激发农民群众的主体意识。注重引导农民发挥吃苦耐劳、自力更生、艰苦奋斗的优良作风，养成独立的实践精神，更要了解农民内心深处的情绪情感，帮助农民树立乡村振兴意识、农民主体意识，引导农民以自身的实际行动来推动乡村振兴。

2.通过示范引领激发农民主体意识

乡村振兴过程中涌现的优秀人物、先进事迹会对农民主体意识的激发产生重要影响。马克思、恩格斯指出："意识在任何时候都只能是被意识到了的存在，而人们的存在就是他们的现实生活过程。"这就需要围绕农民主体地位加大榜样示范的宣传力度，通过大力弘扬展现乡村振兴精神，公示实现农民主体地位的先进典型，讲述乡村振兴中涌现的先进人物和生动故事，强化农民对乡村振兴主体的思想认识，使农民了解自身是乡村振兴的建设主体、受益主体、评价主体。鼓励和支持乡村振兴中涌现的先进人物对政策理论和自身实践进行宣讲，对农民不知道、不了解、不明白的问题进行答疑解惑，使农民了解乡村振兴的相关工作，鼓励农民积极参与到乡村振兴中来。

（二）进一步发挥组织振兴带动力

保障农民主体地位是使农民在乡村振兴中发挥重大作用的基础，乡村要振兴，农民要发展，离不开党和国家的支持，只有充分发挥基层党组织的重要作用，农民在推动乡村振兴中才有力量。

1.通过强化基层党组织建设推动农民主体权利建设

提高农村基层党组织建设质量是推进农民主体权利实现的根本保证。以完善基层党组织建设为基础，保障农民作为乡村振兴主体的权益，高效落实一系列关于城乡二元结构以及对农民有利的政策措施，将乡村基础设施、医疗服务、公共教育、就业培训等的建设纳入法治化轨道。坚持基层党组织的领导，为农民主体权利实现提供保障，必须发挥农民群众在乡村振兴中的主体作用，依法保护农民群众的合法权益，处理好农村集体经济组织、承包农户和各类其他主体之间的权利和义务关系。通过坚持基层党组织领导，以"共商共信、共建共享"为原则，引导实现多元主体共同参与乡村建设和治理，实现协同共治，通过完善农民自治法律体系，提升农民自主治理的政治主体地位，依法保障农民作为乡村振兴主体的合法权益。

2.通过"主动治理"推动农民主体权利建设

农民是各项政策措施实施的重要力量，因此，可以通过"主动治理"推动农民主体权利建设。推动实现从"被动管理"转向"主动治理"是推动农民主体权利实现的有力举措，通过坚持和加强党对乡村治理的集中统一领导，增强党在乡村治理中的作用力和整合力，通过在乡村优秀年轻人和献身于乡村振兴的广大有志青年中培养党员，实现农村基层党组织人才队伍建设。在有序高效推进乡村振兴相关制度和政策实施中提高农民自主治理乡村事务的能力，深化村民自治实践，发挥农民主体作用。通过提供多样化的渠道和方式实现农民"主动治理"，实现农民"想治理—愿治理—能治理"的认识转变和能力提升，为乡村振兴提供良好氛围和环境，充分调动亿万农民的积极性、主动性、创造性，使农民从心底里把乡村振兴作为和自身息息相关的事业并为之奋斗，最终实现乡村振兴。

（三）进一步发挥产业振兴基础力

乡村振兴中产业兴旺是基础，从经济上实现农民主体地位对乡村产业发展具有决定性意义。习近平总书记提出："充分发挥亿万农民主体作用和首创精神，不断解放和发展农村社会生产力，激发农村发展活力。"

1. 通过产业融合实现农民生产主体地位

乡村产业振兴，农民是最大推动力量。要发挥农民在乡村土地上的生产主体地位以及掌握对农业生产第一线实践经验的历史作用，通过大力发展乡村产业，构建以种植业为基础、以加工业为支撑、以商贸服务为引领的乡村产业体系，引导农民就地就业，让农民分享产业链增值收益。推进乡村旅游业与精品农业、特色农业相结合，以乡村一、二、三产业融合发展为契机，因地制宜地选择适合乡村持续发展的经济产业，通过产业融合为乡村的持续发展提供基本动力支撑，为实现农民主体地位提供良好的客观条件。实现乡村产业融合基于持续推动农民增收和推动乡村经济发展的目标，必须放弃只顾眼前利益而不做长远打算的思想，结合现代化的生产理念和经验以及高效高质的方式和手段实现乡村经济的持续发展，为实现农民生产主体地位提供长远发展空间。

2. 通过共享发展实现农民主体地位

共享乡村产业兴旺和经济发展成果是实现农民主体地位最具有共享意义的目标，乡村振兴既要相信农民、依靠农民，也要让生产成果惠及全体农民。注重效率，更要重视公平，要在发展乡村经济的过程中把公平放在重要位置，通过对乡村经济发展状况进行合理公开，使农民了解乡村经济发展的情况与信息，让农民群众参与发展，为乡村经济发展建言献策，享受乡村经济发展成果。要始终着眼于最广大农民群众的根本利益，公平合理地分好乡村振兴成果这块"大蛋糕"，既要尊重农民群众在制作"蛋糕"时的辛勤劳动，也要在分乡村振兴成果这块"蛋糕"时不挫伤农民的积极性。乡村经济发展终归来说是使农民收益的，只有调动农民的参与积极性，使农民收益，乡村振兴才有希望。

（四）进一步发挥人才振兴吸引力

农民是推进乡村振兴和农业农村现代化的核心力量，农民综合素质影响乡村振兴程度如何，要提升农民在农业中的现代化生产能力，培育具有现代化理念和技术的人才，实现多元主体之间的相互促进。

1.通过技能培训提升农民综合素质

乡村振兴战略是促进农村和农业发展的重要举措，继而对涉农人员的从业技能也相应地提出了更高的要求，新时代农民要有能力、有文化、懂技术以及具备现代化农业生产技能和经营管理能力。大力发展农民教育培训事业，通过邀请在农业方面有研究的高级技术顾问、专家学者和经验丰富的农民，组织举办农业职业技能专业培训班和农村实用技术培训班等进行理论讲解和交流总结，提高农民对现代化农业生产理念、技术、设备等的了解和掌握水平。鼓励掌握先进农业生产技能的城市人才、在校学生、科研人员、管理人员等下乡对农民进行面对面的技术指导和实地考察，针对乡村振兴过程中出现的各种实际问题和未来可能会出现的情况给予有效建议和解决办法，在此过程中不断提高农民的现代农业生产技能和经营管理能力，提升农民整体综合能力和素质。

2.通过引进培养完善人才队伍建设

实现农民主体地位依赖于各类优秀人才的共同参与，地方政府应加大对乡村精英的培育，将乡村精英吸纳至乡村治理体系中，使其回归至乡村振兴的主体角色。优秀人才是乡村高质量振兴的关键，新时代乡村振兴依靠原有经验和方式显然是行不通的，因此要通过培养乡村现有人才和吸引外来人才相结合走出一条振兴发展的新路。通过引进掌握现代农业生产技术的人才和乡村发展急需的外来科技人才，为农业生产提供现代化生产方式，鼓励掌握现代化农业生产技术的人才结合不同地区的不同情况因地制宜进行农业生产。通过引进现代化经营管理人才实现乡村发展理念的更新和发展方式的创新，为乡村振兴提供稳定持续、高效全面发展的动力和保证。培养挖掘乡村本土人才和劳动力，做好农民工等回乡返乡人员的就业工作，使他们掌握现代化生产必需的知识与能力，通过构建现代化农业发展人才体系来实现各类优秀人才共同推进乡村全面振兴。

（五）进一步发挥内外保障影响力

作为乡村振兴"第二生命"，外部保障的生态振兴是乡村振兴的重要载体；作为乡村振兴"铸魂工程"，内部保障的文化振兴是乡村振兴的关键因素。作为乡村振兴主体的农民承担着生态环境治理和文化发展创新的重要责任。这就要求农民必须践行乡村生态理念，营造乡风文明的氛围，积极主动地支持与配合国家关于生态文明建设和精神文明建设的相关要求。

1.通过践行绿色发展理念来滋养主体实践

乡村美丽宜居的生态环境是农民享有的最公平的公共产品，对农民主体地位的实现具有积极的意义。农民作为乡村良好生态环境的直接享用主体，必须牢固树立绿水青山就是金山银山的绿色生态理念，明晰乡村环境是进行生产生活的重要载体。教育农民从思想上提高认识，自觉树立起保护乡村生态环境的意识，积极配合国家保护生态环境的各项政策，把生态环境作为自身的"第二生命"。引导农民在乡村日常的生产生活中践行绿色发展理念和绿色生活方式，鼓励农民积极响应国家推进农村"厕所革命"的号召建设干净文明的厕所，不乱排畜禽养殖粪污，不乱丢垃圾，在农业生产中主动减少农业化学投入，不在田间焚烧农作物秸秆等，通过实际行动来自觉保护生态环境。为实现人与自然的和谐目标，构建符合时代发展需求、增进未来社会福祉的农村生态秩序，必须充分发挥农民的主体作用，只有农民树立起保护乡村生态环境的主体意识并承担起保护乡村生态环境的主体责任，才能够实现乡村的永续发展。

2.通过乡风文明来厚植主体地位

乡村文化振兴是一个复杂、艰巨的系统工程，需要全民全面参与。积极探索、挖掘乡村特色文化，通过加强培育文明乡风、良好家风、淳朴民风，引导营造人人参与的浓厚氛围，让农民群众成为乡村文化的参与主体、创新主体，注重发挥文明家庭、星级文明户的示范作用，集中力量打造美丽乡村示范村，让农民在向榜样看齐、追求先进的氛围中不断提高自身素养和对乡村文化振兴的认同。通过完善村规民约，强化农民作为乡村振兴主体的使命、工作意识和责任，引导农民自觉约束自身不卫生、不文明、不健康的行为。发挥农民在乡村文化振兴过程中的监督作用，通过聘任乡村传统手工艺传承者、文明乡风监管员等对乡村文化进行全方位挖掘和保护，让农民对乡村文化由内而外产生自豪感、自信心。

总之，农民主体地位意味着农民是乡村振兴的建设者、享用者、评价者、衡量者。在全社会形成尊重农民、相信农民、依靠农民的认识，使农民成为有前途、有奔头的职业，改变过去农民代表贫困、落后、愚昧的形象，是实现农民主体地位的实际要求，全力实现乡村振兴和中华民族伟大复兴中国梦是实现农民主体地位的价值体现和追求目标。

第三节　农村产业振兴发展策略

一、加快农业供给侧结构性改革

（一）大众需求变化的要求

首先，我国目前已经进入新时代，当前社会的主要矛盾已经变化为人民日益增长的美好生活需求和不平衡不充分的发展之间的矛盾。这说明我国的生产力已经达到一个中等偏上的水平，同时我国人民对于更高水平的生活需求有了更高的标准。现在的重点是我国由原来生产总量不足到现在生产质量不够的问题。促进农业方面供给侧结构性改革是我国目前农业现代化和农业产业兴旺迫切的任务要求。实现农业供给侧结构性改革要以市场为导向，以科技为支撑，以人民的需求为最终目的。

其次，目前我国老百姓对于产品尤其是食物类产品的关注度大多都在产品是不是绿色有机食品，是否可以吃得安全，吃得放心，是否有毒害残留物等。所以在推动农业供给侧结构性改革过程中，要多以这几个方面为出发点。同时对于农产品的生产、流通、储藏、销售等环节都要施加严格的市场监管。在农村生产一端要注重使用无毒害有机化肥，调整养殖业和种植业的结构比重和类型，大力推广绿色有机生产方式，并且要做到有效治理农村生态环境问题，要生产出有质量有保障的农业产品。

最后，在政府的优惠政策鼓励和扶持下，大多数从事种植或养殖行业的农民都已经意识到发展更高水平、更高质量的农业产品的重要性。由于农产品受到气候和市场的双向作用的影响，经常会出现丰产不丰收的现象。所以，只有生产高质量高水平的农作物才能使自家生产的农作物在经济市场中站稳脚跟。这些变化明显地体现出大众的需求不再是对于产品量的要求，而是对于农业产品质的追求。由之前吃得饱、穿得暖转变到现在吃得好、穿得得体。所以无论是政策要求还是大众的意识都已经从原来的供给一侧转变为重视现在的需求一侧。

（二）社会发展阶段变化的要求

一方面，我国的新农村现代化建设已经进入了新的历史阶段。我国的基本矛盾由对社会总量的矛盾转化为不平衡不充分发展的矛盾。而市场要求也发生了变化，由原来的供给端转变为现在的需求端，这不仅是人民的需求，更是历史发展进程的规律。面对这种形势，对于农村发展来说不免也是一种机遇，促进了新形式的农业生产方式和耕作方式。在新的社会发展时期，农业作为一个国家最基本的保障性的产业，更要不断完善供给质量，坚持市场需求，种植出、生产出更多的绿色有机、无公害的农产品，从而促进新农村的建设以及更好地适应社会历史的发展，最终达到推进产业兴旺和农业现代化的要求。

另一方面，随着社会矛盾的转变，我国的农业生产方式也随之发生了变化。所以要坚持农业供给侧结构性改革，坚持以质量为提高标准，以市场需求为生产导向，以绿色有机农业为生产基础，完善生产、储藏、销售等流程体系，从而提高我国农业产业在整个国民经济中的市场份额，最终实现我国由传统农业大国向世界现代化农业强国的转变。

（三）提高农产品竞争力的要求

随着人们对商品质量意识的提高，人们在购买商品时开始关注商品的各种质量认证，所以只有提高产品质量才能保证产品在市场中的竞争力。之前的农业生产力差，生产方式落后，导致原先的农业生产注重农产品的数量，一味地追求农产品的产量。目前的农业产品市场已经由原来的总量需求转变成对质量品质的追求。市场中有部分产品供过于求，有的产品供不应求，导致一大部分农产品生产过剩堆积过多，价格卖不上去，产品卖不出去，最终致使农民丰产不丰收。所以我国农业经济目前迫切要解决的就是农业生产结构优化的问题，要求不断提升产品的质量，打造当地特色名牌，从而提高该地区农业产品在市场上的竞争力。

注重产品质量，要发挥产品特色效益。之前的农业主要是保证国家粮食安全，更多强调要有足够的农业产出量从而保证国民吃的问题。现在的粮食安全更偏向于吃得安全，吃得放心等。所以走农产品质量竞争的道路，要保证农产品的绿色有机和特色品牌效应，农民种植产物要按照市场的需求导向进行生产。现阶段人民群众对食物的要求越来越多样化，越来越特色化。所以这就需要农业生产者转变生产方式和观念，积极种植和培育当地特色农业，做好包装和宣传。另外，时至今日仍然有许多高质量的农产品是以田间贩卖或者集市贩卖的形式卖出的，这样很有可能被中间商低价买入高价卖出，从而使农民得不到应有的经济收入。所以提高农产品质量也要注重从基层做起，对于农产品进行直接包装、运输以及打造品牌宣传，促进农产品的现代化流通。

二、大力发展农村文化产业

农村文化产业是我国文化产业的重要组成部分，也是在乡村振兴战略实施背景下开展农村文化建设的重要路径和条件，具有深远意义。农村文化产业的发展能够有效促进农民增收，夯实产业兴旺的经济基础，同时满足群众对精神文化的需求，为文明乡风的形成提供良好的文化氛围。因此，要坚持因地制宜、以人为本的原则，推动农村文化产业和文化事业协调发展，将农村文化产业和公共文化产品供给结合起来，通过对民俗文化、非遗文化等资源的开发，创新文化产业发展形式，促进农村文化产业发展迈向新的高度。

（一）保护和挖掘农村特色文化资源

在我国上千年的封建文明发展历程中，农村为传统文化的形成和发展提供了丰厚的土壤，农村社会也被传统文化深深地影响，其中既有优秀积极的因素，也有封建落后的糟粕。农村传统文化中的优秀文化资源，能够为农村文化产业发展提供可供挖掘的丰富资源。近年来，我国农村文化产业有了一定程度的发展，但发展基础仍然薄弱。因此，要注重对农村优秀传统文化的保护和挖掘，并鼓励农村地区通过挖掘特色文化资源推进农村文化产业的发展。

1. 建立农村文化资源评估体系

目前，我国的农村文化资源在一定程度上得到了开发，文化产业发展也取得了一定成绩。但总的来看，农村文化产业发展仍处于萌芽阶段，农村文化资源优势未能转化为产业发展优势，部分农村地区的古遗址、古村落等破坏严重，还有部分地区存在着文化资源重复开发、同质化竞争等问题，农村文化资源的开发整体呈现出散、乱、小的局面；资源的转化率较低，甚至有些传统手工艺面临发展乏力、后继无人的局面。因此，必须建立一套健全的农村文化资源调研和评审机制，为农村特色文化资源的开发和文化产业的发展提供依据。

一是要建立农村文化资源的调研机制。农村文化资源的调研是指在一定时间内，对农村文化资源的信息资料进行收集、整理、分析、总结，以确定农村文化资源的存量情况、开发情况、保护情况、开发情况等，从而为农村文化产业的发展、规划提供可靠依据。农村文化资源调研机制的建立对农村文化资源的保护和挖掘、文化产业的发展都具有重要意义。一方面，通过调研可以掌握农村文化资源的情况，为农村文化产业规划、发展、决策提供基础原始数据，有利于改善农村文化产业发展散、乱的局面。同时政府部门也可通过这些原始数据，了解农村文化资源的开发情况、保护情况和濒危情况等，及时采取必要措施，保障农村文化产业的持续健康发展。另一方面，通过对农村文化资源的调研，可以发现农村文化资源开发的趋同性、延续性，从农村文化资源独特的美学价值、考古价值和历史价值出发，分析出文化资源的经济和社会价值，提高农村文化产业发展的信心和自觉性。健全的农村文化资源调研机制需要明确调研原则、调研对象等内容。农村文化资源的调研活动必须遵循记录事实、全方位立体考察、定性与定量描述相结合、现场勘查与文献查阅相结合的原则，对农村民俗风情、历史传说、特色建筑等文化资源进行系统调研。要建立农村文化资源调研的常态化机制，以发现新的可供挖掘的文化资源。

二是要建立农村文化资源的评估机制。在农村文化资源向文化产业发展资本转化的过程中，文化资源评估意义重大。通过对文化资源进行评估，能够对文化产业发展优势进行明确定位，从而科学规划文化产业布局和结构，避免同质化竞争产生的资源浪费，有利于文化产业品牌项目的打造。要坚持客观性、数量化和可比性的原则，建立农村文化资源的评估机制。客观性是指对农村文化资源进行评估时，本地工作人员进行回避，以保证结果的真实客观；数量化就是要通过数量化的指标体系获得准确的评价结果；可比性就是指要对不同文化资源进行比较，对评价思路进行简化。

三是要建立农村文化资源评估的帮扶体系。城市文化建设和文化产业发展比农村要早，对文化资源的评估也积累了较为丰富的经验，因此可以积极发挥城市的经验优势，帮助郊区或周边县区的农村开展文化资源评估，为农村文化产业发展提供指导意见。农村可以派出学习能力强的年轻人到城市学习经验，也可以引进城市的专家人才进行现场授课、指导，制定相应的评估办法。

2. 组建农村文化资源研究智囊团

农村文化资源研究智囊团主要是针对当地农村的文化产业发展定位、策划等问题提供解决方案，也可称为艺术智囊团或艺术顾问团。欧美、日本等发达国家都成立了大量类似文化智囊团的研究和推广机构，形成了人才聚集效应，有力推动了文化产业发展和品牌的建立。对农村地区来说，在政府部门主导下，建立农村文化资源的研究机构，对乡镇、农村的文化资源进行系统调研和深入挖掘，能够更好地统筹农村文化产业发展。

目前，在县域范围内组建文化资源智囊团仍存在一些困难，一方面是农村经济基础比城市相对薄弱，知名专家数量少，专业水平与城市相比仍有一定差距；另一方面是大部分农村文化企业盈利状况较差，员工待遇难以得到保障，对文化产业人才缺乏吸引力，文化产业发展后劲不足，甚至一些具有浓厚地方特色的民间传统工艺已面临后继无人的困境。因此，组建农村文化资源智囊团必须首先解决以下问题。一是要加强与城市文化资源智囊团的交流合作，邀请专家、文化产业策划人才、经营人才等对农村文化资源进行充分的调研、科学规划，对农村特色文化产业发展进行指导，促进文化资源向文化产业资本转化。同时要对农村文化资源的调研结果进行公布，加强案例宣传，并向先进地区学习，提升文化基础和文化产业发展自信。二是要改善农村文化产业的就业环境和待遇，可通过产权股份机制，根据人才特点和贡献分配不同比例股份，吸引专家、人才的加入，并积极吸收热爱文化的村民加入，充实文化产业发展队伍。三是要加大对民间手工艺、民宿文化等的扶持力度，吸收民间技艺传承人加入研究团队，加大对传统特色文化元素的保护和开发力度，将特色文化元素与农村文化产业发展相融合，实现传统文化元素保护与文化产业发展的双向赋能。

3. 加强农村特色文化资源的保护性开发

农村发展文化产业比城市更具资源优势，一方面农村地区有优美的自然环境、古老的传统建筑和特色民间手工艺品等可供开发的文化资源；另一方面农村地区还保留有当地传统的风俗、文艺表演和传统节日活动，为发展文化产业营造了良好的社会文化氛围。在发展农村文化产业时，充分开发运用这些传统文化资源，有利于打造具有当地特色的文化品牌。对农村特色文化资源的开发要以保护和传承为前提，以弘扬优秀传统文化为抓手，突出当地文化产业的特色性。

一是政府部门要成立农村特色文化资源调研领导小组，把农村文化产业的发展作为一项战略任务，并明确各政府部门在农村特色文化资源调研中的职责分工，重点做好少数民族聚居农村等特色文化资源特别丰富的农村地区的资源调研工作，并及时整理和汇报特色文化资源的调研和开发情况。

二是在做好农村古建筑、传统民居等物质文化资源普查工作的基础上，统计民间传统技艺的种类、传承人数量及年龄结构等数据，将所有数据按照文化资源的历史、现存量、分布村落等进行归类，并与其他具有类似文化资源的村镇进行比较，在比较中寻找自身特色和优势定位。同时，要在比较中找到与其他村镇进行文化产业合作的机遇，这有利于形成优势聚集，推动区域内农村文化产业整体的发展。

三是要通过立法强化农村特色文化资源保护的制度保障。要加强对文化资源保护的立法，以法律形式加强对农村古建筑、古村落和文化遗址的保护力度，并对村民、文化企业、游客等做好宣传和普法工作。同时要加强对文化企业的监督，在进行特色文化资源开发的过程中，不得以任何原因违建、扩建或破坏，为特色文化资源的保护性开发提供制度保障。

四是要做好特色文化资源开发的动态跟踪和保护。要对已登记的特色文化资源进行动态监管，对未开发的特色文化资源由政府部门统一权责，将保护责任落实到位，对已开发的特色文化资源进行跟踪，防止过度开发。要对已登记的特色文化资源存量和开发状态进行及时更新，尤其是对民间艺人和非遗传承人的年龄、数量等进行动态记录，以掌握特色文化资源的生存状态。

（二）构建农村文化产业发展平台

农村文化事业的发展极大改善了农民的精神文化生活状况，农村文化产业的发展则能更大地激活农村文化的内生动力，进一步促进农村文化的发展。在乡村振兴战略中，农村文化产业的发展状况是乡村文化振兴的关键，要着力构建农村文化产业的发展平台，将农村优秀的文化内涵赋予到文化产业发展中，并由此带动农村其他产业的发展，形成完整的产业链条。

1. 构建农村文化产业发展金融支撑体系

资金短缺是阻碍农村文化产业发展的一大难题，构建金融支撑体系、保证资金投入，是推进农村文化产业持续健康发展的动力。要积极构建多元主体参与的农村文化产业发展格局，促使政府、企业、社会和个人等共同参与其中，拓宽资金来源渠道。同时，要健全农村文化产业发展的金融支撑结构、保险机制、评价体系、担保体系，加快农村文化产业金融支撑体系的建设。

一是以政府为主导，加大农村文化产业发展的投融资支持。农村文化产业本质上是营利性的，但是其健康持续发展仍然需要政府的支持。一方面，政府在加大对农村文化产业事业财政投入的同时，也要采取直接投资的手段，推进农村文化产业的发展；另一方面，政府部门要采取积极的行政手段，吸引社会资金，要降低农村文化产业的融资准入门槛，扩大社会资金参与渠道，形成投资主体多元、方式多样、渠道多源的投融资机制。同时，企业、个人等在农村文化产业投资中受益，能够进一步提升社会参与投资的积极性。要鼓励多种经济成分共同参与的经营模式，激活农村文化产业发展的内生动力，推动农村文化产业的持续发展。

二是建立以农民自筹资金和金融机构信贷为主要内容的金融支撑体系。我国农村文化产业仍处在起步阶段，农民自筹资金是解决农村文化产业资金匮乏最直接、最有效，也是最符合现实情况的手段。政府部门要出台相应措施，在财政和税收方面给予一定政策优惠，鼓励农民自筹资金创办文化走廊、文化团体、文化作坊等不同形式的文化企业。在目前的金融制度下，商业银行等金融机构信贷是农村文化产业进行融资的另一个可行路径，但是由于农村文化产业基础仍然薄弱，且其发展具有一定的特殊性，难以提供贷款所需担保，因此融资难度较大。要建立农村文化产业融资的风险分担和补偿机制，创新金融机构信贷方式。

三是引导民营资本和外资力量进入农村文化产业。民营资本对市场的发展变化具有敏锐的洞察力和强大的适应能力，民营资本的加入能够使农村文化产业更加适应市场趋势，为做大、做强农村文化产业提供强大活力，驱动产业发展升级。因此，地方政府在落实国家对于非公有制经济进入农村文化产业相关规定的同时，也要创新民营资本参与农村文化产业的形式，降低准入门槛，使民营资本成为农村文化产业资金来源的重要补充。外资除了具有资本对市场的敏锐度，可以为农村文化产业提供资金支持之外，还能够带来新的投融资和管理理念，创新农村文化产业的发展经营模式。因此，要营造良好的农村文化产业营商环境，减少外资准入限制，吸引外商投资。

四是搭建农村文化产业投融资中介桥梁。由于农村文化产业的运营人才缺乏，导致文化产业运营主体对农村特色文化资源的资本化运作意识较为淡薄。因此，要加大对农村文化产业经纪人的培养力度，建立农村文化产业投融资中介机构，完善中介机构的评估、监督和反馈等功能，对农村文化产业投融资状况进行动态跟踪，形成地方政府主导，中介机构负责，资本和中介互相监督的互动机制。

2. 搭建农村文化产业营销平台

营销是推动农村文化产业发展，实现产业发展战略意图的重要环节和必要手段。农村文化产业发展时间较短，稳定的消费市场尚未形成，通过搭建营销平台能够系统看到产业发展各主体、要素之间的联系，打造多主体互动的经营体系。

一是搭建供需端交流平台。基于完整产业链条的文化产业销售格局是农村文化产业持续发展的基础。要积极构建包含政府、产业链各环节运营主体，消费者和农民等各方面的产业关系平台，实现供需端交流常态化。通过平台，各文化产业主体可以将农村文化产品直观地向市场展现，实现农村文化产品内容和特点的有效表达，进一步推进农村文化产业完整供给链条的形成。

二是搭建农村文化产业发展的路径平台。在农村文化产业供需端交流平台建立后，要对自身资源优势和文化特色进行重新定位，结合市场需求开发符合时代要求、满足生活需要的农村文化产品。在农村文化产业发展路径平台的搭建中，要以弘扬地方特色文化为核心，赢得消费者青睐的同时，为农村特色文化培育更多传承人。要加大对平台建设的人力和物力支持，紧跟群众对精神文化的需求，适时打造文化产业发展的新路径、新模式，实现农村文化产业的持续快速发展。

三是要做好农村文化产业的售后服务。农村文化产业的售后不仅包括服务的售后，还包括符合可持续发展要求的售后。一方面，要维护农村文化产业的形象，避免文化产业发展中出现破坏农村文化建设的负面影响，促进农村文化产业的可持续发展；另一方面，要激发农民的文化消费活力，既能作为生产主体享受文化产业发展所带来的经济利益，也能作为消费者促进文化产业发展，为农村文化产业注入源源不断的动力。

3.规范农村文化市场管理体系

规范有序的农村文化市场是农村文化产业发展成熟的重要标志。必须要加强农村文化市场的管理，从行政化向法制化转变，倡导健康的文化消费理念，打造文化产业精品，繁荣农村文化市场。文化市场管理一般是指政府相关部门通过法律、行政和经济手段，对文化市场各主体及相关经营活动、交易行为等进行规划、引导、组织、协调和监督，并为各主体提供服务，以确保文化市场经营活动正常有序。对农村文化市场来说，可以从以下几个方面着手，建立规范的农村文化市场管理体系。

一是健全农村文化市场管理的法律规范体系。政府部门对农村文化市场管理的引导和规范，需要从政策和制度上进行支持和完善。要建立健全农村文化市场管理的法律规范体系，运用法律手段强化管理，促进形成公平公正、规范有序的农村文化市场。

二是建立权威性、高层次的农村文化市场管理机构。农村文化产业作为起步不久的新兴产业，一些地方为保护本地企业，而采取区域封闭的市场管理方式，对外地商品和服务的进入设立了严格关卡，甚至采取带有地方保护主义色彩的政策办法，排斥外地产品的进入。因此要建立权威性、高层次的农村文化产业管理机构，克服狭隘的地方保护主义，加强对外交流和合作，打造开放有序的农村文化市场。

三是要强化经济手段在农村文化市场管理中的运用。在市场经济条件下发展农村文化产业，需要遵循市场规律，明确政府在农村文化产业市场管理中引导和服务的职能定位，而不是进行强制性的行政控制。因此，要多运用税收、信贷等经济调控手段进行市场干预和管理，减少规定、命令、指令等强制性行政手段对经济活动的调控。

4. 完善农村文化产业人才培育和发展平台

农村文化产业的发展，必须解决人才短缺的问题，完善农村文化产业人才培育和发展平台，要加大对相关人才的培养力度，尤其是在创新型人才培养内容上，要涉及农村文化产业的经营、管理、创意设计等各方面；在培养方式上，要注重将国际经验与国内发展实际相结合、将理论与实践相结合，培养既具有理论实践素养，又具有开放发展眼光的新型人才；在培养路径上，要构建政府、高校和文化企业三方协同的合作培养机制，充分发挥政府的政策优势、高校的学术资源优势和文化企业的资本优势，打造国内培训、国际交流与合作的人才培养模式；在培养方向上，要针对农村文化产业的特点，着重培养既懂专业又会经营的复合型人才，同时要注重对文化创意等创新型人才的培养。人才培养工作的开展能够为农村文化产业培育专业的后备力量，但无法在短时间内解决农村文化产业人才紧缺的局面，因此还要持续加大对农村文化产业人才的引进力度，尤其是高层次、专业性人才，充实农村文化产业人才队伍。

（三）打造农村文化产业品牌

随着农村与城市交流日益频繁，文化产业市场也日趋开放，文化产业运营主体间合作与竞争并存，文化产品的竞争越来越倾向于精品的竞争，只有找准自身优势，打造特色产品，才能够在文化产业市场竞争中脱颖而出，才能够树立农村文化产业品牌形象，进一步扩大影响力和吸引力，放大农村文化产业优势效应，提升发展水平。

1. 依托资源培育文化品牌

农村文化的深厚底蕴，为发展农村文化产业提供了有利条件，也为农村文化产业品牌培育提供了土壤。培育农村文化产业的知名品牌，是促进农村文化产业发展升级的关键举措，有利于增强产品吸引力，提升产业价值。培育农村文化产业品牌，一方面要将产业规划与农民意愿相结合，实施农村文化产业发展的品牌战略，定位农村特色文化优势，因地制宜，从当地的文化资源情况出发，打造精品项目和产品，树立农村文化产业的品牌形象；另一方面要将经济效益与社会效益统一起来，农村文化产业品牌打入市场，必须遵循经济与社会效益的统一，突出品牌优势和形象定位，扩大在受众群体中的影响力，增强市场竞争力。

2. 完善农村文化产业链条

农村文化产业是一个复合型产业，涉及一、二、三产业众多部门。完整产业链的形成，一方面能够充分发挥文化产业的带动作用，促进其他相关产业的发展；另一方面又能够对农村文化产业发展赋能，驱动产业升级。因此政府部门要搭建农村文化产业的合作交流平台，促进上下游企业之间的交流，实现供需信息精准匹配，从而推动产业要素有效流动，提升生产效率。同时要推动农村文化产业与其他产业的跨界融合，赋能其他产业发展，提升产品附加价值，形成农村文化产业的生态闭环。

3. 积极发挥新媒体作用

农村文化产业品牌的树立，不仅要依靠农村丰富的文化资源，还需要加大宣传，扩大影响范围。在加强传统线下渠道宣传之外，还要重视新媒体在文化品牌树立中的积极作用。

要顺应信息化、数字化时代发展要求，运用新媒体传播速度快、受众范围广等特点，加大对农村文化产业的宣传力度。要综合运用杂志、期刊、电视等传统媒体和微博、短视频、直播等新媒体，打造多维度、全方位的农村文化产业推广体系。同时还要运用新媒体开展各类营销活动，加强与消费者的互动，向消费者推介相关产品，提升消费者的参与度，助力文化品牌形象的树立。

三、优化农村产业发展环境

（一）强化政策保障作用，建立健全法律法规

加强顶层设计，完善政策和法律法规。农村产业兴旺是农村产业的整体腾

飞，不是仅仅某个村或某些村的产业发展，因此，必须强化顶层设计，一方面要发挥城乡的自身优势，在促进城乡融合发展中，促进农村产业发展；另一方面，要促进农村产业发展，通过优化整体布局，减少区域之间的同质化竞争，促进区域内农村产业的发展，避免在发展的过程中顾此失彼。首先，农村产业是在新发展理念指导下的新发展，虽然目的是促进农村产业发展，提高农民收入，但是保持基本耕地红线，促进美丽乡村建设等基本方向不能动摇。在此基础上，完善相关政策，促进城乡产业和要素互通，完善农村产业扶植政策，强化经营主体，促进农村产业兴旺。要完善促进产业兴旺的相关法律法规，在已有的《农业法》等基本法、《农村股份合作企业法》《国有农场条例》等特定领域法律的基础上，针对当前我国农村产业发展新形势，加快法律的修订，就新领域的新问题加强立法，尤其是加强促进农村产业发展的相关立法。加快修订和完善农业机械化、农业补贴、农业保险、生态农业、农业投资等方面的法律法规，出台农村产业发展的基本性法律，做好在农村产业投入、产业改进和绿色生产、强化农业主体地位、风险救济和防治、农村产品市场建设等方面的配套立法工作，完善农村产业发展法治体系，促进农村产业健康发展。

推进机构改革，强化政策落实。政策落实有力的一个重要条件是有专门的机构推动落实，从而减少因为机构职能宽泛而造成的政策落实缓慢的现象。为此，必须大力推进农村产业机构改革，成立专门部门推进农村产业发展，充分发挥专业协会等社会组织的作用，统筹龙头企业，形成从上至下的政策推进机构体系，同时政府、社会组织和企业之间通力合作，共同推进政策的落实。创新政策的推进机制，改变自上而下或自下而上的单向模式，完善上下协同、组织高效的政策推进机制，发挥农业专业合作社、农业协会等社会组织和企业的作用，充分了解在政策落实过程中农民的想法，及时调整政策的落实机制，在上下互动中推进政策的高效、顺畅落实。

（二）推进文化环境转型，改善农村基础设施

强化法治意识，促进农村文化环境转型。人情社会、口头约定等是农村长期以来的文化烙印，由于人们获取法律知识的途径有限，法律知识匮乏，部分农民对法律概念一知半解，从而导致农民法律意识淡薄，虽能对刑事犯罪有相对清晰的认识，但是对于适应市场经济的发展还有较大的差距。市场经济是法制和契约经济，因此要加强农村法制宣传和教育，培养农民法治思维。法律知识是法治思维的基础，只有学法才能懂法和用法，从而形成法制化的环境，因此要拓展农民

法律学习的渠道，创新法律宣传的方式，打破单一的"灌输式"模式，采取人民群众喜闻乐见的宣传形式，推进领导干部带头学法和用法，定期开展法律学习活动，对产业发展相关的法律进行针对性讲解，提高农民促进产业发展的水平和能力；完善契约执行环境，提高契约履行率，除了规范和完善契约本身，营造良好的契约执行环境也十分重要，要建立良好的利益共享机制，减少因地位不对等造成的违约行为，建立信用评价体系，积极营造遵守契约的良好环境，要充分发挥协同作用，推进农村自治、法治和德治协调发展，营造利于产业兴旺的发展环境。

完善农村基础设施，改善农村投资环境。依据地方产业发展需要合理规划，优先解决产业发展中的基础设施问题，在此基础上，地方自主推进基础设施的升级。不同地区产业格局不同，对基础设施的要求各不相同，针对地区产业发展的需要，有针对性地进行基础设施的规划，提高资源利用效率，优先促进农村产业发展。促进多元主体投资建设农村基础设施，政府是农村基础设施建设的主要推动者和引领者，随着农村产业的发展，农村企业和农民都是基础设施的主要受益者，应该成为农村基础设施建设的主体，要促进政府牵头、企业参与，共同推动农村基础设施建设。农村基础设施作为农村产业发展的硬件，必须得到严格的管理和维护，要加强政府监察，企业和社会管理维护，减少公共领域内因管理维护主体缺位造成的基础设施过度开发利用现象。

四、合力解决产业兴旺要素难题

（一）有序推进农村土地流转

土地是农村发展的重要基础，有序推进土地流转是农村产业发展的重要前提，首先要完善土地确权，这是进行土地流转的第一步，然后要和农民讲清楚土地流转的政策和机制，完善政策落实，在完成土地流转后，是产业发展的重要时期，必须稳定土地流转，建立风险防范机制，为产业的发展提供稳定、牢固的用地保障。

完善土地确权。精准落实土地确权是推进农村土地有序流转的首要基础，只有产权明晰才能减少土地流转中的利益纠纷，2016 年 10 月中共中央办公厅、国务院办公厅印发了《关于完善农村土地所有权承包权经营权分置办法的意见》，明确了促进农村形成土地所有权、承包权、经营权三权分置的格局，再次掀起了农村土地确权的热潮。一是明确农村土地集体所有权，是农村基本经营制度的根本要求，在实践中必须得到充分体现和保障，不能虚置，从根本上杜绝土地私有化的苗头；二是明确严格保护农户承包权，农户享有土地承包权是农村基本经营制度的基础，党的十九大再次强调要稳定现有土地承包关系并保持长久不变，土地承包人依法享有占有、使用和收益的权利，在此基础上运用多种途径和手段进行土地的丈量和登记，精确到每一块土地的大小和承包权的归属；三是明确放活土地经营权，给予经营主体更有保障的土地经营权，是推进土地流转，打消经营主体来自政策方面的疑虑，为推进土地有序流转做好政策保障。

讲清土地流转。在政策制定完善之后，要对农民进行宣传和讲解，对于在家务工的农民来说，土地是维持生计的主要经济来源，不会轻易做出退让，即使是外出务工的农民，在自己力所能及的情况下也会自己完成耕种，这和农民对土地的依附关系有关，要改变这一传统的观念，需要充分做好政策的宣传，讲清楚土地流转是适应供给侧结构性改革发展的需要，在进行土地流转的过程中，农民集体的所有权不变，家庭所具有的承包权也不变，农民流转出去的只是土地的经营权，根据签订的合同进行土地流转，虽然不进行直接的经营，但是会通过合同规定的方式补偿土地经营产生的价值。在流转的过程中提倡统一流转，合作社或龙头企业等希望取得土地经营权的组织，可通过基层政府和村委会，向农民承包土地，一方面能够保证土地的集约化程度，另一方面，通过基层政府和村委会的协调，更加利于协调利益机制，保护农民利益不受损。

完善政策落实。农民在进行土地流转过程中的第一要求是最大可能争取自身利益，并且可能因此引发群体性事件发生，村委会、生产大队等组织应严格落实相关政策，引导农民树立契约意识，适应市场经济的发展需求。推动土地流转政策的执行，履行村委会经济建设的职能。

建立防范机制。进行土地流转的形式多样，农民通过土地经营权取得收入的方式主要包括两种，一种是通过既定的报酬，即以合同的方式规定土地的承包价格，农民取得收入的多少不受承包组织的经营状况的影响。一种是非既定，即通过股份的方式取得收入，农民以自己的土地经营权入股，不仅取得股息和分红，而且对自己承包的组织有参与经营的权利。但是市场的发展千变万化，对于既定价格的组织来说，如果自身经营管理完善，企业盈利丰厚，村民自然希望提高土地价格，或独立从事相同产业，如果经营不善，则无法满足村民土地收入需求，自身经营也会难以为继。土地入股亦是如此，如果企业经营出现问题，农民的分红达不到预期，可能导致土地流转承包关系破裂，村委会应加强农民经组织之间的联系，建立风险防范机制，保障农民和土地承包者的合法权益，促进农村产业发展。

（二）巩固农业支持保护力度

1. 多渠道筹资，加大资金支持力度

第一，完善财政支撑政策。农村财政支农政策所占比例较低，城乡发展依然存在较大差距，严重影响了农村经济的活跃度，政府应依据市场发展情况作出合理的资金流动和安排。首先应适当放大财政投资政策的近期扩张效应及中长期的维护与推动效应，加大对农村资金的投入力度，从城市建设向农村基础设施建设稍作偏移，尤其要加大农村的科技创新支持力度，各地区在实行财政支农政策时注意因地制宜，制定科学合理的方案；其次，要深化农村费税体制改革，增加农民可支配收入，减轻农村企业或农户的非税负担，规范政府的收入机制；与此同时，适时调整好财政政策，积极的财政政策能够促进农业结构的调整，增加整个社会的财富，国家的财力有限，可通过增加民间或企业的投资，减轻对政府的依赖，避免走入只有国家财政政策才能推动农业结构调整的思想误区，促使农村经济步入健康循环发展的轨道。

第二，完善金融支撑政策。除了采取积极的财政政策手段之外，农村产业的发展还应发挥政策导向作用，改善农村融资环境，通过实地调查研究并结合当地的金融政策及其发展特点，开发和创新金融产品，同时要加强对金融产品的管理，避免管理人员为提升绩效滥用职能或欺诈农民等现象的发生；政策性金融机构应加强与政府发改委、财政局等高层机构的交流，实行信息共享机制，做好金融资源和信息的协调整合，改善乡村信息闭塞，信息共享机制不健全等局面。

2. 多层次科技输血，发挥科技振兴作用

（1）与高校建立联系

广大农村以传统农业为生，生产方式极其落后和单一，形成农业带动经济的发展模式。在这种环境下，以乡镇为单位，可以通过培养具有较高素质与技能的农技人员来改善农村这种现状。首先，农村的发展归根到底是以农民为劳动主体的创造活动，在农业知识方面，农技人员具备较强的理解力，想法新颖，在农业生产过程中，创新型农技人员可以更顺利地引进新技术、新产品、新机器，促进农村的农业转型和升级。其次，农技人员具备较强的掌握能力，能帮助农民在农

业生产过程中及时解决技术难题。拿种小麦来说，农民选择什么样的土地能种出高产又优质的小麦，播种时间，如何灌水，施肥应注意哪些问题，还有在小麦遭受病虫害的时候应如何处理等，农技人员在接受培训后，能快速并准确地解决好这些问题，在很大程度上保证了粮食的产量，也大大提高了农民的生产效率。最后，农技人员的平均年龄较小，在国家下达文件或政策后，能及时地了解和学习，从而可以以最通俗易懂的方式把有效信息传达给农民，解决农村信息闭塞的问题，以便农民及时了解时事，紧跟时代的脚步。

同时，建立产学研合作关系，也就是把生产、教育与科研结合起来，企业、高等院校及科研单位分别将自身的资源优势集合起来。首先，促进农业产业与高等院校进行合作，通过技术创新促进农业生产力的发展，实现生产过程的升级；其次，促进农业产业与高等院校建立密切联系，可以为高校的学生提供实习机会，企业也可以通过这个途径找到人才；最后，农业产业与高等院校是互利共赢的合作关系，高校为农业产业提供技术创新人才，同时农业产业具有实践产地和丰富的自然资源，两者可以实现优势互补，互惠互利，协同发展。

（2）鼓励企业内部自主创新

企业内部的自主创新，大到联系国家命运，小到决定农村产业的健康可持续发展。地区越是贫困，越是需要走自主创新之路。目前我国农村产业集群已初步形成，正处于一个极速发展的趋势，农业产业集群对农村地区的经济发展的重要作用逐渐凸显出来，我们决不能走封闭的、传统农业化的老路，要走农业现代化的新路。要彻底改变传统农业的落后局面，就必然需要农业企业内部的技术创新作支撑，才能满足现代农业发展的需要。

增加创新资金投入。首先，在政府层面上，除了下发一些政策文件外，还需要逐步增加对企业科技创新的投入力度和研究与试验经费投入力度，为农村企业经济的快速发展提供驱动引擎；同时加大对企业的项目扶持力度，积极给予企业创新项目的经费支持。其次，在企业自身层面上，企业要给予技术创新足够的重视，把创新作为发展的第一动力，除此之外，企业要根据自身每年的销售收入拿出部分资金来进行应用研究和实验发展。最后，可以通过向银行申请贷款、以债券或是股票的形式公开向社会筹集资金等多种形式加大科技创新资金的投入。

完善技术创新激励机制，健全企业创新体系。技术创新对一个企业甚至一个产业的发展都起着至关重要的作用。企业要想长久立足就必须从提高科技创新能力入手，这时在企业内部设立专门的技术中心就显得十分迫切了。企业技术中心可通过有效地整合全体技术人员，使产品得到全方位的监督，在保证质量的同时，也有效提高了生产力。

企业技术中心作为一个高层次、高水平的技术组织机构，需面向市场，准确地获取和分析市场信息，围绕市场需求，以技术创新为手段进行产品、材料、工艺、装备的长期研究，不断开发出竞争力强、市场前景广阔的先进技术成果。企业技术研发中心的建立需要以技术设备为支撑，企业在建立技术中心的同时必须完善技术中心的先进设备，在新技术研发的各个阶段都应配备研发软件以保证后续的开发工作顺利开展。

为鼓励企业的自主创新，在政府等相关部门层面，应创造一切条件对自主创新行为进行保护。比如，建立健全知识产权的法律法规制度，完善对知识产权评估机构的认证，规范知识产权交易市场；同时，政府应采取直接或间接的资金激励手段来加大对企业技术中心的扶持力度，并出台有关引用优秀人才的政策。在企业内部层面，要根据工作考评对研发人员进行激励。物质激励是一种效果最为明显的激励手段，可最大程度提高研发人员的工作积极性，但物质激励需注意公平公正，保证研发人员可以全身心地投入到技术研发的工作中，不能因此影响研发人员的情绪；另外还可采取精神激励手段，如让研发人员参与管理等。总之企业应尽可能采取多样化的激励措施来提升企业创新团队的素质，从而进一步激发研发人员的技术创新精神。

（3）积极引进外部先进技术

在加强农业产业的技术创新方面，借鉴外部经验，积极引进外部先进技术展现出强大的优越性。一个地区的农业产业在资金充裕、时间允许的情况下可以慢慢去自主开发新技术，但是资金短缺和时间紧迫往往是大多数农村地区都存在的问题。从实际情况来看，积极引进外部先进技术是一种投资少、快捷且有效的提升本地区技术水平的途径，可减少重复研发的时间，但是在新技术引进之后，要注重新技术的消化与再创新，避免短期化思想，从长远发展考虑，在满足于引进外部优秀技术带来的短期经济效益时，不可停滞不前，更要投入比以往更多的时间、精力和资金在后续的技术研发中，通过积极引进、消化、吸收再到创新的一个过程，缩小与其他地区的差距。

在借鉴外部先进的技术的同时，还要配备必要的软硬件设施、先进的管理制度，开展一些有利于技术创新开发的讲座、技术展览或是交流会等活动，在吸取优秀成果的同时，扩展技术知识学习面。当今农村产业发展迅速，应抓住机遇，全面提升农村的经济水平，把引进与自主创新有效地结合起来，掌握核心技术，使农村产业不断得到发展。

3. 全方位健全产业振兴机制

（1）建立健全城乡融合发展体制机制

十八大以来农民收入持续增长，农村社会和谐稳定，但农村发展不平衡，不充分的问题依然突出，重塑城乡关系，走城乡融合发展之路显得尤为重要。要坚持以整体谋划、重点突破、因地制宜、循序渐进、共享发展为原则，以城乡全面融合、共同富裕为目标，推动人才、土地、资本等要素双向流动，为乡村振兴注入新动能。

（2）建立人才入乡激励机制和人才保障机制

吸引优秀人才回到农村发展，关键在于优化人才引进条件，农村振兴需要一支懂技术、有能力的人才队伍，要善于挖掘本地区优秀人才，并且为优秀人才的回乡之路做好后续保障工作。同时，应鼓励高校毕业生参与基层管理，为农村注入新的活力。

（3）加快推进农村金融组织体系健全

目前我国农村金融体系已较为健全，但从全面振兴农村产业来讲还有一段距离，必须加快完善金融组织体系，通过金融机构分工协作支农、推动金融互联网平台建设、鼓励小额信贷公司转型等措施，提高金融服务机构的技术水平，提升金融服务能力，加强农村信用环境建设。

（三）提高涉农资金管理效率

促进农村产业发展必须有充足的资金保证，因此，一方面要拓展融资渠道，多途径解决资金不足的问题，另一方面要提高资源利用效率，解决资金发挥效用低的问题。

拓展融资途径。第一，完善相关政策，为农村产业兴旺进行融资提供良好的政策环境，综合利用货币政策，扩大实施定向降准实施范围，加大农村产业发展的再贷款和再贴现力度，完善信贷政策，加大财政补助力度，完善并延续支持农村发展的相关税收政策，加强监管，营造良好政策环境；第二，丰富融资主体，运用PPP方式支持农村产业发展，促进政府支持担保机构的发展，鼓励龙头企业等组织促进农村产业发展，鼓励投资支持农村产业发展；第三，丰富贷款方式，根据自身发展需要，在小额贷款领域完善个人贷款程序，简化贷款手续，使贷款程序更加符合农民的知识水平，提高贷款的成功率，探索"统贷统还"的实现路径，解决信息不对称等问题，提高贷款和还款的效率，积极探索直接贷款的O2O金融发展模式，减少中间环节，提高融资效率；第四，完善多样性金融产品和服务，针对农村产业发展创造更多接地气的金融产品，完善支持农村产业发展的专项金融产品服务，创新贷款抵押方式，完善相关服务，开通绿色通道，创新协同服务模式，解决农民贷款难、贷款烦琐的问题。

提高资金管理和使用效率。在国家政策支持下，资金不断流向农村，但是农村发展仍然不足，因此，必须优先把资金运用到重点领域，优先解决农业产业化经营、农产品加工、农业功能拓展和促进产业融合发展的问题，支持农村电子商务的发展，完善农村仓储物流等基础设施建设。大力支持农村产业园区建设、龙头企业产业基地建设，对于产业示范区、特色产业等能够促进农村产业长远发展的产业和地区，加大金融支持力度，促进持续发展。完善资金的落实，避免贷款产业化。贷款要想满足农村产业发展，必须保证有限的资金都用于农村产业发展，要严格规范资金的使用，对于挪用、滥用以及通过贷款牟私利的行为给予严惩。

五、充分发挥新型产业经营主体带动作用

（一）强化龙头企业引领作用

强化龙头企业引领作用一方面需要加强龙头企业自身的实力，才能有足够的力量带动农村产业发展；另一方面，需要完善龙头企业和农民之间的利益联结机制。

加强龙头企业自身建设。龙头企业对农村产业的带动作用要求其自身发展规模不断扩大，通过自身的发展带动农村产业的发展，否则两者之间的利益联结机制不可能长久。因此，首先需要龙头企业自身建立产权明晰的发展体系，规范自身运作体系，不断进行技术创新和产业创新，创造更多利于自身和农村产业发展的项目，同时积极运用农村发展的优惠政策，促进龙头企业和农村产业共同发展。要积极寻求农村建立产业基地等多种合作方式，通过带动农民参与现代市场经济活动，提高农民生产和经营管理能力，形成市场思维，完善农村产业发展，提高农民收入，促进乡村产业兴旺。

引入第三方机构，巩固利益连接机制。传统的"订单农业龙头企业＋农户"模式较为脆弱，龙头企业和农户之间的关系表现为直接的贸易关系，受市场变化的影响，收购价格的变化，极易导致利益连接机制的破裂。加之两者之间在信息、资金、资源等各方面地位的不对等，因此，必须引入第三方机构，协调利益机制。根据地区发展条件和发展需要，可利用"龙头企业＋村委会＋农户""龙头企业＋农业合作社＋农户""龙头企业＋基层政府＋农户""龙头企业＋专业协会＋农户""龙头企业＋基层供销社＋农户"等多种方式，这样更利于进行磋商和协调，不管是合作的前期推进还是后期利益维护都会具有更高的效率，专业协会可以发挥自身专业性，促进龙头企业和农户之间利益连接更加稳固。基层政府在这一过程中是一个重要因素，可以通过强制力稳固利益关系，在出现利益纠纷时，基层政府可以通过强力措施，解决利益纠纷，避免龙头企业侵占农民利益，同时防止村民为了个人利益无故毁约，以此来维持良好的市场秩序和提高农民契约意识。在利益机制巩固之后，政府主要营造良好的社会信用环境和有序的竞争环境，优化龙头企业和村民合作的环境，促进龙头企业和农村产业的良性发展。要强化龙头企业和农户之间的契约关系，要规范和完善契约本身，通过便于农民理解的书面合同方式订立契约，明确契约的履行义务和违约代价，减少违约行为。

（二）促进农民专业合作社服务升级

促进农民专业合作社服务升级一方面要促进自身服务能力的增强，另一方面要处理好农民专业合作社和供销合作社之间的关系，共同推动农村产业发展。

提高农民专业合作社服务能力。2017年修订的《中华人民共和国农民专业合作社法》指出，农业专业合作社是农民自发成立的经济互助组织，成员以农民为主体，入社自愿，退社自由。成员出资，国家给予一定的财政支持、税收优惠，同时给予一定的金融、科技和人才服务。但是由于资源有限，农业专业合作社的实际工作人员仍然是以农民为主，因此，服务的质量和组织性仍需提高。一方面，要促进服务一体化。根据产业的发展需要，专业合作社需要做好生产、加工和销售工作。首先，在农业生产资料的购买、使用以及选苗和育种等方面，通过综合考虑，做出最优选择。然后，在生产的过程中，提供所需的经营管理和技术指导，保证标准化生产，建立可追溯的安全检测体系，提高产品的质量。最后，收购社员对产品进行深加工或者销售，做好质量把关，积极发展品牌化农业，完善产业开发。此外，合作社应从产业发展的角度积极谋划产业发展的方向，根据市场发展的要求，及时调整产业结构，积极开发产业发展新业态。另一方面，要促进合作社服务专业化。合作社应参与到农村生产的每个阶段，涉及事物较为烦琐，每一项服务都牵扯到成员的利益，因此应通过合理的分工，促进服务专业化。可以针对生产的前期、中期、后期进行分工，设立前期的产业规划、选苗、育种等小组，中期的技术推广、生产监管等小组，后期的产品购销、检测、品牌化建设等小组，通过明确的分工，促进服务的专业化。

强化农民专业合作社和供销合作社的联系。供销合作社虽然不是一级行政单位，但是供销合作社总社由中华人民共和国国务院领导，拥有覆盖全国的服务网点，供销合作社虽然是一个经济组织，但是在农民、市场和政府之间起着重要的连接作用，能够发挥政府部门所具有的组织力，拥有远远超过农民专业合作社的网络资源、项目资源和关系资源。在农民专业合作社自身还不成熟时，应积极和供销合作社之间建立联系，提高服务能力，同时通过和供销社联合成立联合社，运用供销社的资源促进农民专业合作社和农村产业的发展。对于专业合作社与供销合作社之间的合作，可以根据自身发展的需要选择合作的深度，发展较为成熟的农业专业合作社，农业专业合作社可以通过参与供销合作社的组织培训，承接供销合作社的项目，来充分发挥自身的优势，参与到供销社的生产经营中。对于初步成立的农民专业合作社，可以采取引入供销社资金，让供销社参与入股，通过供销社强大的人力和物力资源，带动新成立的农业专业合作社迅速步入正轨，提高专业合作社的服务能力，使两者共同服务乡村产业的发展。同时我们需要注意的是供销合作社作为一个经济组织，其提供组织生产、技术、管理和服务的过程都不是无偿的，因此，在农民专业合作社和供销合作社共同服务农村产业发展的过程中，必须建立合理的利益联结机制，形成农民专业合作社、供销合作社和农民之间三赢的良好局面。

（三）创新家庭农场经营方式

创新家庭农场经营方式主要在于两个方面。一方面要转变生产经营方式，调整产业结构，做强优势产业，提高产业化经营水平；另一方面要转变生产观念，以市场化思维经营家庭农场，提高管理效率。

转变发展方式，做强优势产业，提高产业化程度。当前家庭仍然是我国农村产业发展最基本的单位，家庭农场是我国农业发展最基本的方向之一。家庭农场具有分散经营的灵活性，同时在政策的指引下适度扩大规模进行经营，可以做强优势产业，又可规避规模效应可能带来的风险。家庭农场的发展必须顺应市场的要求，调整生产经营方式和产业结构，长期以来，农民的生产以提高产量为主要目标，因此，在作物的选择上主要以高产为主，这导致我国高端优质产业发展滞后，低端产品生产过剩，从而导致农业产业效益逐渐降低。因此，家庭农场必须转变经营方式，从增量向提质方向转变，调整产业结构，从市场出发，生产适销对路的优质产品，在此基础上做好高端产品，延长产业链，提高产品附加值，加强品牌化建设，积极促进农业产业化发展，提高产品竞争力。

加强学习，转变生产经营理念，促进生产经营现代化。家庭农场生产和小农经济下以家庭为单位的生产有着本质的不同，两者的主要区别在于生产理念和组织形式上。家庭农场是现代农业发展的产物，现代农业的机械化水平不断提高，农业科技化程度加深，更为重要的是生产经营理念发生了转变。家庭农场不是小农经济的延续，而是市场经济体制下农业生产的基本单位，作为市场经济的经营主体之一，顺应市场需要的生产经营理念，是家庭农场得以做大的基本保证。在管理上应更加科学，小农经济的家庭生产对管理的要求主要在于对农田的管理，家庭农场的适度规模的基础之上。产业链不断延伸，在生产的管理上不仅涉及农田管理，同时还涉及产业的选择、市场预测，因此，家庭农场必须通过多种途径学习现代化生产的经营管理，在实践和参与中提升经营管理水平，不断促进生产的专业化。

（四）充分发挥新乡贤的纽带作用

要发挥新乡贤的纽带作用，必须通过多种途径，吸引新乡贤回乡支持乡村建设，在此基础上，完善机制，处理好新乡贤和村委会、新乡贤和村民之间的关系，促进新乡贤和乡村和谐发展。

完善环境，吸引乡贤回乡。中国有着久远的乡贤文化，衣锦还乡和落叶归根的思想更是深深扎根于中国人民的精神之中。今天新乡贤的侧重点在于"贤"，他们有着不解的乡愁，在自身发展较好的情况下不忘支持家乡的发展，对家乡的发展关心备至。福建省对新乡贤的一项调查中显示，"近九成的对象愿意参与乡村振兴"。因此，必须加大力度完善农村发展环境，吸引新乡贤回乡，支持农村发展。一方面，要发展乡贤文化，完善农村乡贤文化环境，营造和谐亲切的文化氛围；另一方面，各方合力促进新乡贤回乡。政府加强政策引导，推动户籍制度改革，为新乡贤返乡提供政策保障。社会协同成立新乡贤发展平台，完善乡贤理事会、乡贤工作室等机构的建设，提高新乡贤的组织化程度。在政策引导下，村委会积极同新乡贤之间取得联系，及时宣传农村发展新成果，在政策的引导和乡村建设的鼓舞下，吸引有情怀的新乡贤回乡。

完善机制，发挥乡贤作用。要充分发挥新乡贤在促进农村产业发展中的重要作用，首先要明确新乡贤的角色定位，新乡贤不同于传统乡贤，不是道德和伦理的权威而是榜样引导，不是领导权威而是社会力量；其次必须明确新乡贤和村委会之间的关系，村委会是村民自治机构，新乡贤可以通过合法程序竞选村委会，但是两者之间的角色定位必须清晰，这是两者分工和配合的基础。在定位基础上进行分工，充分发挥村委会和新乡贤的优势。村委会长期从事村务工作，有着深厚的群众基础，因此，主要负责村内和村民工作的协调，为乡村产业发展保驾护航。新乡贤嵌入"半熟人社会"，由于村民异质、地方共识以及村民主体感丧失，对新乡贤的认同度产生影响，但是新乡贤在农村产业的发展和筹备、促进城乡之间产业融合、要素互通方面的优势是村委会所不具备的，因此，主要负责产业发展和规划，同村委会是一种合作关系，没有上下级之间的隶属关系。要给予新乡贤充分自由发挥的平台，简化程序，在村委会和新乡贤的共同努力下发挥城乡的优势，带动农村产业发展。同时，要注意保护新乡贤的合法权利，让新乡贤在建设农村的过程中感受到故乡的风土人情，感受到人民的热情和接纳，充分激发新乡贤的工作积极性，为乡村产业发展出谋划策。

制定规则，促进新乡贤和乡村和谐发展。部分新乡贤自身也是法人代表，在市场经营的过程中可能会利用惠农政策追求自身利益的最大化，因此，在促进新乡贤发挥自身作用的同时，也不能忽略促进农村产业发展的根本目的，任何想利用农村发展的优惠政策，以资本下乡侵占农民利益的行为都必须被禁止。一方面完善新乡贤监督机制，成立监察小组，加强对新乡贤经济行为的监督；另一方面，完善新乡贤的信用机制，制定评价机制，完善对新乡贤的奖惩和追责机制，双管齐下防止资本投机和功利化。

六、强化乡村振兴人才支撑

实施乡村振兴战略是党在十九大作出的重要战略部署。2018 年中央一号文件《关于实施乡村振兴战略的意见》强调："实施乡村振兴战略，必须破解人才瓶颈制约。要把人力资本开发放在首要位置，畅通智力、技术、管理下乡通道，造就更多乡土人才，聚天下人才而用之。"乡村振兴，根本在政策支持，出路在制度创新，要害在人才支撑。人才是行业发展的基础，尤其是在农业现代化程度不断提高的背景下，农业的发展需要一批懂农业、爱农村、爱农民的"三农"人才，使之推动农业现代化的发展进程。只有汇聚各类农业人才能够为乡村振兴注入更多动力，进而实现乡村振兴。其中，大力培育新型职业农民、加强农村专业人才队伍建设、发挥科技人才支撑作用、鼓励社会各界投身乡村建设等是实现乡村振兴的重要抓手。

（一）明确新型职业农民与乡村振兴关系

发展并壮大新型职业农民队伍，对农村经济社会的发展、乡村振兴战略的实现起着重要作用。据中共中央组织部、原农业部、统计局等部门联合统计，截至 2015 年底，全国新型职业农民总量达到 1272.21 万人，其中生产型新型职业农民 616.67 万人，经营型新型职业农民 348.99 万人，技能服务型新型职业农民 306.54 万人，社会服务型新型职业农民 167.87 万人，技能带动型新型职业农民 252.22 万人未来中国将拥有更多的新型职业农民投身于农业，为农村发展注入更多动力。

1. 新型职业农民的提出

2012 年，新型职业农民首次出现于中央一号文件。该年的中央一号文件从加快农业科技创新、促进农业科技成果推广应用的角度出发，明确指出"大力培育新型职业农民"。同时，文件提出了加快中等职业教育免费进程，落实职业技能培训补贴政策，以提高科技素质、职业技能、经营能力为核心，大规模开展农村实用人才培训等新型职业农民培育的具体要求。

2013 年，原农业部对新型职业农民进行了定义，即以农业为职业、具有相应的专业技能、收入主要来自农业生产经营并达到相当水平的现代农业从业者。具体包括以下三类人群：第一，生产经营型职业农民，包括以农业为职业、占有一定的资源、具有一定的专业技能、有一定的资金投入能力、收入主要来自农业的农业劳动力，主要是家庭农场主、农民专业合作社理事长、农业企业（包括农村电商）的创办人等。此外，专业种植户，专业养殖户，与农业高度相关的一、二、三产业融合链条中的农户（如以加工初级农产品为主的农户和农家乐等）等也属于生产经营型职业农民。第二，专业技能型职业农民，包括在农民合作社、家庭农场、专业大户、农业企业等新型生产经营主体中较为稳定地从事农业劳动作业，并以此为主要收入来源，具有一定专业技能的农业劳动力，主要是农业工人、农业雇员（一年 6 个月以上）等。第三，社会服务型职业农民，包括在社会化服务组织中或个体直接从事农业产前、产中、产后服务，并以此为主要收入来源，具有相应服务能力的农业社会化服务人员，主要是农村信息员、农村经纪人、农机服务人员（农机手及农机专业修理人员）、统防统治植保员、村级动物防疫员、农资经销人员以及在其他领域（如沼气、动物防疫等）专门为农业各环节提供社会化服务的人员。

2. 新型职业农民的发展

自 2012 年新型职业农民概念提出后，中央陆续出台了多项有关新型职业农民发展的文件。其中，2013 年中央一号文件强调："大力培育新型农民和农村实用人才，着力加强农业职业教育和职业培训。充分利用各类培训资源，加大专业大户、家庭农场经营者培训力度，提高他们的生产技能和经营管理水平。制定专门计划，对符合条件的中高等学校毕业生、退役军人、返乡农民工务农创业给予补助和贷款支持。"2014 年中央一号文件在扶持发展新型农业经营主体部分提出："加大对新型职业农民和新型农业经营主体领办人的教育培训力度。"2015 年中央一号文件在提升农村公共服务水平部分提出："积极发展农业职业教育，大力培养新型职业农民。"2016 年中央一号文件明确提出"加快培育新型职业农民"的国家战略，并强调"将职业农民培育纳入国家教育培训发展规划，基本形成职业农民教育培训体系，把职业农民培养成建设现代农业的主导力量。办好农业职业教育，将全日制农业中等职业教育纳入国家资助政策范围。依托高等教育、中等职业教育资源，鼓励农民通过'半农半读'等方式就地就近接受职业教育。开展新型农业经营主体带头人培育行动，通过 5 年努力使他们基本得到培训。加强涉农专业全日制学历教育，支持农业院校办好涉农专业，健全农业广播电视学校体系，定向培养职业农民。引导有志投身现代农业建设的农村青年、返乡农民工、农技推广人员、农村大中专毕业生和退役军人等加入职业农民队伍。优化财政支农资金使用，把一部分资金用于培养职业农民。总结各地经验，建立健全职业农民扶持制度，相关政策向符合条件的职业农民倾斜。鼓励有条件的地方探索职业农民养老保险办法"。2017 年中央一号文件在开发农村人力资源章节中指出："重点围绕新型职业农民培育、农民工职业技能提升，整合各渠道培训资金资源，建立政府主导、部门协作、统筹安排、产业带动的培训机制。"2018 年中央一号文件提出："大力培育新型职业农民。全面建立职业农民制度，完善配套政策体系。实施新型职业农民培育工程。支持新型职业农民通过弹性学制参加中高等农业职业教育。"

各部委相继出台文件强调加快新型职业农民培育，积极发展现代农业职业教育、大力培育新型职业农民、加强民族地区职业教育、建立公益性农民培养制度、开发精品教材、整合教育培训资源，并鼓励农村青年农民在农村创业兴业，造就高素质的新型农业生产经营者队伍，为农业可持续发展提供坚实的人才保障。此外，原农业部还在全国多个县市开展新型职业农民培育试点，在不断试点的过程中，逐渐形成了"三位一体、三类协同、三级贯通"的新型职业农民培育制度体系。其中，中央财政安排农民培训补助资金，支持开展新型职业农民培育工作。

3. 新型职业农民培育模式

新型职业农民的培育，能够对农民在产前、产中以及产后环节所出现的问题或困难给予引导和解决。通过系统的职业教育，能够培育出一批具备较高文化水平、较高技能素质、较强经营能力的新型职业农民，同时，能够引导小农户使用现代经营管理方式、技术手段，加快农户与现代农业发展有机衔接，从而为乡村振兴的"三农"队伍建设提供智力支持。具体来说，新型职业农民的培育主要包括以下模式。

（1）政府主导类的新型职业农民培育模式

政府主导的培育模式主要是指政府牵头统筹新型职业农民工作，根据新型职业农民培育对象的文化层次和培育需求，分别对生产经营型、专业技能型和社会服务型的职业农民，组织教育培训机构开展从培训到中职、高职教育的多层次培育。其中，政府起主导作用，并负责协调财政、农业、教育、金融、保险等部门共同出台扶持政策，同时提供有利于新型职业农民发展的政策环境。

（2）多方联动类的新型职业农民培育模式

一是产业主导的培育模式，是以产业发展为主导，在政府部门的指导下，培训机构开展产业教育培训和科技指导服务，共同完成新型职业农民培育的模式。此外，根据当地农业优势产业，政府对农业院校学生定向招生、专项培训，能够有针对性地促进新型职业农民培育与农业产业相结合，在解决农业院校学生就业问题的同时，为当地农业发展留住一批高素质新型职业农民，促进当地农业经济的发展。

二是实践操作主导的培育模式。通过农业龙头企业，为新型职业农民的培育提供实际操作演练的设备、场所，以及产品研发、生产、销售等多方位的实践机会。此外，政府在新型职业农民培育过程中起政策引导、资金扶持以及宏观管理的作用，为新型职业农民的培育提供保障；农业院校为新型职业农民提供专项课程训练。在培育新型职业农民过程中，拓展新型职业农民的思维，增强创新能力和实践能力，并提高新型职业农民规范生产的意识。通过"政府＋学校＋企业"的联动，促进新型职业农民在创业兴业实践中发展成长，带动行业发展。

三是以新型农业经营主体带动为主导的培育模式。以当地种养大户、家庭农场经营者、农民专业合作社领办人和社会化服务体系专业技能人员等新型农业经营主体的经营者为重点培养对象，发展新型职业农民队伍。在新型职业农民培育过程中，依托家庭农场、农民专业合作社等新型农业经营主体，结合农时季节对新型职业农民进行技术示范指导，创造有利于农业新型职业农民发展的良好环境。此外，依靠政府与新型农业经营主体的力量，整合多方资源打造包含信息、技术、政策、销售等模块的新型职业农民服务平台，为新型职业农民的成长提供服务，并促进其带动周边农户发展。

新型职业农民是中国农业生产的重要主体，新型职业农民队伍的壮大与发展能够提高农业生产力。新型职业农民的培育，能够带动农业农村的发展，实现乡村振兴，并加快小农户与现代农业的有机衔接。中国未来将拥有更多的新型职业农民，原农业部在 2017 年 1 月出台的《"十三五"全国新型职业农民培育发展规划》提出"到 2020 年，新型职业农民队伍不断壮大，总量超过 2000 万人，务农农民职业化程度明显提高"。2017 年 5 月，原农业部印发《关于加快构建政策体系培育新型农业经营主体的意见》，该文件强调农业部与多部门实施新型农业经营主体培育工程，2018 年将培育 100 万以上新型职业农民。此外，2018 年《农业部关于大力实施乡村振兴战略加快推进农业转型升级的意见》指出，实施新型职业农民培育工程，全面建立职业农民制度，实施新型职业农民培育工程，每年培训 100 万人次；支持以新型职业农民为主体的农村实用人才，通过弹性学制参加中高等农业职业教育。

（二）促进农民思想的提高

1. 社会认识和社会生产的互相作用

促进农业现代化和产业兴旺还需要注重农民思想问题的解决。树立正确的价值观和思想对进行劳动生产有着重要的主观价值和指导作用。要摒弃传统的被动式劳动，转变成发挥主观能动性，从而使农业劳动者积极主动地生产劳作。

认识论强调人是具有主观能动性的，主观能动性是人类特有的能力。人的主观能动性包括：人类在社会实践的基础上能动地认识世界以及人类在认识的指导下能动地改造世界的活动，还有人类在认识和改造世界活动中所具有的精神状态。农业生产就是客体，农民就是主体。这就要求农民在从事农业生产的时候发挥主观能动性的作用，在充分尊重客观规律和客观条件的前提下，发挥主观能动性。比如，由于地势造成的不利于农业生产的农业条件，我们可以在平原地区进行大规模的农业种植业，在山地地区我们可以进行果树林木业，沿海地区可以进行渔业，丘陵地区我们可以使用梯田、"之"字公路等，都是农业生产者在尊重客观规律基础上发挥主观能动性的重要体现。一切农业的合理改造都是农业产业发展的重要推动力。

另外，生产力和生产关系的辩证关系也突出体现了农民思想的重要性。生产力包括劳动者，劳动工具和劳动对象。其中劳动工具是由社会生产力水平所决定的，农民的劳动对象无非是各类农业，其中最重要的主导力量是劳动者也就是农民。生产关系则包括生产资料的所有制，产品的分配，以及生产过程中人与人之间的关系。我国农业生产资料是国有和集体所有，分配方式是按劳分配。生产力和生产关系的辩证运动推动着社会的发展，而生产力和生产关系都涉及了人这一重要因素，人是一切要素的最终承载者，也是生产力和生产关系的主导决定性因素。在农村环境下，生产力和生产关系各种要素中只有"人"这一要素是可以发生变化的，所以提高农民的思想水平不仅是农业发展的需要，更是整个社会发展的前提。

在农村，农民就是劳动者，农民就是生产者，农民就是物质生产的主体。在历史唯物主义观点看来社会的发展就是生产的发展，农民思想的进步会促进社会生产的提高，所以说促进农民思想的提高对于促进农村社会发展的意义重大。

2. 促进人的全面发展

实现农民思想的解放不仅是建设新农村的要求，更是社会主义本质的要求。促进人的全面发展，就要将传统的根深蒂固的小农意识彻底消灭掉，树立正确的社会主义核心价值观，提高综合能力和素质，从而转化为生产力去更好更快地建设新农村，打造新风貌，以更科学更现代的思想作为农业生产的指导思想。

新时代强调经济、政治、文化、社会、生态文明五位一体，统筹发展，从个人层面来讲就是促进人的全面发展，实现农民思想的解放，从思想方面与现代化接轨。这不单是产业兴旺的要求，更是我国社会发展的要求。实现农村产业的发展首先要促进农民思想观念的转变，实现农民的全面发展，提高农业劳动者的综合素质和能力水平，从而进一步推动农村的经济快速增长。此外，即便是不再从事农业工作、进城务工人员的思想提高对于整座城市的精神文明进步也有着巨大的影响。现阶段的农民思想素质的提高会直接影响下一代的思想素质，对于未来农民素质提高有着极其深远的作用。因此，无论是横向还是纵向方面，农民的思想的提高对社会都有着深远的意义。

（三）加强农村专业人才队伍建设

2018 年中央一号文件指出，要"扶持培养一批农业职业经理人、经纪人、乡村工匠、文化能人、非遗传承人等"，以加强农村专业人才队伍建设。此外，该文件针对农村专业进行了宏观部署，如"建立县域专业人才统筹使用制度，提高农村专业人才服务保障能力。推动人才管理职能部门简政放权，保障和落实基层用人主体自主权。推行乡村教师'县管校聘'。实施好边远贫困地区、边疆民族地区和革命老区人才支持计划，继续实施'三支一扶'、特岗教师计划等，组织实施高校毕业生基层成长计划。支持地方高等学校、职业院校综合利用教育培训资源，灵活设置专业（方向），创新人才培养模式，为乡村振兴培养专业化人才"。农村专业人才是一类以农业为职业的、具有一定的专业技能的现代农业从业者。农村专业人才中，职业经理人、经纪人、乡村工匠等属于新型职业农民中社会服务类型的职业农民，在社会化服务组织中或个体直接从事农业产前、产中、产后服务；而文化能人、非遗传承人属于生产经营类型的职业农民，以农业为职业、占有一定的资源、具有一定的专业技能。整体而言，专业人才队伍建设可以与新型职业农民培育相结合，从教育培训、队伍管理角度入手。

1. 建立教育培训制度

务农农民是中国农业生产经营主体的重要组成部分，同时也是实现小农户与农业现代化有机衔接的重要落脚点。务农农民的科学文化素质、技能水平和经营能力直接决定着农业生产力水平，为其提供职业教育培训，能够有效、快速地提升生产效益和生产力，如中等职业教育和农业系统培训。此外，教育培训能够将专业技术、技能和经营管理知识传授给农民，提升其岗位适应性和工作能力，使其有效运用新的技术成果和手段，进而不断提高农业生产经营效率。其中，可以将具有一定文化基础和生产经营规模的农民，培养成为具有新型职业农民能力素质的现代农业生产经营者，进而快速扩大专业人才队伍。

具体而言，教育培训可根据人群的不同进行分类培训。第一，为正在务农的农民提供免费的教育培训。建立农科职业教育免学费制度，并对误工、误餐等进行补助，通过实行农学结合弹性学制，采取"送教下乡"等教育模式，鼓励和吸引务农农民参加农科学历教育，培养具有农科中高等职业教育水平的新型职业农民。此外，对没有参加农科职业教育的务农骨干农民进行免费、分产业、全生产经营周期的农业系统培训，培养具有与现代农业发展需要相适应的科技文化素质、技能水平和经营能力的新型职业农民。第二，为返乡农民工和农村退伍军人进行免费培训。对从事农业生产经营或在农业领域创业的返乡农民工和农村退伍军人进行全程免费培训，帮助他们提高职业技能和经营能力。第三，为已具备一定专业技能的人才提供再教育培训。此类教育培训的目的在于更新其技术、管理方式，优化其知识体系，提高其市场竞争力。其中，需建立与干部继续教育、工人岗位培训类似的经常性教育培训制度，明确教育培训内容、时间、方式、机构和经费保障，从而使农民及时了解和掌握农业产业政策的调整、农业科技的进步和农产品市场的变化，提高农业生产经营效益。

2. 专业人才队伍管理和发展

农业专业人才队伍的建立需要进行严格把关，加强整体队伍的技能水平，提高其生产力。其中，管理和发展是专业人才队伍建立的重要环节，需要公平公正、科学合理地对专业人才进行评价，充分发挥专业人才在实施乡村振兴战略中的示范带动作用和支撑作用。

（1）专业人才队伍的管理

专业人才认定主要包含三个方面的内容。第一，专业人才要具备一定的专业技能，如获得相应专业技能证书。第二，专业人才还应具备职业道德，如生产的农产品质量过关、无欺骗行为及积极发展农业生产服务，其中，可以将是否按照正规程序注册农产品商标、申请无公害农产品认证、绿色食品认证、有机食品认证或其他符合国家标准的农产品认证作为考核标准。第三，专业人才管理还应综合考虑个人的整体水平，如受教育程度、生产经营规模、经营收入等。此外，在认定过程中还应对专业人才进行认定后的动态管理，对专业人才队伍中发生严重农产品质量安全事故、破坏农业生态资源、造成严重资源污染、侵害农业雇工权益及伤害农户利益的人员进行管理，确保专业人才队伍在带动农民发展以及支撑产业发展中的作用。

（2）专业人才队伍的发展

支持地方高等学校、职业院校综合利用教育培训资源，灵活设置专业（方向），创新人才培养模式，为乡村振兴培养专业化人才。农村职业教育的基础以义务教育为主体，同时包括普通高中教育和其他学历教育。在培养专业化人才过程中，应大力促进职业教育和普通教育、中等和高等职业教育的协调发展，健全农村专业人才培养平台。此外，还可以推动职业教育和普通教育办学资源的共享和有机衔接。在保证教育质量的条件下，允许中等和高等职业教育学校灵活设置专业（方向），扩大招生群体，并对教学计划大纲、课程安排按照农业实际情况进行总体设计、调整及统筹。

实施边远贫困地区、边疆民族地区和革命老区人才支持计划，继续实施"三支一扶"、特岗教师计划等，组织实施高校毕业生基层成长计划，为边疆民族地区、革命老区培养专业人才，带动当地农业发展。加强对农村经济困难家庭学生接受职业教育培训情况的资助、跟踪管理与服务，通过职业教育系统"培训一人，输出一人，帮扶一家，带动一片"。此外，以对农村经济困难家庭提供特殊扶持为重点，建立促进农村学生优先、全面参加职业教育的制度。提高职业教育的社会吸引力，从国家政策上鼓励农村学生优先参加职业学习。同时，以县为单元建设县域职业教育培训网络，把农村文化技术学校与中小学、职业教育学校有机结合。紧密结合农业生产的实际，围绕产业发展，积极探索和创新人才培养模式，分产业、分品种地培养专门人才。最后，积极利用广播、电视、网络等形式，组合资源要素，开展送职教下乡、进村、进社区活动。

农村专业人才长期工作在农村，熟悉农业政策，服务农民生活，加强这部分群体队伍的建设，能够为新时代农业发展提供人才支撑，并促进乡村振兴。同时，加强农村专业人才队伍的建设，能够提高农村整体农业生产水平，促进农户了解并合理使用科学技术生产管理田间作物。此外，加强农村专业人才队伍建设，不仅需要对当前务农农民、返乡农民工、农村退伍军人等进行教育培训，还需要定期对具备一定专业技术的务农农民进行知识体系更新，整体提高务农人群的专业技术水平。

（四）发挥科技人才支撑作用

农业现代化是中国现代化的重要组成部分，随着中国农业现代化进程不断加快，农业生产过程日益专业化、协作化，这对高新技术产生了较高的需求。此外，在农业分工越来越细致、科学及专业的背景下，发展现代农业也需要农业科技人才的支撑，而提高农业现代化水平的关键在于提高农业的生产力，这就更需要发挥农业科技人才在农业生产中的支持作用。其中，农业科技人才是指受过专门教育和职业培训，掌握农业行业的某一专业知识和技能，专门从事农业科研、教育、推广服务等专业性工作的人员，包括农业科研人才、农业技术推广人才、农村实用人才等。中国农业科技人才的培养，包括农科研究生教育、本科生教育及中高等农业职业教育。

1. 明确农业科技人才现状

（1）农业科技人才数量

仅 2015 年，中国共培训鉴定 44 万名农业技能人才，对 150 名农业科研杰出人才及其创新团队进行专项经费资助，并组织出国（境）研修。同年，培训 80 万人次农业科技人员，进行基层农技人员知识更新培训。以广东为例，2000—2015 年，广东农业科研和技术开发的职工人数先降后升，从事科技活动的人员数量保持稳定增长态势。

（2）农村实用人才

农村实用人才是指在农村有一定的农业专业知识和专门技能，能够在农村经济社会发展中起到示范带头作用，为当地农村经济发展作出积极贡献，并得到群众认可的人。农村实用人才具有一定的知识或技能，能够起到示范和带头作用，为当地农业和农村经济发展作出积极贡献。农村实用人才既包括乡村土生土长的实用人才，又包括城镇服务于农村的实用人才，从更广意义上讲凡能够直接服务于农村经济社会发展的人才都是农村实用人才。

中国针对农村实用人才实施了多项政策，如农村实用人才带头人培养、农村实用人才创业培训等活动。其中，原农业部先后制定了《农村实用人才带头人示范培训考核管理办法》《农村实用人才带头人和大学生村官示范培训班班主任工作规范》等规章制度，不断提升培训工作的制度化、规范化、科学化水平。培训班以提升理念、开阔思路和增强能力为核心，将培训课程分为经验传授、专题讲座、现场观摩、研讨交流四个教学板块，把新农村建设的实践现场作为培训课堂，邀请优秀的基层党组织负责人登上讲台现身说法，逐步探索形成了"村庄是教室、村官是教师、现场是教材"的培养模式。此外，原农业部 2008 年便在全国 11 个省启动 1 万名农村实用创业人才培训试点工作。农村实用创业人才培训按照"政府推动、部门监管、学校培训、地方扶持、农民创业"的思路，坚持公平公正、突出实效的原则，根据农民意愿培训，着重对五大产业（种植业、畜牧业、水产业、农产品加工业、农村服务业）开展培训，对学员进行三年跟踪服务。培训和政策扶持使学员树立创业理念、增强创业意识、掌握创业技巧、提高创业能力，促进学员提高经营水平、扩大经营规模、领办经济合作组织、创办农业企业，着力培养造就一批现代农民企业家，为现代农业发展和社会主义新农村建设提供有力的人才保证和智力支持。

《农村实用人才和农业科技人才队伍建设中长期规划（2010—2020 年）》指出，要进一步扩大人才规模，到 2020 年农业科技人才增加到 70 万人，具有研究生学历的比例达到 30%；农村实用人才达到 1800 万人，具有中专以上学历的比例达到 10% 以上。

2. 发挥科技人才支撑作用

现代农业是"接二连三"、功能多样的农业产业。现代农业的发展，需要拓宽农业技术的范畴并建立现代农业技术体系；需要在提高土地产出率和劳动生产率的同时，提高要素的利用率并保证质量安全。因而，重视科学技术、发挥科技人才在农业产业中的支撑作用至关重要。其中，科学技术在乡村振兴中的支撑作用，不仅取决于科学技术本身的应用效率及其对农业农村的适用性，还取决于科技应用主体对技术的适应能力，以及与技术进步、推广应用相关的体制机制的变革。发挥科技人才支撑作用可以从以下几方面入手。

全面建立高等院校、科研院所等事业单位专业技术人员到乡村和企业挂职、兼职和离岗创业制度，保障其在职称评定、工资福利、社会保障等方面的权益。探索公益性和经营性农技推广融合发展机制，允许农技人员通过提供增值服务合理取酬。推进科技体制改革，放活科技人员和科技成果，健全种业等领域科研人员以知识产权明晰为基础、以知识价值为导向的分配政策。深化基层农技推广体系改革，推进公益性农技推广机构与经营性服务组织融合发展，探索提供技术增值服务合理取酬机制。全面实施农技推广服务特聘计划，强化农科教协同推广。提高农业科技人员收入，使其有时间与精力投入科研，提高农业科研成果转化和转让中科研人员的收入分配比例，积极探索科技成果以专利入股等形式参与收益分配。增强农业科研单位和人员与基层农技推广机构、企业、农民之间的合作关系，引导和鼓励科研机构和科技人员更多地向农业生产经营单位和农民提供服务，更多地开发适用、实用的农业技术，充分利用现代化的信息技术和信息网络转化农业科技成果，提高农业科研成果转化率。

健全种业等领域科研人员以知识产权明晰为基础、以知识价值为导向的分配政策。培育农业科技成果转化和交易市场，建立健全农业科技成果转化和交易的法律法规体系，规范农业科技成果转化和交易行为，探索新型成果转化和交易模式，为农业科技成果转化及市场交易提供便利条件和措施保障，推进农业科技产业化。此外，依托战略性核心关键技术研究项目和共性科技研究项目，形成学科之间联合与协作的创新体系和科研平台。以开展战略研究、制定发展规划为导向实施创新基地建设，集中组织实施重大创新项目，创建精干高效的跨学科优秀人才队伍。

深入实施农业科研杰出人才计划和杰出青年农业科学家项目，全面实施农技推广服务特聘计划。2015 年，国家实施农技推广"特岗计划"，在 13 个省招聘特岗农技员 1 万余名，为基层农技推广队伍补充了新生力量。此外，各地实施了人才激励计划，如江苏设立的"现代农作物种业人才奖励基金"，内蒙古设立的"农牧业科学院青年创新基金"，吉林开展的"万名兴农带富之星"等。2015 年，"农业科教兴村杰出带头人"和"全国杰出农村使用人才"资助项目 54 人，资助金额为每人 5 万元。此外，《中等职业学校新型职业农民培养方案》为农民接受中等职业教育提供了方便和保障。

现代化的农业物质装备、科学技术是现代农业的重要标志，同时，科技成为提高农业生产力的重要手段。在农业分工越来越细致、科学及专业的背景下，需要发挥科技人才在乡村振兴战略中的支撑作用，带动农业农村的发展。通过发挥科技人才的作用，推动中国农业在关键技术领域、核心技术上取得突破，使中国农业科技达到世界先进水平。同时，促进农业科技成果的转化，满足当前现代农业的发展需求，提高农业生产力，进而推动农业现代化的发展，促进乡村振兴。

（五）鼓励社会各界投身乡村建设

随着农业现代化水平的不断提高，乡村振兴战略的实施，乡村发展需要一批懂技术、掌握科学管理方式、具备创新能力的人。在新时代下，创新型人才、经营人才、管理人才、技术能手等不仅需要从农村本地培训，也需要城市向农村输送或者回流。在培养乡土人才的同时，鼓励社会各界投身乡村建设，发展农村。2018 年中央一号文件指出，鼓励社会各界投身乡村建设需从以下几方面入手：建立有效激励机制，以乡情乡愁为纽带，吸引支持企业家、党政干部、专家学者、医生教师、规划师、建筑师、律师、技能人才等，通过下乡担任志愿者、投资兴业、包村包项目、行医办学、捐资捐物、法律服务等方式服务乡村振兴事业。吸引更多人才投身现代农业，培养造就新农民。发挥工会、共青团、妇联、科协、残联等群团组织的优势和力量，发挥各民主党派、工商联、无党派人士等积极作用，支持农村产业发展、生态环境保护、乡风文明建设、农村弱势群体关爱等。

1. 完善激励机制

如前所述，要建立有效激励机制，以乡情乡愁为纽带，吸引支持各界人士，通过各种方式服务乡村振兴事业，引导更多的企业家成为职业农民。以规模化、高科技支撑的农业经济吸引城市中的企业家，引导其将资金用于广阔的农村市场。城市企业家进入农村，不仅可以为农村发展快速注入新的活力，而且可以迅速突破传统农业的种养殖限制，促进农村的规模化经营，扩大农产品加工、包装、物流等二、三产业的发展。同时，企业对土地的规模经营也必然会促进原有土地上的农民转化为农业产业工人，在农业生产环节获取更多的现金收益和更多的发展机会。此外，加快制定鼓励引导工商资本参与乡村振兴的指导意见，落实和完善融资贷款、配套设施建设补助、税费减免、用地等扶持政策，明确政策边界，保护好农民利益。通过引导工商资本下乡共同参与乡村振兴，激发企业投资建设农业农村的热情和活力，可以带动人力、财力、物力以及先进技术、理念、管理方法等进入农村，进而推动产业发展、农民增收。

2. 发挥群体组织在乡村建设中的作用

发挥工会、共青团、妇联、科协、残联等群团组织的优势和力量，发挥各民主党派、工商联、无党派人士等的积极作用，支持农村产业发展、生态环境保护、乡风文明建设、农村弱势群体关爱等。中国农村专业技术协会是在中国科协直接领导下，由基层农村专业技术协会、农村专业合作组织及全国从事农业农村专业技术研究、科学普及、技术推广的科技工作者、科技致富带头人等自愿组成，依法登记成立的非营利性科普社团。中国农村专业技术协会是在中国农村经济体制改革中，由农民自发组织、自发创办、自愿参与、自我管理、自主发展的群众性经济合作组织。它的出现，有利于提高农民的组织化程度，推动农业产业化发展，促进农业科技的推广应用，已成为推动农村改革发展的重要力量。中国农村专业技术协会自成立以来，依托科协组织在全国陆续建立起省、市、县三级农村专业技术协会组织，其自身也建立了相应的职能部门，并按照专业类别建立起相应的委员会和技术交流中心，于2014年与原农业部联合发文确立了农村专业技术协会社会化服务体系的地位。全国有各类农村专业技术协会110476个，个人会员1487万人，覆盖粮食作物、果蔬、水产等上百个专业。中国农村专业技术协会自成立以来，基本形成了上下一体、左右相连、完整的具有协会特色的新型社会化服务体系，在农业农村发展中具有重要作用，不仅促进了农业科技创新和实用技术推广，还提高了农民组织化程度和农业社会化服务水平，推动了传统农业向现代农业的转变。

3. 发挥青年及妇女在乡村建设中的作用

吸引青年人投身现代农业，培养造就新农民。青年是最富活力的创业力量，组织实施现代青年农场主培养计划是贯彻落实中央决策部署、拓宽新型职业农民培育渠道的重要举措，是激发农村青年创造创新活力、吸引农村青年在农村创业兴业的重要手段，将为现代农业发展提供强有力的人才支撑。原农业部同教育部、团中央组织实施现代青年农场主培养计划，采取培育一批、吸引一批、储备一批的方法，经过培训指导、创业孵化、认定管理、政策扶持和跟踪服务等系统培育，在全国形成一支创业能力强、技能水平高、带动作用大的青年农场主队伍，为现代农业发展注入新鲜血液。其中，对回乡从事农业生产经营和在农业领域进行创业的农业院校学生，特别是中、高等农业职业院校毕业生，在就业补贴、土地流转、税费减免、金融信贷、社会保障等方面给予扶持，鼓励、引导、吸引农业院校学生到农业领域就业创业。建立农业院校定向招生支持制度，对定向招录农村有志青年以及种养大户、家庭农场主、合作社领办人等子女的院校，在生均拨款、实训基地建设等方面给予倾斜，鼓励和支持农业院校设立涉农专业，为培养新生代职业农民创造条件。

实施"乡村振兴巾帼行动"。2018 年 2 月，中华全国妇女联合会发布《关于开展"乡村振兴巾帼行动"的实施意见》。该意见指出，妇女是推动农业农村现代化的重要力量，是乡村振兴的享有者、受益者，更是推动者、建设者。其提出了五项实施巾帼行动的具体方法，如加强思想引领，动员农村妇女积极投身乡村振兴战略；实施"农村妇女素质提升计划"，提高农村妇女参与乡村振兴的素质和能力；开展"美丽家园"建设活动，引领农村妇女共建共享生态宜居新农家；拓展寻找"最美家庭"活动内涵，以文明家风促进文明乡风；持续深化"巾帼脱贫行动"，增强贫困妇女群众获得感。具体而言，"农村妇女素质提升计划"要求加大网络教育培训工作力度，增强农村妇女网络学习意识，开发多种形式网络教育培训课程，不断扩大妇女受训范围。面向农村妇女骨干、基层妇联干部和返乡下乡创业女大学生、女农民工等群体，开展现代农业实用技术、电子商务、乡村旅游、手工制作等示范培训，帮助农村妇女提高适应生产力发展和市场竞争的能力，在更广领域、更深层次参与农业农村现代化建设。在开展"美丽家园"建设活动方面，该意见指出妇女要从家庭做起、从改变生活和卫生习惯入手，清理整治房前屋后环境，清除私搭乱建、乱堆乱放现象，全面净化绿化美化庭院。此外，在"巾帼脱贫行动"方面，该意见要求以帮扶深度贫困地区妇女为重点，以增强贫困妇女内生动力和脱贫能力为突破口，以更有力的举措、更精细的工作，进一步抓实抓牢立志脱贫、能力脱贫、创业脱贫、巧手脱贫、互助脱贫、健康脱贫、爱心脱贫七项重点任务。北京门头沟区清水镇组织当地家庭妇女成立了阿芳嫂黄芩种植专业合作社，生产黄芩茶。随着合作社的发展，黄芩茶的生产工艺形成了自动化流水线作业，解决了清水镇及周边乡镇妇女的就业问题，带动了当地农业农村的发展。

社会参与是乡村振兴的重要力量和关键。社会参与的主要力量包括企事业单位、社会团体、民间组织与志愿者，通过自主参与、合作参与、协同参与等方式对乡村建设提供服务、援助及投资等。此外，乡村建设是一项系统工程，在政府作为主导、多元参与以及协同市场与社会力量的背景下，需要充分调动各界积极性，为乡村建设提供持续的动力。建立人才对接平台，鼓励支持返乡创业人员、新乡贤、志愿者及具有乡村情怀的能人贤达投身乡村建设。积极引导高校及研究机构利用其科研优势为乡村建设提供技术支撑。建立和完善社会参与乡村振兴战略的体制机制，营造氛围，以乡情乡愁为纽带，吸引企业、高校、事业单位等多方面的人才投身乡村建设，进而提高农业农村组织化程度和社会化服务水平。同时，为青年、妇女提供平台，提供技术与资金支持，提高其适应生产力发展和市场竞争的能力，共同发展乡村，推动传统农业向现代农业的转变。

七、优化农村产业格局

（一）依据地区优势打造农村特色产业

（1）强化质量安全，培育农业品牌

品牌是特色农产品实现市场价值的有效载体。发展特色农业应以质量求效益，以品牌求发展。要立足特色农产品生产实际，逐步形成国际标准、国家标准、行业标准、地方标准、企业标准相配套，产前、产中、产后全覆盖的完备标准化生产体系。

第一，强化质量安全，全程标准化作业。从农业生产现状来看，各个地区农村的生产方式各不相同，毫无统一标准可言。各个地区应根据其特长和特色，通过标准化作业提高工作效率，提高农业生产力，增加产量，这是农业现代化的必然选择。以农业为主要实践对象进行一系列符合现实需要的、统一的、协调的、合理的标准化活动就是农业标准化，具体来说，就是以保护生态环境为前提，以市场为导向，以促进农民增收为目的，以农业技术推广为手段，以指定的国家标准为基础开展的活动。农业标准化，促使科技成果推动生产力发展。

农民受到利益驱使，大量使用农药以及其他有毒有害物质，农产品中毒现象频频发生，同时也对消费者的身心健康构成了巨大威胁。俗话说"民以食为天"，农产品质量安全问题需要引起足够重视。而农业标准化便是保证农产品质量安全的主要方法和手段，因为农产品的整个生产过程完全符合国家标准，操作严谨、管理制度规范，还可利用新闻媒体、互联网等手段使生产过程透明化，为消费者进行展示，这样不仅促进了农产品的宣传，也增强了市场的竞争力。

第二，培育农产品主体品牌。对于农村产业的长久生存和发展来说，品牌相当于轴心，发挥着举足轻重的作用，维系着整个命脉。以可口可乐公司在中国的发展历程为例，为把名字翻译好，使广大中国人接受，煞费苦心，最后才确定下来朗朗上口的品牌名称。费尽心思创建出来好的品牌，并通过电视广告塑造独树一帜的品牌形象，是可口可乐在中国销量第一的重要原因。

品牌是一种无形的资产，表面上看起来没有产品那么实际，但其带来的影响不可小觑。农业产业的发展也是一样的，在农产品建立之初，应加大力度做大做强品牌，通过媒体互联网或者在各大活动中，有意识、有目的地去加大农产品的品牌宣传，快速增加主题品牌的知名度，树立一个良好的社会形象。从消费心理来看，消费者在进行消费活动时所表现出的心理特征具有盲目性、从众性、求异性和攀比性等，农产品主体品牌的培育需要根据消费者的消费心理和消费动机，创造出有个性的品牌形象，在销量提高的同时大大增强消费者对此品牌的信任。

品牌建设对于农业产业的发展具有巨大推动作用，农产品应根据自身的独特地理环境和价值，集合力量创作出有区域特点的品牌产品，同时要注意品牌故事的塑造和宣传。新时期实现乡村振兴要坚持遵循乡村自身发展规律，结合乡村实际，充分挖掘乡村特点，注重保留乡村优秀传统文化风貌，走出一条适合乡村发展的独特振兴之路。

（2）深入挖掘当地特色，重点发展特色产业

对于一个农业大国来说，大力发展特色农业对推动农村产业振兴、农业现代化发展具有重要意义。目前农产品市场同质化问题严重，竞争激烈，亟待发展具有区域特色的农产品品牌。

第一，政府执法部门前瞻统筹视野，布局具有属地特色的引领产业。政府要明确自己在农业发展中的定位，对农业市场领域进行有效的监督指导，维护健康

有序的市场秩序，积极鼓励农业科技创新，对农业知识产权实行奖励和保护，同时要对农业相关项目的审批环节进行相应的简化，避免操作过程复杂繁琐；加大对特色农产品的资金投入力度，减少不合理的农业税费，全方位帮扶农产品企业做大做强。

第二，以市场潜在发展趋势为引领，培育能满足未来市场需求的潜力产业。紧密联系市场，根据市场风向培育和塑造品牌，坚持"健康"与"绿色"发展观念，将潜在的资源挖掘出来，同时要延伸和完善特色农业产业链条，扩大特色农业规模，加大农产品的宣传与推广力度；加快推进农产品产地市场体系建设，推动农产品的冷链仓储、分拣、装卸、配送等工作，减少农产品流通中的损失，提高农产品附加值和市场竞争力。

第三，结合区域产地独特环境，开发极具地理特色的优势产业。特色农业是现代农业的一种形式，要立足区域独特的地理环境，将资源优势转化为产业优势，科学地选择和开发具有地理特色的优势产业，如燕山的板栗、太行山的苹果、邯郸鸡泽的辣椒、赵县的雪梨等，同时利用技术创新，建设规模化、标准化的农业示范基地。

（3）加大监管力度，有效规范特色农产品市场

第一，实行农产品市场准入制度，对农产品质量进行监督，有效杜绝"瘦肉精""蒜你狠"等质量问题，保证"舌尖上的安全"。推行农产品市场准入制度是对农产品的有效筛选，农产品的上市销售必须经过专业机构的认证和检查，对于不符合国家标准的或不合格产品坚决不允许流入市场进行销售，以"坚持标准，严格准入，开放市场，强制退出"为原则，在市场保持开放的同时，严格按照标准进入，不合格产品将会面临严格强制退出机制。其次，被允许上市的合格产品应按照规定，注明产地、生产者、保质期、产品质量等级等相关信息，真正做到对农产品质量问题的全程监管。

第二，建立健全农产品质量监管体系。大型农产品批发市场、农贸市场必须同时建立规范的质量检测机构，制定产品检测计划，提高检测硬件设备的准确性，便于展开农产品质量检测工作。同时要整合政府各部门资源，加大对农产品质量安全抽查的执法力度，将不合格的农产品依法进行销毁或无公害处理，杜绝一切安全隐患，注意协调农产品监管机构的人员、设备、办公设施、经费等问题。此外，在大型农产品批发市场或各检测机构，还应设立农产品质量安全公示牌，其内容包括农产品名称、产地、产品质量等级、检测结果等项目，定期向社会公示。

第三，实行农产品质量安全责任追究制度。农产品进入市场前，经营者必须对所经营产品的质量安全负责，以保护消费者权益，维护良好的市场秩序。农产品检测机构做好相关信息的登记，以便进行安全质量责任追究。政府等有关部门应各司其职，提高震慑力，对于不履行农产品质量安全承诺的人员，按照规定依法进行处罚，并追究法律责任。

（二）多途径提高农村产业融合水平

要提高农村产业融合的水平，必须不断促进产业优化，完善服务，增强主体业务能力和稳固利益机制，从而使得产业融合程度加深，融合顺畅，并且得以持续性发展。

优化产业，促进产业融合程度加深。促进三产优化，形成一产强、二产优、三产活的良好局面。一产强，才能不断拓展农业功能，开发农业的休闲旅游、健康养老、文化体验等功能，为产业融合提供更为广阔的融合空间。二产优，是指与农业农村发展相关的第二产业优质发展，为农产品的深加工延长产业链、提升价值，为拓宽农村产业，奠定重要的基础。没有第二产业的优化，就没有一三产业真正的强和活。三产活，是对一产强、二产优的升华。三产活体现在其对于本身资源的依赖性较强，只有因地制宜，发展适合地区的第三产业才能促进产业融合水平的提高，生搬硬套他人模式不可能取得成功。

组织服务优化，融合推进顺畅。随着乡村振兴战略的实施，国家对农业农村发展的政策优惠力度不断加大，农村市场也成为许多企业竞争的重要战场。农产业兴旺推进缓慢、产业融合程度低的一个重要原因就是企业和农户之间的地位不对等引起的互相不信任，使得融合推进不顺畅。因此，要成立专门推进产业融合的组织，促进分工的专业化，从而促使产业融合发展，基层政府也要成立相关服务小组协同村委会，促进服务的优化，多方协调，促进产业融合发展顺利推进。

主体业务能力增强，融合推进有力。龙头企业、专业合作社、供销合作社、专业大户、家庭农场都是产业融合的主体，提高自身业务能力，是吸引各主体进行产业融合的重要基础。产业融合的目的是推动农村产业兴旺发展，各主体在参与的过程中是双赢或共赢的局面，只有主体业务能力增强，在合作过程产生 $1+1>2$ 的效果，才能提高各主体参与产业融合发展的意愿，一旦主体自身有了产业融合发展的意愿，产业融合推进将更加有力。

利益机制稳固，产业融合持久。稳固的利益机制，是保持各方利益的重要纽带，是维持产业融合发展的重要前提。市场经济体制下，每个主体都是市场中的一个原子，没有谁能一直明确市场的发展方向，处处占得先机，都会不可避免地受到市场波动的影响，稳固的利益机制、坚定的契约意识是中国特色社会主义市场经济体制下发展农村产业所必须的。在市场竞争中，持久的合作与产业融合能够促进双方的发展壮大，通过多种途径，整合多方平台，加强沟通与交流，共谋发展，共享利益，建立稳固的利益连接机制，促进产业融合，实现长久发展。

（三）强化互补型区域经济布局

区域产业结构是发挥地区优势、促进区域经济发展的关键要素，要促进农村产业兴旺、实现城乡融合发展，必须用大产业思维布局农村产业，使产业相互协调、互为市场、相互促进，共同促进地区经济良性发展。

以大产业思维布局区域产业。区域产业的发展要充分协调政府、市场和社会三方的力量，促进产业的合理布局，不能因为地方官员为了短期的政绩，涸泽而渔，也不能在市场的驱动下，一窝蜂涌入统一产业，不加规划，任其无序发展。新时代产业布局必须协调三方力量。完善地方政府考核方式，强化政府之间的合作，从整个区域的资源出发，因地制宜，发挥各自的优势，整体布局产业。以市场为纽带建立区域产业合作利益分享与补偿机制，加强联合开发，扩大合作领域，打破"以邻为壑"和"一方致富，蜂拥而上"的区域经济界限，实现区域产业分工和产业协同推进。强化专业型高水平产业组织在产业布局中的作用，积极转变政府职能，强化政府在市场秩序监管和促进良性竞争中的作用，多角度促进产业结构优化。

加强区域产业统筹力度，促进良性发展。大力解决区域产业同质化、相互倾轧造成的恶性竞争。加大对产业改造的引导力度，改造趋同产业，根据自身优势，发展优势产业的相关产业，完善市场秩序，以做"优"代替做"全"，以优质的产品和服务取得市场竞争的胜利，以区域内的产业分工，形成专业化产业链，加强产业之间的相关性，形成相互促进的产业格局，打造区域品牌，共同推进区域产业的整体升级，形成更持久的竞争力。

八、合理统筹产品市场

（一）激活农村市场，统筹区域市场

要激活农村市场，一方面要改善市场环境，完善政策环境，加大对打造农村优质市场的投入，对于进入农村市场的连锁超市、大型企业等给予政策性优惠，

通过良好的主体带动农村市场环境完善。改善自然环境，提高消费体验、消费环境对于消费有着重要的影响，改善农村市场基础设施，打造干净舒适的消费环境是激活农村市场的重要条件。改良技术环境，提高交易消费的便利度、舒适度，简化程序，提高交易效率。一方面，随着我国农村经济的发展，农民的收入水平大幅提高，但是消费观念仍然较为保守，不利于农村市场的理性发展，引导农民树立科学的消费观念，是激活农村市场的重要途径。另一方面，要完善市场秩序，加强市场监管。长期以来农产品市场处于一种自发状态，在交易的基础上形成的集市是消费的主要场所，市场秩序和市场监管几乎处于空白状态，在约定俗成的规则中进行贸易。要激活农村市场，促进农村市场标准化，就必须建立严格的市场秩序，设立严格的市场准入规则，将假冒伪劣产品从农村市场中彻底赶出去，给市场以清朗的环境，给优质产品发展的空间。因此，必须建立多元市场监督体系，以政府为主导，工商质检部门合力解决农村市场发展的顽疾，发展市场监管的社会组织，创新监管方式，提高监管效益，以消费者为主体，通过消费者举报完善市场监督体系。在优质市场环境和市场规则的基础上通过多种途径激活农村市场，发展电子商务，促进农村产品走出去，同时促进优质产品拓展农村市场，实现市场互通。

加强区域市场统筹力度。在中国特色社会主义市场经济中，市场在资源配置中起决定性作用，同时要更好发挥政府作用，由于各区域市场发展水平参差不齐，如果政府不加干涉，极易出现强者越强、弱者越弱的现象，因此，促进农村产业发展，必须加大对区域市场的统筹力度，学习日本"一村一品，地产地销"的统筹方式，以市场的需求促进农村产业的发展。但是统筹市场并不是改变市场在资源配置中的决定性作用，而是政府进行适当引导，支持统筹区域市场。完善政策性补贴，对于促进农村产品发展的企业和组织给予一定的政策性优惠，促进农村产品走出去，以市场促生产。完善区域之间产品的推介及宣传机制，降低推介和宣传成本，提高产品在区域内的知名度，拓展区域市场。积极构建区域共建项目，以区域之间的合作，促进区域之间贸易往来，提高区域市场统筹和融合度。

（二）提高产品质量，拓展国际市场

瞄准国际市场，选择适销对路的产业。市场需求是促进产业发展的重要动力，适销对路的产品是提高自身竞争力的重要前提。当前我国的农产品国际竞争力弱的重要原因之一在于我国的产品结构是从自身区位角度出发的，而不是主动从市场出发，如果产品国际需求量小，自然会面临更加激烈的竞争，提高产品竞争力自然任重而道远。因此，要提高我国农村产品的竞争力，第一步就是要选对产业，从市场的角度出发，积极调整产业结构，生产适销对路的产品，提高农村产品国际竞争力。

促进分工专业化，积极推进技术革新。产品的质量是其竞争力的核心，当前我国产品出口欧盟、美国等发达国家，一个重要的阻碍就是产品质量和卫生检测标准，为此必须促进分工专业化，积极推进技术革新。首先，通过专业化的分工，完善生产主体的管理。生产主体是保证产品质量的主要力量，加强对生产主体的管理筑起保证产品质量的第一道防线，在分工专业化的同时，每个生产主体从自身出发，积极推进技术革新，提高生产效率，促进产业竞争力的整体增强，取得生产的价格优势。建立标准化的生产体系和质量检测体系，实现全程可追溯是保证产品质量的最终防线。通过生产的标准化提高产品的质量，建立全程可追溯的体系是乡村自身产品质量提高的重要基础，是应对西方国家贸易壁垒、严格卫生检测的重要措施，为中国产品走出去提供重要支撑。积极同国外开展技术合作，在和西方发达国家开展技术合作的同时提高自身的技术水平，在技术合作中了解西方的技术要求，知己知彼，打开国际市场。

加强品牌文化建设，打造具有中国特色的产业体系。荷兰、日本等世界农业出口强国之所以能够具有国际竞争力，与其产业品牌建设有着重要的关系，荷兰特色花卉、日本的一村一品都是将本国品牌推向世界的重要代表。因此，我国必须加强品牌建设，在生产的专业化和绿色化的基础上，积极打造具有中国特色的品牌，发挥政府作用，给予对外农村产业品牌更多的政策支持，积极通过外交活动为中国品牌走向世界铺路，减少贸易摩擦，冲破贸易壁垒。政府还要壮大营销组织，为农村产业品牌做好营销策划，定期推广农村产业品牌，让世界更加了解中国农村的发展，了解中国农村的产品，推动农村产品走出去。

九、走新型合作化道路

（一）明确新型合作化的重要性

我国的农村经济是以集体经济为基础的，改革开放以来的绝大多数的村庄实行分散式经营是为了适应当前的生产力水平而进行的一种生产关系的调整。经过 40 多年的改革开放，我国的生产力已经达到一个相对较高的水平，部分地区已经达到相当高的农业生产技术条件，已经具备足够的技术条件走向农业生产合作联合的道路。新型合作化是将农村的各种资源有效整合分配，通过合理的土地流转、三权分置等方式优化农村资源配置。未来农业发展的大趋势就是由分散式经营逐渐向集体化经营合并。新型农业合作社是发展的方向，也有助于农业现代化，是保证农民收入的一个重要途径，也是实现产业兴旺的重要保障。

农业是一个国家最基础、最重要的部门产业。时至今日，农业的地位在国家层面依旧是不可动摇的。我国近些年来对"三农"问题越来越重视，实施贯彻了一系列的惠农政策。新时代背景下将农民重新组织成合作社的经营模式是对农业产业经营方式的创新，在之前的农业生产方式的基础上加以调整实施新的更符合农业生产力发展的生产关系，这也是实现农业现代化、实现乡村振兴的重大举措。当前形势下，农业的生产方式越来越复杂，农业的经营模式也因地区的差别而表现出差异性和多样性。面对种种新的问题，要良好解决农村新型合作化问题，这对于我国现代化建设是一大进步。

新发展理念的推出要求坚持创新、协调、绿色、开放、共享，并统筹兼顾，协调发展，这一理念也是指导新型农业合作化的基础理论来源。农业联合不仅要形成农业的集约化生产和大规模化管理，而且还要在生产过程中注入现代因素，以现代农业科技为依托，新型发展理念为指导，从而使联合生产方式促进农业的增产增收，提高农民的经济收入。这不仅是现代农业现代化建设的要求，也是为了实现提高农民收入的最终目的。

（二）发挥合作化的积极作用

家庭联产承包责任制在改革开放过程中彰显出强大的推动力，极大地促进了农村生产力的进步，而当前作为上层建筑的农业生产关系为了能够更好地适应生产力的发展则要进行适当的调整，即由"个体"的家庭承包走向"合作"的道路。这一"合作"不同于历史上的"合作社"，是通过土地流转、三权分置等政策，各生产单位积极联合，合作经营。农业生产者以联合的方式，共同经营管理该地区的集体承包地，可以大大提高生产效率，促进农业产出，提高农民收入，进而实现农业生产的合作联合。

十、实行基层职业规范化管理

（一）农村基层企业规范化

农村基层企业的规范化管理，是由传统农业走向现代化农业重要的一步。规范化也可以理解为标准化，但不等同于企业的制度化，制度化指的是在形式上要求统一。企业制度往往指的是把管理者的意愿以条例的形式强加到工人和劳动者身上。作为农村基层企业管理者要注重尊重人和充分体现人的价值，而不是像西方经济学中那样将人视作一个生产工作机器。我们所说的规范化管理是与弗雷德里克·温斯洛·泰勒所说的科学管理是相对立的。

泰勒的科学管理强调的是把人当成劳动工具，以提高劳动生产率为最大价值取向，对工人实行严格管控，筛选一流的工人，雇佣能为生产做出最大贡献的劳动者，虽然有提到要顾及工人的心理方面，但是泰勒没有对这方面做出完整的论述。这和我们所强调的企业规范化管理是格格不入的，农村企业所达到的规范化管理指的是在企业中，在对劳动者工作过程中的管理上要充分体现企业对劳动者的尊重和对劳动者权益的保障，尊重他们的劳动成果，尊重他们的个人价值。在企业管理中管理者要发挥模范带头作用，形成一种属于自己企业的良好的企业文化，从而对下属员工起到示范引导的作用。

在经济社会中，企业是一个集机器设备、资金、工厂、工人为一体的单位，所以企业的管理也必然要求做到科学、规范、统一。而作为企业组成重要部分的劳动者就是企业生产发展的核心要素。工人的劳动效率除了受工人综合素质技能和能力的影响之外，还会受到主观思维意识的影响。这就要求企业在科学管理的同时必须设定出一套自己企业内部统一要求的行为规范，从而更好地指导工人进行劳动生产。而这套行为准则建立的基本标准要以维护广大劳动员工的利益为出发点，要充分体现出对工人劳动的尊重和认同。这就要求企业和社会摘掉对于部分职业部门工人的有色眼镜，如对保洁、保安和食堂等部门的偏见与歧视，在企业内部同等对待所有工作人员，撕掉已有的固有标签。行为准则的制定过程中要接受广大工人的意见和建议，充分体现企业由全体工人、工头民主管理，从而让同事之间的关系就像是家庭成员的关系一样，工人能够像对待自己家庭一样对待工厂。在这样的和谐的思想观念和温馨的工作环境之中，劳动者可以发挥出最大的工作积极性，最终能够在健康良好的环境中工作的同时又可以实现企业的经济利益。

由于人民对于生活的多元化需求日益增长，人民对于就业岗位的要求也日益增加，因此，只有农村的经济得到了发展，才能实现人民大众的需求，而基层中小型企业则是推动农村经济发展的重要力量。实现农村基层企业管理的规范化是农村经济发展的要求，也是人民的需求。由于地处农村，农村中小企业在发展过程中就必须考虑到人的重要性。农业劳动者不仅仅是为农村企业提供生产力，更重要的是体现自身的价值和自我意识的表达。这就要求农村基层企业在制定管理制度的时候要充分重视"劳动者"这一重要因素。良好的基层企业规范化管理，一方面能够使劳动者在劳动过程中得到自我认同和他人认同，从而在有限的工作时间内发挥出更大的工作效率；另一方面也充分体现出我国农村基层企业的良好风貌和企业文化，向农村产业兴旺发展迈出重要一步。

（二）农村基层职业制度化

在农村企业管理上强调企业规范化管理，而在农村基层职业方面则要强调制度化管理，将基层一些零散琐碎的职业人群统统纳入政府统一制度管理下，将各种松散的群体组织体系化。一方面可以使这些职业人群得到社会的认可，另一方面可以有效地对这些职业群体进行统一的管理。实现农村基层职业制度化是社会进步的表现，也是实现产业兴旺和农村现代化发展的要求。

企业的规范化为农村的发展提供了基本的保障，而农村基层职业的制度化就是农村经济发展的一个突破点。以农村最基本的职业来说，大多都以个体家庭为基本单位，特点是规模小，资金链薄弱，没有科学规范的管理，更没有形成统一合作的规模。所以要建立农村职业管理会，无论厨师、理发师、建筑农民工还是临时工，统一由农民职业管理会管理，此外，农民职业管理会要为这些人员提供相应的服务和政策上的支持保护以及法律上的援助，对从业人员进行信息登记，效仿城市工人的"五险一金"等制度，按照一定比例给予农村新职业者相应的社会保障享受"盖房公积金"或者是"盖房补助款"以及相对应的"工伤、失业、生育、养老"保险等，从而达到农村基层职业的制度化。为进一步实现产业兴旺提供动力支持，进而为实现全面的农村现代化做好准备。

总而言之，实现农民基层职业制度化，需要劳动者和政府两方面共同努力。一方面，各行业劳动者要确定统一的行业价值观念，加强对自己行业的认可程度，提高本行业人群的凝聚力，提高整个行业的服务水平和技术能力，做到对自己行业的高度认可。另一方面，政府要成立相应的监管授权部门，出台与之相对应的法律法规，对这一新兴职业群体实行制度化管理和服务，做到对这些群体人员的行为进行监督以及对新兴职业人员权益的保护。

十一、构建乡村治理新体系

治理有效是乡村振兴的基础。治理有效的基本要求是要实现乡村组织振兴。要实现乡村组织振兴，达到治理有效的目标，应不断加强农村基层党组织建设，提升农村基层党组织的组织力和政治能力，积极探索、健全和完善自治、法治、德治相结合的乡村治理体系。

（一）明确乡村组织振兴的基本理论和概况

组织振兴是乡村振兴的根本保障。推进乡村组织振兴，要强化农村基层组织的领导核心作用，进一步加强和改善党对"三农"工作的领导，加快完善乡村治理机制，为乡村振兴提供强大的组织保障。

1. 乡村组织振兴的内涵

乡村组织振兴的核心就是要加强农村基层党组织建设，建设好农村基层党组织带头人队伍，加强农村基层党组织对乡村振兴的全面领导，健全自治、法治、德治相结合的乡村治理体系，提高乡村治理能力，让乡村社会充满活力，具有自我管理和自我服务能力，确保广大农民安居乐业、农村社会安定有序。乡村组织振兴主要体现在以下三方面。

（1）基层党组织建设

党支部是党在社会基层组织中的战斗堡垒。村党支部全面领导隶属本村的各类组织和各项工作，围绕乡村振兴战略开展工作，组织带领农民群众发展集体经济。贫困村党支部应当动员和带领群众，全力打赢脱贫攻坚战，全面建成小康社会。

（2）村庄治理机制

村民委员会是村民自我管理、自我教育、自我服务的基层群众性自治组织，由主任、副主任和委员等三至七人组成，实行民主选举、民主决策、民主管理、民主监督，村民委员会每届任期五年。村民委员会通过组织村民会议、村民代表会议等讨论决定涉及村民利益的诸多事项。村民委员会实行村务公开制度，接受村民的监督。同时，村务监督委员会或其他形式的村务监督机构负责村务决策和公开、村级财产管理、村工程项目建设、惠农政策措施、农村精神文明建设等制度的落实。

（3）农村集体经济组织

农村集体经济组织源于农业合作化运动，是指在自然乡村范围内，由农民自愿联合，将其各自所有的生产资料（土地、较大型农具、耕畜）投入集体，由集体组织农业生产经营的经济组织。农村集体经济组织既不同于企业法人，又不同于社会团体，也不同于行政机关，有其独特的政治性质和法律性质。农村集体经济组织是除国家以外唯一一个对土地拥有所有权的组织，通过行使经营权，可激发村民参与村庄治理的主动性、积极性。

2. 乡村组织振兴面临的困境和问题

农村基层党组织是党在农村全部工作的基础，是推进乡村振兴战略的核心力量和重要抓手。乡村振兴战略对农村基层党组织建设提出了新的目标和任务。而当前，农村基层党组织还存在着不少薄弱环节，乡村治理体系和治理能力现代化建设待加强，乡村治理面临新的挑战。

（1）乡村基层党组织建设有待加强

党组织作为乡村治理的领导核心，是乡村振兴战略实施的领导者，是农业农村发展的推动者，是农民利益的维护者，其治理能力与水平直接制约和影响着治理效果。当前，乡村基层党组织治理能力和水平难以适应乡村社会的变化，主要表现在以下几个方面。

一是党组织自身建设有待加强。党的基层组织体系不够健全，村级党组织设置不完善、功能不全，在新兴领域党组织覆盖不全，一些地方基层组织体系层级不清、管理混乱。在一些地区，农村基层党组织党内生活制度落实不力，组织生活随意，党内生活质量不高；党员管理松散，少数党员游离于组织之外，党建工作虚化；党员的教育培养滞后，党员党性观念与责任意识淡薄，纪律意识、规矩意识与法治观念淡化。

二是党员干部队伍有待优化。一些农村党员干部队伍结构失衡，党员干部日趋老龄化，能力不强，缺乏带领群众创业致富的能力。部分农村党员干部宗旨意识、先锋意识淡化，群众反映比较强烈。现在农村"空心化"现象严重，导致有的村党支部组织涣散、权威削弱，甚至形同虚设，难以适应当前乡村发展的需要。

三是党组织动员能力有待提高。由于基层党组织掌握的资源不足，基层党组织的动员能力严重下降，很难组织群众进行集体性、公益性的生产生活运动。农村基础保障力度不够，缺乏与社会发展相适应的报酬待遇动态调整机制，乡村集体经济发展后劲不足。

（2）自治体制存在不足

一是"乡政""村治"体制衔接互动不足。由于"乡政"与"村治"缺乏有效对接的体制机制，目前我国行政体制实行的依然是"条块"管理，乡镇以上的"条条"管理和乡镇以下的"块块"管理衔接不到位，一方面，使国家政策在执行过程中发生不同程度的阻滞，国家政策难以及时准确地传达到基层，导致国家政策难以落地；另一方面，由于群众利益表达渠道不畅通，群众诉求回应不及时，社会利益诉求收集、整合及传达能力都存在一些问题，使村民诉求表达出现一定程度的偏差。

二是自治制度落实不力。几十年来，中国农村的基层民主制度逐步完善，基层民主政治建设取得巨大进步，总体来讲，民主选举、民主决策、民主管理和民主监督都有所发展，但是在执行过程中，民主选举在形式上、程序上执行得非常到位，却忽视了民主决策、民主管理和民主监督，导致民主决策、民主管理和民主监督制度落实不到位，村民对基层政权组织的公共政策几乎没有响应力。

三是村干部和村民民主意识还不强。部分村民关注的是与自己切身利益关系密切的事，其他的公共事务则"事不关己，高高挂起"。部分村干部的治理能力欠缺，一些村制度制定了不少，但有的不实用，有的仅仅是为了"装点门面"，只能在墙上挂挂、在纸上写写，不能真正落到实处，村干部和村民"各吹各的号""各唱各的调"的现象也不同程度地存在。

四是乡规民约标签化。乡规民约来源于村民日常的生产生活实践，能够有效规范村庄各种社会关系。但是，当前一些地方的村规民约更倾向于政治化和口号化，以笼统、抽象的条文进行道德宣教，难以对村民日常行为起到实质性规范，逐渐成为一种缺少村庄特色的"标语"，仅仅存在于墙面和展板上，无法起到有效约束村民行为的作用。

（3）法治作用发挥不够

法治是实施乡村振兴战略的重要保障。我国在推进乡村法治建设上取得了一定成效，摸索出一系列行之有效的方法，但长期以来积累和形成的体制机制、思想观念、传统习惯等仍然制约着乡村法治建设的深入推进。

一是乡村法律意识淡薄。法治社会的不断发展、法治思想和法律意识的不断深入，对于维护乡村生活秩序起到了非常重要的作用，但难以真正融入乡村社会，在处理村民具体矛盾与纠纷时未获得村民的普遍认同，一些村民"信访不信法"就是很好的例证。同时，一些农村基层党员干部在治理社会、化解矛盾的过程中，法治思维运用得不够，过分依赖行政命令等手段，行政命令干预不了，就无原则地妥协，满足一些人的非法利益需求，这就是一些地方出现"上访专业户""上访职业化""非访""闹访""串访"现象的重要原因，给乡村治理带来极大的负面影响。有些基层干部习惯于"做工作""讲人情"等工作方式，凭经验和个人想法做决策、下命令，有法不依、执法不严。

二是相应的乡村法规体系缺乏。对于当前乡村社会来讲，除了村民组织法、土地承包法等法律，与乡村社会相关的法律体系的构建滞后，未能构建全覆盖的乡村法律体系，乡村社会的法治化任重道远。

（4）德治传统日渐式微

一是传统道德力量弱化。一方面，随着乡村社会的发展、市场经济价值原则的渗透，利益原则逐渐取代传统价值原则，传统价值观念遭到普遍怀疑、否定，宗族观念淡化，乡村权威逐渐弱化，逐渐失去对社会成员的影响力与约束力；另一方面，随着"村庄共同体"被打破，村庄由"熟人社会"逐渐成为"半熟人社会"，甚至是陌生人社会，乡村典论的约束和教化功能逐渐丧失，难以在乡村起到应有的作用。这些使得乡村价值认同感逐渐减弱，乡村凝聚力、向心力逐渐下降，加大了乡村社会治理的难度。

二是传统精英权威弱化。由于乡村精英力量外流，乡村治理陷入内生权威缺乏和外生权威弱化的双重困境，具体表现为社会组织碎片化、人口流动超常化、村落空心化、社会原子化，如何实现乡村社会有效治理成为各级政府面临的现实难题。

三是乡村人情关系弱化。改革开放后，利益因素充斥在乡村社会的人情关系中，不断地侵蚀着乡村社会人情关系中的感情因素和亲密感，农民们逐渐从物欲化、工具化的角度来看待人情关系，基于社会交换中的情感支持、互惠规则的人情关系逐渐减弱，村民间基本的人际互动难以维系，导致了乡村社会村民间的信任危机，其反过来又促使乡村人情关系更加疏离。

3. 乡村组织振兴的基础

未来的中国乡村治理，一定是建立在乡土社会传统治理理念基础上的、基于乡土社会内生性特点并有机融合现代农村治理结构的一套"多元化乡村治理模式"。

（1）治理主体的多元化

乡村治理主体由"一元"向"多元"转变。改革开放前期，政府是唯一的治理主体。改革开放后，以党政分开为突破口，乡镇政府成为相对独立的主体，参与乡村治理过程，给予乡村社会力量更大的发挥空间。此后，乡村治理从政府作为单一的治理主体，逐渐向政府、民间社会组织及村民个体等多元治理主体的现代化格局过渡，主体间也出现互动化、合作化趋势。

（2）治理目标的服务性

"建设服务型政府"是政府建设的目标。广大村民群众对公共服务的需求越来越多元化，如农民工的返乡创业问题、农业的水利设施兴建问题、留守老弱妇孺的社会问题等——摆在乡镇政府面前，过去单一化、随意式的供给模式已经无法满足其当前需求，因此，对基层政府的服务职能提出了更高的要求。在此背景下，乡镇政府开始重新定位并且逐渐转变自身职能，对自身的权利与义务有了更清楚的认知。在乡村治理过程中更加以民为本，将村民群众的实际需要作为工作的出发点，努力践行为民服务原则，积极履行自身的服务职能，为乡村社会提供越来越多满足实际所需的公共服务。

（3）治理过程的民主化

乡村所有的重大决策都应该由人民来投票，而不是自上而下作出决策。乡村自治组织的民主化程度越来越高，村民议事会制度不断完善，避免了村委会"拍脑袋"决策的尴尬局面，同时可以提高村民自治的民主性。

（4）农村合作组织地位不断提升

农村合作组织是提升农村组织化程度、提升农民民主意识的重要平台，它在乡村治理中的地位不断提升。合作社是农民学习民主的大学校，只有通过合作社，农民才会知道如何沟通、如何在理事会和社员大会上提出意见、如何通过用手投票的方式来互相制约和监督，才会知道如何讨价还价、如何在集体决策中妥协、如何跟对方谈判，这是民主的精髓。

（5）乡村基层治理法治化

乡村基层治理法治化是建设法治社会的基础环节。构建法治社会离不开乡村的法治架构；乡村市场化的兴起和发展要求以乡村基层治理法治化为保障；乡村基层治理法治化是推进乡村民主实践的坚实根基，乡村社会所有政治运动都要以遵守宪法和法律为首要原则；营造法治大环境与民主氛围是乡村治理法治化建设的重要目标。

4. 乡村组织振兴的意义

随着国家对"三农"问题的重视，乡村经济在一定程度上得到了快速发展。但是，在乡村治理方面，出现了社会建设与经济发展不同步的问题，农村空心化问题造成治理力量不足，传统的管理方式满足不了乡村现代化建设的需要，乡村人口结构重塑带来多元化利益诉求差异。在这样的形势下，寻求乡村组织振兴路径迫在眉睫。

（1）组织振兴有利于乡村的稳定、平安、和谐

乡村作为一个完整的社会系统，其稳定取决于组织要素结构的稳定。组织振兴要求法治、德治、自治"三治融合"，严守法律红线、道德底线，强化理想信念和社会主义核心价值观教育，要用科学的理论武装人、正确的舆论引导人、先进的文化塑造人，增强防毒、排毒、解毒的能力。要强化民主自治的法规、制度建设，善于运用法治、制度管事、管人，要能够及时发现错误，能够通过系统自身的力量纠正错误，保证社会的稳定。组织振兴代表着较高的社会综合治理水平、应急处治能力和水平，有利于对社会各类风险的防范，实现乡村平安。组织振兴可以满足成员诉求渠道畅通、应答及时的要求，可以解决在利益多元的社会里相互之间的矛盾、彼此之间的竞争、不同利益之间的碰撞及价值观的差异和处事方式的不同引发的社会不和谐问题。

（2）组织振兴有利于乡村有序、健康发展

坚持以人民为中心的发展理念，满足人民对美好生活的需要是乡村组织振兴的根本目标。组织振兴坚持系统、整体、协调的发展论，把握主要矛盾、突出关键环节、聚集主攻方向，可以实现乡村有序发展。组织振兴可以营造良好的发展环境、良好的市场秩序，推进乡村经济、社会的健康发展，实现乡村振兴。

（3）组织振兴有利于人民权益的确定、实现和保障

保障人民群众的权益及其实现，是社会治理的重要内容。在很大程度上，法治是实现人民权利确定、实现和保障的主要渠道。组织振兴要从乡村的实际和发展需要出发，对涉及农村常住居民的基本权益的法律、法规、条例和行政决定进行梳理，突出法定权益的统一性、赋予权能的充分性、权益实现的平等性、权益保障的有效性，破解一切阻碍发展、妨碍权益实现的与新时代中国特色社会主义基本法理相悖的思想、制度、法律桎梏。同时，组织振兴要求严格依法办事、高度重视维权和护权，以确保权益的充分实现。

（二）打造坚强的农村基层党组织

要推动乡村组织振兴，打造千千万万个坚强的农村基层党组织，培养千千万万名优秀的农村基层干部，深化村民自治实践，发展农民合作经济组织，建立健全党委领导、政府负责、社会协同、公众参与、法治保障的现代乡村社会治理体制，确保乡村社会充满活力、安定有序。党的力量来自组织，组织能使力量倍增。实施乡村振兴战略，实现"农业强、农村美、农民富"，必须提升组织

力，要把农村基层党组织建设成宣传党的主张、贯彻党的决定、领导基层治理、团结动员群众、推动改革发展的坚强战斗堡垒。

1. 坚持党管农村工作

党管农村工作是我国的传统和原则，党政军民学，东西南北中，党是领导一切的。党的十八大以来，党中央始终坚持把解决好"三农"问题作为全党工作重中之重不动摇，出台了一系列政策措施，推动我国农业农村工作取得了历史性成就，发生了历史性变革。

（1）毫不动摇地坚持党管农村工作原则

新民主主义革命时期，我们党领导中国人民走出了一条农村包围城市的革命道路，亿万农民翻身得解放，中国人民从此站了起来。在社会主义革命和建设时期，我们党领导农民开展互助合作，发展集体经济，大兴农田水利，大办农村教育和合作医疗，极大改变了农村贫穷落后的面貌。改革开放以来，我们党领导农民率先在农村发起改革，推行家庭联产承包责任制，兴办乡镇企业，鼓励农民进城务工，统筹城乡经济社会发展，农业农村发生了翻天覆地的变化。可以说，我们党能不能把广大农民群众吸引和组织在自己的周围，最大限度地发挥农民的积极性和创造性，决定着党的事业的兴衰成败。2017年12月，中央农村工作会议明确强调："办好农村的事情，实现乡村振兴，关键在党，必须加强和改善党对'三农'工作的领导，切实提高党把方向、谋大局、定政策、促改革的能力和定力，确保党始终总揽全局、协调各方，提高新时代党领导农村工作的能力和水平。"党管农村工作，是实施乡村振兴必须坚持的一个重大原则。必须毫不动摇地坚持党管农村工作的重大原则，进一步健全党管农村工作方面的领导体制机制和党内法规，确保党在农村工作中始终总揽全局、协调各方，为乡村振兴提供坚强有力的政治保障。

（2）抓好党在农村各项基本政策的全面落实工作

党和国家陆续出台了一系列关于农村改革的政策措施。党在农村的政策不断改革调整的过程就是基层党组织不断带领广大农民致富的过程。党的十九大提出乡村振兴战略，坚持农业优先发展，加快推进农业农村现代化。改革开放40多年来，党一直致力于农村扶贫开发工作，不断实现广大农民脱贫致富。扶贫方略由以县域为单位向以村再到以户为单位转变，从大水漫灌式的扶贫到精准扶贫、精准脱贫，从"输血"式扶贫到"造血"式扶贫，将扶贫同"扶志""扶智"相结合，坚决打赢脱贫攻坚战。

2.加强农村基层党组织建设

《中共中央 国务院关于实施乡村振兴战略的意见》指出,要加强农村基层党组织建设。扎实做好党建工作,促进乡村振兴,突出政治功能,提升组织力,把农村基层党组织建成坚强战斗堡垒,强化农村基层党组织领导核心地位。农村基层党组织执政能力的强弱将直接关系到农村的改革、发展和稳定,关系到党在农村基层执政地位的巩固,关系到乡村振兴能否实现。因此,要切实提升它在乡村振兴战略中的引领功能。

(1)强化政治引领功能

农村基层党组织是党在农村全部工作的基础,是党联系广大农民群众的桥梁和纽带。乡村振兴战略,是顺应新时代农村经济社会发展、符合广大农民心愿的战略设计。做好这篇大文章,要坚持和发挥农村基层党组织的领导核心作用,切实强化政治引领功能。

党的十八大以来,以习近平同志为核心的党中央高度重视农村基层党组织建设,坚定推进全面从严治党向基层延伸,讲政治、重功能,强弱项、补短板,重创新、求实效,严格党的组织生活,促进农村基层党组织建设取得显著成效。党的十九大报告对新时代农村基层党组织建设提出了更加明确的要求,赋予更多职能,强调要以提升组织力为重点,突出政治功能。加强基层党组织建设,既要求农村基层党组织成为宣传党的主张、贯彻党的决定、领导基层治理、团结动员群众、推动改革发展的坚强战斗堡垒,又新增对党支部的功能与职责定位,强调党支部是党的基础组织,要求党支部担负直接教育党员、管理党员、监督党员和组织群众、宣传群众、凝聚群众、服务群众的职责。

农村基层党组织是农村各项工作的领导核心,农村经济社会发展各方面的重要工作、重要问题,都要由党组织在广泛征求意见的基础上讨论决定、领导实施。要切实强化政治引领功能,牢固树立党的一切工作到支部的鲜明导向,焕发出农村基层党组织强大的战斗力、凝聚力和号召力。要坚持把党的政治建设放在首位,切实把为民、务实、清廉和致力于农村经济社会发展的价值追求贯彻落实到每一个农村党员的思想和行动中,使农村基层党组织和党员干部始终保持昂扬的精神状态和艰苦创业的斗志,团结带领农村群众坚定不移跟党走,推动乡村振兴战略在农村落地生根。组织党员在议事决策中宣传党的主张,执行党组织决定。要组织开展党员联系农户、党员户挂牌、承诺践诺、设岗定责、志愿服务等活动,推动党员在乡村治理中带头示范,带动群众全面参与。要密切党员与群众的联系，了解群众思想状况，帮助解决群众的实际困难，加强对贫困人口、低保对象、留守儿童和妇女、老年人、残疾人、特困人员等人群的关爱服务，引导农民群众自觉听党话、感党恩、跟党走。

（2）提升思想引领功能

农村基层党组织是确保党的路线方针政策在农村得到贯彻落实的领导核心，在执行中央和各级党组织的决策部署中起着组织者、推动者的作用，必须切实提升思想引领功能，坚决把党的主张和决定传达到基层、落实在一线。

要引导广大基层干部牢固树立"四个意识"，加强政治教育、政策学习，全面提升基层党员干部的学习本领、改革创新本领、群众工作本领和狠抓落实本领，确保能干事、能成事，不折不扣地把党的主张向群众说清楚、讲明白，并用群众喜闻乐见的方式开展宣传教育，真正让群众了解乡村振兴战略出台的背景、目的和意义，使党在农村的各项工作部署得到群众的拥护和支持。

要加强农村思想文化阵地建设，深入实施公民道德建设工程，挖掘农村传统道德教育资源，推进诚信建设，深入挖掘传统农耕文化中蕴含的优秀思想观念、人文精神、道德规范，以凝聚人心、教化群众、淳化民风。坚持吃透上情、摸透村情、体察民情、挥洒真情，一把钥匙开一把锁，把思想政治工作做到群众的心坎上，帮助他们在思想上解惑、精神上解忧、文化上解渴、心理上解压，以真诚赢得信任，以党建凝聚人心，带领农民一心一意谋发展，在解决好"富口袋"的同时，解决好"富脑袋"的问题。

（3）加强组织引领功能

农村基层党组织是农村各种组织的领导核心，无论是行政组织、经济组织、群众自治组织，还是各类社会组织、服务组织，都要在党组织领导下开展工作。在推进乡村振兴战略的过程中，农村基层党组织的组织引领作用尤为重要。

要创新村级党组织设置，大力开展"联村党组织"建设，加大强村带弱村、富村带穷村、大村带小村等"村村联建"设置力度；要扩大农村基层党组织的覆盖面，农村要在以建制村为主设置党组织的基础上，在农民专业合作社、专业协会、农业龙头企业、农业示范基地、农业产业链集中、全面地建立党组织。

"火车跑得快，全靠车头带。"选好配强一个坚强有力的农村基层党组织领导班子，对推动基层党建工作和农村群众工作至关重要。要建立选派第一书记工作长效机制，全面向贫困村、软弱涣散村和集体经济薄弱村党组织派出第一书记。要实施农村带头人队伍整体优化提升行动，注重吸引高校毕业生、农民工、机关企事业单位优秀党员干部到村任职，选优配强村党组织书记。要把基层党组织建设成坚强的战斗堡垒，充分发挥广大党员、干部先锋模范作用，夯实乡村振兴的基层组织建设和干部人才支撑。要健全从优秀村党组织书记中选拔乡镇领导干部、考录乡村机关公务员、招聘乡镇事业编制人员制度。

聚焦党的十九大提出的增强干部"八种本领"，大力实施基层干部能力提升工程，扩大农村干部培训覆盖面。认真抓好村"两委"主要干部（以下简称"主干"）每年集中轮训工作，特别是新任村"两委"主干培训。分层分类开展农村"领头雁"培训，逐步拓展培训范围，把培训主体进一步扩展至农村党员、大学生村官、第一书记、驻村工作队员。培训内容要突出党的十九大精神、乡村振兴战略、现代农业知识、农村社会治理等内容，让乡村干部了解形势，掌握中央的政策和工作部署。要提升培训的针对性和精准度，切实提高农村干部的致富带富能力，让乡村干部真正成为乡村振兴的行家里手、乡村治理的中坚力量。要推进大学生村干部和选调生工作并轨，根据大学生村官在岗情况、乡镇行政和事业编制空编情况及基层实际需求，按照选调生标准、条件和录用程序选聘大学生村官，充实基层工作力量。严格执行有关规定，杜绝随意借调乡镇工作人员。要规范村级小微权力运行，明确每项权力行使的法规依据、运行范围、执行主体和程序步骤。建立健全小微权力监督制度，形成群众监督、村务监督委员会监督、上级部门监督和会计核算监督、审计监督等全程实时、多方联网的监督体系。要织密农村基层权力运行"廉政防护网"，大力开展农村基层微腐败整治，推进农村巡察工作，严肃查处侵害农民利益的腐败行为。

3. 整顿软弱涣散的村党组织

基层党组织是党联系群众的桥梁和纽带，是党开展工作的出发点和落脚点。整顿软弱涣散的村党组织，有利于增强党员干部的服务意识和能力，密切党群干群关系，充分发挥基层党组织的战斗堡垒作用。

（1）摸清底数、周密部署

要坚持问题导向，全面开展实地调研，深入了解村级组织领导、队伍建设、工作机制、工作业绩和群众反映等方面的问题，采取对照标准"查"、民意调查"评"、聚焦问题"排"和综合分析"定"相结合的办法，找准软弱涣散党组织，逐一登记造册。要对软弱涣散和后进村党组织，县、乡要抽调"精兵强将"，重点分析软弱涣散的深层原因，研究制订整顿方案，明确具体整顿时限，以"踏石留印、抓铁有痕"的劲头推动整顿工作扎实开展。

（2）"对症下药"、精准施策

在全面整顿软弱涣散党组织的基础上，要将软弱涣散村党组织划分为领导班子软弱、党员管理宽松、基层治理混乱、矛盾纠纷复杂、家族势力干扰、基础保障薄弱等类别，建立集中整顿工作台账。要采取因地制宜、分类施治、先易后难、一个党组织一个对策的方式，科学制订整顿方案，明确整改内容、具体时限、整改进度及工作责任，确保做到整顿对象、措施、时限、责任、效果"五明确"，帮助软弱涣散和后进村党组织"挺直腰板"、重焕活力。

（3）强化责任、严格督查

要切实提高政治站位，层层压实整顿软弱涣散党组织的工作责任。各级党组织书记要履行好抓党建第一责任人职责，县一级党委书记要加强领导、高位推动，乡镇党委书记要当好"指战员"，软弱涣散基层党组织书记要主动作为，帮扶队员要真正发挥"工作队"的作用。要建立整顿治理工作跟踪问效机制，实行整改销号制度。组织部门要紧盯关键环节、重难点村，不定期对整顿工作进行督导检查，通过实地暗访、专项调研、电话抽查等方式，对整顿工作督导问效。对工作推进不力、成效不明显的要进行约谈，对标准把关不严、弄虚作假走过场的要进行追责问责，切实保证整顿工作用真劲、动真格、见真效，确保软弱涣散和后进村党组织全面进步、整体提升。

（三）健全自治法治德治相结合的治理体系

健全乡村治理体系，不仅需要以加强自治建设为核心，还需要法律和道德共同发挥作用。

1. 深化村民自治实践

自古以来，自治一直是我国乡村地区的主要治理模式。自治是乡村治理的基础，是调动村民参与乡村事务的主要手段，因此要加强农村基层群众自治组织建设，健全和创新村党组织领导的充满活力的村民自治机制。

（1）完善村民自治制度

村民自治制度是能够体现村民意志、保障村民权益、激活农村活力的中国特色社会主义民主政治的重要组成部分。新时期要深入实施《中华人民共和国村民委员会组织法》，完善农村民主选举、民主决策、民主协商、民主管理、民主监督制度，实现选举的制度化、流程化、公开化、便捷化，鼓励村党组织书记通过法定程序担任村委会主任。村民委员会要统筹处理乡村事务，实现政府治理和社会调节、居民自治良性互动，形成有效的社会治理。

要在"四议两公开"工作法的基础上，创新推行"六议两公开"工作法。"四议"是指村党支部提议、村两委会商议、党员大会审议、村民代表大会或村民会议决议。"两公开"是指决议公开、实施结果公开。"六议两公开"工作法就是在"四议两公开"工作法的基础上，增加"动议"和"民议"环节。"动议"要求村干部提出的议题，必须来源于年初计划、上级安排和村情民意，杜绝一些干部拍脑袋决策、拍胸脯表态、拍屁股走人的工作作风。"民议"是就审议环节通过的事项及时由村民代表征求村民意见，进行沟通协商。为此，专门设计了统一的"表决票"：每个户代表的意见签字表印在一面，汇总表和村民代表表决意见印在另一面，要求村民代表的表决意见和多数人意见一致。该方法杜绝了村民代表弄虚作假、不代表民意的问题，健全了民主协商的决策规范，变过去村干部"替民做主"为真正的老百姓"既当家又做主"。

为了实现村级事务公开经常化、制度化和规范化，应全面实施村级事务阳光工程，完善党务、村务、财务"三公开"制度。一是梳理村级事务公开清单，及时公开组织建设、公共服务、脱贫攻坚、工程项目等重大事项。二是健全村务档案管理制度，推广村级事务"阳光公开"监管平台，支持建立"村民微信群""乡村公众号"等，推进村级事务即时公开，加强群众对村级权力的有效监督。三是规范村级会计委托代理制，加强农村集体经济组织审计监督，开展村干部任期和离任经济责任审计。

面对村级组织承担的行政事务多、各种检查评比事项多等问题，为了切实减轻村级组织负担，规范村级组织工作事务，各种政府机构原则上不在村级建立分支机构，不得以行政命令方式要求村级承担有关行政性事务。交由村级组织承接或协助政府完成的工作事项，要充分考虑村级组织承接能力，实行严格管理和总量控制。要从源头上清理规范上级对村级组织的考核评比项目，鼓励各地实行目录清单、审核备案等管理方式。要规范村级各种工作台账和各类盖章证明事项。要推广村级基础台账电子化，建立统一的"智慧村庄"综合管理服务平台。

（2）村民自治体适度下沉

村民自治体适度下沉符合社会治理规律，能够使农村管理资源得到充分利用，能够有效降低农村社会治理成本，是村民自治的有效实现形式。

原则上，村民自治体适度下沉的程度应该参考多数农民的意见确定。大体上，自治体设置下沉后，人口覆盖数量以上限不超过300人、下限不低于100人为宜，不同地区可以根据自身的实际情况进行操作。自治机构不必一定要与集体经济实际行使单位在区域与人口覆盖范围上相一致。各地以往所做的"村转居"不必再搞"一村两制"。已经挂牌居民委员会，且大多数居民不再务农的社区，可取消村民委员会，相关机构设置按居民委员会组织法的规定办理。

（3）积极发挥新乡贤的作用

新乡贤是指那些守法纪、有品行、有才华、有意为家乡社会文明进步做出贡献的人。新乡贤是政府和群众之间的联系纽带，是乡村治理的参与者、监督者，是道德教化的示范者与引领者，也是乡土文明的继承者与发扬者。

一方面，要借助新型城镇化和农业现代化的契机，建立健全城乡一体的公共服务机制，消除城乡诸如医疗等社会保障体系的分割、封闭障碍，做到社会保障联网，全国一盘棋，解决新乡贤看病难、报销难的问题，方便新乡贤回乡工作生活。

另一方面，要搭建鼓励、支持、引导新乡贤发挥作用的平台。县乡应采取措施，通过一定形式、程序对返乡新乡贤实行荣誉聘任、宣传报道，增强社会对他们存在的认可；对于新乡贤的工作及贡献应采取灵活多样的形式进行表彰和奖励，以增加他们的荣誉感和成就感，培育有才智、有威望、扎根乡村的新乡贤。基层组织要建立监督和约束机制，把新乡贤活动引入法治渠道，防止有些人利用家族势力、自己能力干预和影响乡村治理，产生乱象，甚至非法活动。要创建新乡贤信息联络平台，积极创造良好条件，使在外的乡贤以各种方式支持家乡建设，既可以利用新媒体、自媒体等方式进行信息沟通、广开言路，又可以采用走访、慰问、联谊等方式赢得他们的理解和支持，要以不同的方式实现资金、技术、企业、人才回流，为共同建设新农村提供有效资源。农村思想道德建设、科技文化建设需要多管齐下。新乡贤作为新生力量，要发挥多种作用，可以充当科技文化教习员、矛盾纠纷调解员、律法政策宣讲员、政府组织调研员等。县乡村要搭建新乡贤引领、培育乡风文明的平台，使新乡贤通过歌舞表演、民俗活动、节庆活动、调查走访、撰写口述史等形式，传承中华传统文化、传播先进文化、培育和弘扬社会主义核心价值观，使乡风文明得到弘扬。

（4）加强农村社区治理创新

要创新农村社区、社会组织、社会工作"三社联动"模式，充分调动三者力量，强化农村社区自治能力，激发社会组织活力，壮大社会工作队伍。要创新基层治理机制，整合优化公共服务和行政审批职能，鼓励各地制定农村社区基本公共服务清单，推进社区服务规范化、标准化，打造"一门式办理""一站式服务"的综合服务平台。要发挥互联网等现代信息技术对农村治理的提升作用，在农村社区普遍建立网上服务站点，实现网上办、马上办，做到全程帮办、少跑快办，逐步形成完善的乡村便民服务体系。要大力培育服务性、公益性、互动性农村社会组织，积极发展农村社会工作和志愿服务，促进流动人口有效参与农村社会服务管理，吸纳非户籍人口、社会组织、驻村单位等参与农村社区公共服务和公益事业的协商。要健全利益相关方参与决策机制，维护外出务工居民在户籍所在地农村社区的权利。要集中解决上级对村级组织考核评比多、创建达标多、检查督察多等突出问题。

2. 建设法治乡村

建设法治乡村是乡村振兴战略的内在要求，是乡村振兴战略不可分割的组成部分。建设法治乡村必将为乡村振兴提供强有力的立法、执法、司法、守法保障，进而助推乡村振兴战略的实施。乡村治理中应该坚持以法治为本，树立依法治理理念，强化法律在维护农民权益、规范市场运行、农业支持保护、生态环境治理、化解农村社会矛盾等方面的权威地位。

（1）深入开展法治宣传教育

法治宣传教育是实施乡村振兴战略的保障，对于促进农村经济社会健康稳定、和谐发展具有十分重要的意义。在乡村开展法治宣传教育，应该着重增强基层干部法治观念、法治为民意识，将政府涉农各项工作纳入法治化轨道。采取分级培训、巡回讲座、案例教育、经验交流、树立典型等方式，加大对乡镇党政"一把手"、农村"两委"主干、农村第一书记、大学生村官、村务监督委员会主任的法治培训与定期轮训，提高乡村干部法治素养。还要不断加大农村普法力度，提高农民法治素养。以"法律进乡村"为载体，利用传统媒体和新兴媒体开展多样化的普法宣传，通过市（县）广播电视、村广播站、开辟宣传栏、建设法治文化大院（广场、街道）等途径和发放宣传资料、召开村民会议宣讲、用身边人身边事以案说法、拍摄普法微电影、制作法治动漫等方式，开展经常性法治宣传教育，引导村民学法、懂法、守法、用法，运用法律手段和方式解决问题。

（2）完善乡村法律制度

随着依法治国进程的推进和农村改革的逐步深入，应当说，在我国，一个以《中华人民共和国宪法》为依据，以《中华人民共和国农业法》为基本法，以行政法规、部门规章和地方性法规为主体，以农业相关法律为补充的农业法律制度体系已经基本建立，它对我国农村社会经济的发展起了重要的推动和保障作用。但是，我们也应该看到，目前农村的法治状况仍然不能适应深化农村经济改革、完善农村经济体制和建设美丽乡村的要求，为此，应该加快完善农业农村法律体系，健全农村产权保护、规范农业市场运行、支持保护"三农"等方面的法律制度，把政府各项涉农工作纳入法治化轨道，保障农村改革发展。要依法明晰基层政府与村民委员会的权责边界，促进基层政府与基层群众自治组织有效衔接、良性互动。要依法明确村民委员会和农村集体经济组织工作以及各类经营主体的关系，维护村民委员会、农村集体经济组织、农村经济合作组织的特别法人地位和权利。要深入推进综合行政执法改革向基层延伸，创新监管方式，推动执法队伍整合、执法力量下沉，提高执法能力和水平。要建立健全乡村调解、县市仲裁、司法保障的农村土地承包经营纠纷调处机制。要加快建立乡村公共法律服务体系，扩大基层法律工作者队伍，落实"一村（社区）一法律顾问"制度。要深入开展法治县市、民主法治示范村等创建活动，深化农村基层组织和部门、行业等多层次、多领域的依法治理。

（3）加强农村法律服务供给

农村公共法律服务供给能力不足的问题，一直是我国公共法律服务体系的"短板"。为此，要积极构建农村公共法律服务体系，充分发挥人民法庭在乡村治理中的职能作用，推广车载法庭等巡回审判方式。要加强乡镇司法所建设，整合法学专家、律师、政法干警及基层法律服务工作者等资源，健全乡村基本公共法律服务体系。要深入推进公共法律服务实体、热线、网络平台建设，鼓励乡镇党委和政府根据需要设立法律顾问和公职律师，鼓励有条件的地方在村民委员会建立公共法律服务工作室，进一步加强村法律顾问工作，完善政府购买服务机制，充分发挥律师、基层法律服务工作者等在提供公共法律服务、促进乡村依法治理中的作用。

3.提升德治水平

在社会实践中，人们约定俗成的规范就是道德，道德约束着人们的行为，规范着人与人之间以及人与社会之间的相互关系。打造良好的乡村道德环境，是社会平和稳定的基础。在乡村治理中，应该坚持德治为先，以德治滋养法治、涵养自治，让德治贯穿治理的全过程。要加强乡村道德建设，深入挖掘乡村"熟人社会"蕴含的道德规范，结合时代要求进行创新，强化道德教化作用，引导农民爱党爱国、向上向善、孝老爱亲、重义守信、勤俭持家。

（1）强化道德教化的积极作用

中华民族有道德教化的传统美德。教化，就是教育感化，道德教化就是通过道德教育感化民众、培育淳朴民风。要开展好家风建设，传承传播优良家训。要推广开展道德评议活动，建立道德激励约束机制，引导农民自我管理、自我教育、自我服务、自我提高，实现家庭和睦、邻里和谐、干群融洽。要广泛开展好媳妇、好儿女、好公婆等评选表彰活动，开展寻找最美乡村教师、医生、村干部等活动。要深入宣传道德模范、身边好人的典型事迹，弘扬真善美。要建设新乡贤文化，以乡情为纽带，以优秀基层干部、道德模范、身边好人的嘉言懿行为示范引导，培育新型农民，涵育文明乡风。要深入实施公民道德建设工程，加强社会公德、职业道德、家庭美德和个人品德教育。要大力开展文明村镇、农村文明家庭、星级文明户、五好家庭等创建活动。

（2）发挥村规民约的作用

村规民约作为非正式制度的重要组成部分，自改革开放伊始，就作为村民治理的重要规范形式而备受国家推崇，然而，村规民约在村民自治不断发展和完善中的作用却日渐弱化。在未来的乡村治理中，应该充分发挥村规民约在解决农村法律、行政、民事纠纷等领域突出问题中的独特功能，弘扬公序良俗，促进自治、法治、德治有机融合。要加强村规民约建设，强化党组织领导和把关，实现村规民约行政村全覆盖。要依靠群众因地制宜地制定村规民约，提倡把喜事新办、丧事简办、弘扬孝道、尊老爱幼、扶残助残、和谐敦睦等内容纳入村规民约。要以法律法规为依据，规范完善村规民约，确保制定过程、条文内容合法合规，防止一部分人侵害另一部分人的权益。要建立健全村规民约监督和奖惩机制，注重运用舆论和道德力量促进村规民约有效实施，对违背村规民约的，在符合法律法规的前提下运用自治组织的方式进行合情合理的规劝和约束。要鼓励地方建立农村党员干部等行使公权力人员的婚丧事宜报备制度，加强纪律约束。要加强优秀村规民约的宣传，发挥好典型示范作用。

（3）促进乡村移风易俗

推动移风易俗、树立文明乡风是加强农村精神文明建设的一项重要任务，也是推动社会主义核心价值观在广大农村落地生根的必然要求，更是形成良好村风民风社风、深化美丽乡村建设的有效途径。因此，移风易俗是当前农村工作的重中之重。应该积极引导广大村民崇尚科学文明，传播科学健康的生活方式。要充分发挥村民议事会、道德评议会、红白理事会、禁毒禁赌协会等群众组织的作用，遏制大操大办、厚葬薄养、人情攀比等陈规陋习。要加强无神论宣传教育，抵制封建迷信活动。要深化农村殡葬改革。要深化农村科普工作，倡导读书、用书、学文化、学技能，提高农民的科学文化素养。要注重通过互联网等新途径普及信息技术知识、卫生保健常识、法律法规知识等现代生活知识，引导广大农民积极融入现代社会发展大潮。

（四）健全乡村公共安全体系

当前，农村公共安全治理体系和运行模式都难以适应乡村振兴要求，必须进一步树牢安全发展理念，扎实做好农村公共安全工作，为广大农村编织起全方位、立体化的公共安全网。要持续开展农村安全隐患治理，探索实施"路长制"，推进农村"雪亮工程"建设，确保乡村振兴战略安全、健康、顺利实施。

1. 持续开展农村安全隐患治理

农村安全隐患排查整治是推动农村经济社会发展，确保农民群众生产、生活安全的重要举措。要通过持续深入开展排查和整治，有效消除农村各类安全隐患，建立健全农村安全隐患排查治理及重大危险源监控的长效机制，进一步提高农村安全防控管理水平，增强农民群众安全防范意识，坚决遏制农村重特大安全事故的发生，真正实现农村公共安全防控网全覆盖。

（1）强化组织，压实工作责任

基层党委和政府要切实担负起本辖区农村安全隐患排查整治工作的主体责任，要成立安全隐患排查整治工作领导小组，明确各相关部门分管领导为分项工作责任人，承担起职责范围内的排查整治工作。同时，要将责任传导下压到村两委班子，明确村支部书记、村主任为本村安全隐患排查整治工作的第一责任人，其他班子成员协同配合、各负其责，形成工作合力。推动实行责任分包制度，乡干部包村、村干部包片，做到乡不留村、村不漏户，确保排查不留死角、整治有实效。

（2）突出重点，集中排查整治

集中开展排查整治，是迅速、有效解决农村安全隐患问题的重要举措。要结合农村实际，着重对用电消防安全、房屋安全、水利设施安全、食品安全、道路交通安全、取暖安全和教育、卫生、养老公共设施安全等方面，逐项开展拉网式排查，全面掌握农村问题多发、易发的重点区域、重点场所、重点环节，建立隐患问题台账，逐项提出整治措施，明确整治责任人、整治时限，精准施策，精准整治，精准销号，做到发现一个消灭一个，真正把各类安全隐患消除在萌芽状态。

（3）严格督查，推动常态长效

基层党委和政府要对本辖区农村安全隐患排查整治工作及时开展监督检查，并将督查情况通报各村，凡是整治工作抓得好的，给予通报表扬；凡是工作不力、群众不满意、限期整改仍无改进的，给予通报批评，造成人员、财产损失的要追究相关人员责任。同时，要按照集中整治与长效管理、治标与治本同步推进的原则，进一步建立农村安全隐患整治的长效工作机制，不断规范农村安全防控各项工作制度，促进农村安全防控工作持久、深入开展。

（4）广泛宣传，营造良好氛围

要加大对农村安全隐患排查整治工作的宣传力度，充分利用广播、手机短信、QQ、微信以及专栏、展板、入户宣传等形式，广泛组织开展安全教育活动，宣传安全隐患知识、安全生产法律法规和安全常识，以典型事件警示农民群众，提升农民群众安全风险辨识能力和自我保护能力，最大限度调动起农民群众自己动手消除安全隐患的积极性、主动性，营造人人讲安全、处处抓安全的良好氛围。

2. 建设平安乡村

"平安乡村"建设是实施乡村振兴战略的重要保障，是构建和谐社会的基础条件，是深化乡村各项建设的迫切需要，而平安建设的关键是如何提升当前农村社会治安综合治理能力。在平安乡村建设过程中，应该健全落实社会治安综合治理领导责任制，大力推进农村社会防控体系建设，推动社会治安防控力量下沉。

（1）深入开展扫黑专项斗争

要以党建统领全局，以自治为基础，以法治为根本，以德治为引领，深入推进扫黑除恶专项斗争，严厉打击农村黑恶势力，严厉打击黄赌毒、盗拐骗等违法犯罪，杜绝"村霸"等黑恶势力对基层政权的侵蚀。要依法加大对农村非法宗教活动和境外渗透活动的打击力度，依法制止利用宗教干预农村公共事务，继续整治农村乱建庙宇、滥塑宗教造像。要完善县乡村三级综治中心功能和运行机制，整合配优基层一线平安建设力量，把更多资源、服务、管理放到农村社区。

（2）加强乡村治理体系建设

要健全农村公共安全体系，持续开展农村安全隐患治理行动。要加强农村警务、消防、安全生产工作，坚决遏制重特大安全事故。要建设平安乡村，探索以网格化管理为抓手、以现代信息技术为支撑，实现基层服务和管理精细化、精准化。要健全乡村矛盾纠纷调和化解机制，坚持发展新时代"枫桥经验"，做到"小事不出村、大事不出乡"。要健全人民调解员队伍，加强人民调解工作。要完善调解、仲裁、行政裁决、行政复议、诉讼等有机衔接、相互协调的多元化纠纷解决机制。

（3）发挥信息化支撑作用

要探索建立"互联网＋网格管理"服务管理模式，提升乡村治理智能化、精细化、专业化水平。要强化乡村信息资源互联互通，完善信息收集、处置、反馈工作机制和联动机制。要广泛开展平安教育和社会心理健康服务、婚姻家庭指导服务。要推动法院跨域立案系统、检察服务平台、公安综合窗口、人民调解组织延伸至基层，提高响应群众诉求和为民服务的能力水平。要推进居住证制度全覆盖，保障农村流动人口合法权益，健全流入地和流出地双向管理机制，加强农村重点人群服务管理。

3. 推进农村"雪亮工程"建设

近年来，随着农村青壮年劳动力纷纷加入外出务工行列，老人、孩子和妇女构成了农村的留守群体，不可避免地减弱了农村地区的群防群治能力，形成了社会治安"空心村"。显然，传统的治安防控措施已经难以满足现实的需求。也正是基于此，2018 年中央一号文件提出建设平安乡村，推进农村"雪亮工程"建设，着力解决农村社会治安防控管理的现实问题和群众强烈的安全诉求。实施农村"雪亮工程"，是把治安防范措施进一步延伸到农村群众身边，发动社会力量和广大群众共同做好视频监控，筑牢治安防控的"篱笆"，不仅为群防群治注入新的内涵，使其焕发新的活力，而且能够有效解决群众安全感、满意度"最后一公里"的问题。

（1）高位推动、多方助力

各地要高度重视农村"雪亮工程"建设，并将其上升为创新社会治理、提升群众安全感和满意度的重要抓手，省、市、县、乡、村五级联动，层层抓好工作部署，层层压实工作责任，层层推动工作落实。同时，要大力创新方式方法，推动社会组织、农村群众等积极参与"雪亮工程"建设。比如，湖南常德鼎城区顺应市场经济规律，采取"政府引导、运营商投入、农户参与"的模式推进农村"雪亮工程"建设，引入联通、电信、移动等通信企业参与竞争，政府无须投资建设既有监控平台，农户每月仅需缴纳少量固定套餐费用，在同比消费更低的情况下，享受家庭监控、电视、宽带、话费的整体服务，既破解了农村建设技防设施资金难题，又为农村群众提供了优质服务。

（2）合理规划、科学布局

要进一步提升农村社会治安防控水平，按照"统筹使用、兼容整合、统一规划、合理布局、先易后难"的原则，组织公安、交通、供电、通信等部门，对农村已建监控点位，进行联网整合，避免重复建设。同时，要大力推进农村全方位布点设控，尤其是对村庄主要路口、显要位置、重点场所要做到全覆盖，确保进出村庄所有路口不留死角、不漏一处，实现全天候、无缝隙监控。通过推进农村视频监控"一张网"建设，以及广泛应用智能传感、物联网、云计算等信息技术手段，构建起社会化、法治化、智能化、专业化的防控机制，逐步实现"全域覆盖、全网共享、全时可用、全程可控"的目标。

（3）加强管理、做好维护

实施农村"雪亮工程"，不仅要抓好建设，还要抓好管理、保养、维护等工作。基层党委和政府要建立健全视频监控常态巡检工作机制，经常组织相关工作人员学习设备运行及日常维护知识，切实提高农村"雪亮工程"运行管理能力和水平。要督促网络运营公司定期做好维护保养工作，明确维护责任人，公布联系电话，对监控探头、辅光灯等硬件设施要定期进行保养，对发现的故障要及时维修解决，确保所有的视频监控都能全天候有效运转，而不是"稻草人"、摆设，更好推动"雪亮工程"在农村社会安全治理中发挥应有的作用。

十二、优化产业链条构成要素

（一）提升从业人员整体水平

我国传统农业生态思想在几千年的农业生产实践中发挥了巨大的作用，它的合理内核在于强调农业产业活动中各要素之间的和谐统一。重构专业化、组织化、社会化、集约化的新型农业经营体系，是发展现代化农业的客观需要，关系到现代化农业的发展方向，关系到是否能彻底改变农村的落后面貌。农村产业的融合发展要求具有雄厚的经济实力和强大的经营能力。让农民个人直接参与经营不现实，可通过新型农业经营主体的组织和引导，集中规模较小的个体农户，转变为直接参与或间接参与的农业经营主体。新型农业经营主体较传统的农业经营主体有本质上的区别，培育了农民合作社、家庭农场、专业大户等新形式，在家庭承包经营的基础上，以提高农业生产力、壮大集体经济实力为目的，调动了农民的生产积极性，适应了快速发展的社会主义市场经济体制，建立起了一种集专业化、组织化、社会化为一体的现代农业生产经营组织形式。新型农业经营主体的建立有利于保障我国农业的健康发展，更好地推动农业现代化。

第一，因人而异实施层次培训，提升经营主体综合素质。农民的现代化决定了农业的现代化，调查研究发现，传统的农业经营主体以妇女、老人为主，受教育水平低下，经营规模小，盈利经常处于亏损状态，农业劳动力呈现老龄化、低文化趋势，这就要求新型农业经营主体的受教育水平更高，更加年轻化，男性比例提高。有文化、掌握现代农业生产技术的高素质新型农业经营主体，能快速提高农业生产效率，调动农民的积极性和创造性。政府相关部门也应加大扶持力度，通过完善对农业从业人员的培育政策、拓宽教育培训途径等加强对农民的职业教育，同时还要通过资金激励手段鼓励优秀人才回到农村创业。

第二，整合低下经营模式，推动优势经营主体发展。根据规模经济理论，一定时期内，农业适度规模经营的扩大有利于解决农户生产方式效率低的问题。传统经营模式小且分布零散，无法进行机械化作业和标准化生产，为提高农产品的竞争地位，提高农民收入水平，必须走集约化、规模化道路，将土地从劳动力较弱的农民手里转移到龙头企业或农业大户手中，提高资源利用率，释放更多的土地用来扩大生产规模，进行现代化生产经营，从根本上解决"大市场"与"小生产"之间的矛盾。

（二）完善融合保障体系

要彻底突破第一、第二、第三产业要素瓶颈的制约，培育农村第一、第二、第三产业融合发展的新动能。

第一，要突破"地"的要素制约，充分保障土地供给量。农村土地面积极其有限，农村用地需求不断增加，如何在保障耕地面积的同时，又能满足农村产业用地需求是乡村振兴、农民富裕必先解决的焦点问题。盘活土地存量，是快速缓解用地矛盾的有效方法，建议政府等相关部门开展土地综合整治工作，完善新增建设用地的供给机制，优化农村土地布局，各地区在用地计划中，要将农村第一、第二、第三产业融合发展用地加入进去，在开发废弃工厂、医院或学校旧址等建设土地时，优先考虑农村产业发展的用地问题，挖掘农村闲置资源，释放农村土地存量，精准利用土地资源。同时要加快土地流转机制，通过政府补贴、扶持、租赁、入股等机制，激发农民参与土地流转的积极性。

第二，要突破"钱"的要素制约。要用好政府的钱，吸引社会的资本。要丰富贷款抵押方式，积极推进农村承包土地经营权和农民住房财产权抵押贷款试点，让农民手上的"死资产"变活。政府应该优化投资结构，将固定资产投资继续向农村三大产业融合发展倾倒，建立起基础牢固、发展长远、影响深远的全局性工程；同时应加快改变农业基础设施薄弱状况，提高农业补贴政策的指向性和精确性，为乡村带来资金流，营造良好的融资环境，满足乡村振兴多样化的金融需求，不断激发农村资源资产的金融活力。

第三，要突破"人"的要素制约。首先，要健全人才培养培训体系，通过对农民进行教育，培养一批掌握先进农业技术和现代化管理知识的新型农业专业人才；其次，政府相关部门应下发文件或政策鼓励有知识、高素质的年轻人投身于乡村振兴，并给予优惠保障政策，尤其在人员编制、工资待遇、人才流动等方面给予制度上的保障，加快完善农村的公共配套服务，改善农村生活环境，让农村人享受与城市一样的生活品质，除此之外，还可通过建立实训基地、创业孵化基地、交流合作平台等方式，全面培养一支爱农村、懂农业、有文化、懂技术的优秀人才队伍，为农村三大产业融合发展提供人才支撑。

（三）健全第一、第二、第三产业利益联结体系

利益联结机制松散，导致农业产业化经营过程不畅。如何保障多方利益，是现代农业产业化过程中的突出问题。构建合理的利益联结机制能保障龙头企业与农户之间的利益均衡分配，有效解决小农户与大市场之间的现实矛盾，具有十分重要的现实意义，具体措施如下。

第一，要建立风险防范保障制度。农业生产受自然条件影响呈现不稳定性，应积极实行农业保险、农产品收购保护价（保证高于市场收益），将市场价格波动或自然灾害所造成的损失降到最低，提高企业与农户的风险防范能力。

第二，要鼓励发展合作制和股份合作制，与企业签订农业经营股份合作协议，合理建立分红机制，农户在企业中以劳动、资本、土地、技术入股，拥有股份并参与企业的监督管理，将农业生产各环节所得利润与农民利益联结在一起，引导农民提高自我发展和生产的积极性，形成利益共享、风险共担的利益共同体。龙头企业往往很难与散户进行直接对接，可通过建立农业协会组织负责协调，形成"企业＋协会＋农户"的模式，在这种利益联结模式下，农户和企业的经济利益都能得到保障。

第三，要建立健全监督约束机制。企业应与农民签订农产品购销合同，以平等互利为原则，严格规范合同内容，避免产生违约现象。各主体要明晰责任，由松散的市场交易关系转化为严格紧密的利益协调关系。要加快完善购销合同，加大违约惩罚力度，有效规范各主体行为。

十三、突出产业集群效应

农业产业集群是农业发展到一定阶段的标志性形态，是社会分工逐渐细化、专业化程度不断提高、社会不断进步的产物，是一个组织经济发展的创造性活动，代表着农业这个基础性产业告别传统进入现代化阶段，并由低级到高级不断发展的过程。

产业集群的各主体从地理位置上看是相邻的，同在某一个相关的产业领域，参与互动，因农业产业的空间布局相对集中，各经营主体又相互联系分工协作，存在共性且优势互补，可快速提高经济效益，逐步实现产品、功能、结构的升级和优化，形成既合作又竞争的强劲局面。

（一）重点培育区域龙头企业

受根深蒂固的传统思想影响，农民习惯过自给自足的生活，但是这个想法早已跟不上社会快速发展的步伐。培育区域龙头企业是一条快速提高农业产业化水平、调整农业产业结构的重要途径，有利于增加农业经济综合效益和农民收入，促进农业的现代化发展。

第一，应因地制宜地选择该地区有产业联系的中小企业，并将其聚集到一起，以企业收购、兼并或融资、控股为手段，尽可能地形成具有一定规模的大型骨干企业，进行集中扶持，这些龙头企业应符合国家产业政策，具备良好的区位优势、产业优势、经济优势，同时具备较强的带动能力，能够参与国际竞争，推动整个地区的发展。

第二，在龙头企业形成之后，应继续跟进企业农产品加工的各个细节，选择性地加以帮扶，例如，要改进传统的农产品加工方式，重视农产品的深加工，开展多元化经营。同时要对龙头企业提供培训服务，着重于技术创新，督促龙头企业引进新技术新工艺，更新生产设备；当然，也要注意保护环境，及时宣传污染治理；加大金融支持力度和优惠政策，外联市场，内联基地和农户，形成标准化基地建设，及时扩建以便跟上规模化发展，还要学习运用先进的信息技术，发展网上交易城、电子商务平台和物流配送中心等；要以订单方式为主，使企业与农户建立作为相对稳定的生产销售关系，共同发展，相互依存，促进农业的转型升级，逐步形成产业化、规模化的现代化农业生产。

（二）深度整合集群资源

第一，要建立权威的行业协会，提供社会服务保障。目前来看，农业服务机构的数量并不多，质量也参差不齐，然而农业产业集群的优化和升级，离不开权威行业协会的建立。行业协会是以提供专业化服务为目的的社团组织，主要职能：负责行业运营、营销推广、产业运作，提供市场的信息指导、技术推广服务和培训教育，密切联系政府与农民、农户与市场，对集群内部各主体进行监督等，快速有效地改善农村产业发展中存在的市场信息获取不及时、生产方式单一、技术落后等问题。

行业协会形式多样，例如，农民合作经济组织、中介组织、农产品行业协会等。在发达国家，行业协会早已进行了普遍推广，它们以制定符合产业发展规定的标准或规章制度为前提，对农业产业集群各主体进行管理和监督，成为促进农业产业化、市场化、规模化发展的重要力量。但是农业产业化的发展单纯依靠农户个人的力量是远远不够的，所以在建立农业协会等服务机构的同时，要发挥政府的规范引导作用，对农业的发展给予大力支持，积极鼓励引进先进生产技术和管理模式，利用农业信息网络实现数据资源和信息资源的共享，以促进农业产业结构的优化和升级，实现农民增收、政府管理有效的双赢局面。

第二，要积极鼓励农户参与建立专业化生产基地。农户是整个农业生产与发展的主体，农户的广泛支持与努力对于农业产业集群的建立极其重要，在政府和广大行业协会的引导下，农户以极高的热情切实参与农业生产，是推动乡村振兴战略工作的重要保障，因此，应充分发挥农户的作用，以资金或土地等要素参与入股来提高农户的利益，满足农户的经济诉求，使农户与企业共同承担风险与利益，提高其积极性。同时，要鼓励农户建立专业化、标准化、规模化的生产基地，这是龙头企业发展的需要。另外，龙头企业和广大服务性的行业协会要做好带头和引领工作，提供市场最新消息及技术推广，基础设施也要配套，这样专业化的生产基地才能有效提高市场的竞争力，扩大农产品在本区域的影响力，更好地促进农业现代化的发展。

参 考 文 献

［1］ 王宝升 . 地域文化与乡村振兴设计 [M]. 长沙：湖南大学出版社，2018.

［2］ 张禧，毛平，赵晓霞 . 乡村振兴战略背景下的农村社会发展研究 [M]. 成都：
西南交通大学出版社，2018.

［3］ 赵皇根，宋炼钢，陈韬 . 振兴乡村旅游理论与实践 [M]. 徐州：中国矿业大
学出版社，2018.

［4］ 李长滨 . 大数据与美丽乡村建设 [M]. 长沙：湖南大学出版社，2018.

［5］ 傅大放，闵鹤群，朱腾义 . 生态养生型美丽乡村建设技术 [M]. 南京：东南
大学出版社，2018.

［6］ 朱平国，卢勋 . 居有其所：美丽乡村建设 [M]. 北京：中国民主法制出版社，
2016.

［7］ 庞智强 . 美丽乡村建设的康县模式 [M]. 北京：中国经济出版社，2016.

［8］ 杜娜 . 美丽乡村建设研究与海南实践 [M]. 北京：科学技术文献出版社，
2016.

［9］ 杨巧利，马艳红，贾天惠 . 美丽乡村建设 [M]. 北京：中国农业科学技术出
版社，2018.

［10］ 胡巧虎，胡晓金，李学军 . 生态农业与美丽乡村建设 [M]. 北京：中国农业
科学技术出版社，2017.

［11］ 刘志，耿凡 . 现代农业与美丽乡村建设 [M]. 北京：中国农业科学技术出版
社，2015.

［12］ 吴洪凯，许静 . 生态农业与美丽乡村建设 [M]. 北京：中国农业科学技术出
版社，2015.

［13］ 刘旭，唐华俊，尹昌斌 . 农业发展方式转变与美丽乡村建设战略研究 [M].
北京：科学出版社，2018.

［14］ 卢伟娜，李华，许红寨 . 农业生态环境与美丽乡村建设 [M]. 北京：中国农业科学技术出版社，2015.

［15］ 乔宏 . 基于乡村振兴战略的农业园区金融支持研究 [M]. 长春：吉林大学出版社，2010.

［16］ 傅春，唐安来，吴登飞 . 乡村振兴：江西美丽乡村建设的路径与模式 [M]. 南昌：江西人民出版社，2017.

［17］ 顾益康 . 实施乡村振兴战略的创新路径与改革举措 [J]. 浙江经济,2018(06)：17-19.

［18］ 修楠 . 乡村振兴背景下美丽乡村建设的实践与思考——以南京市浦口区水墨大埝为例 [J]. 中共合肥市委党校学报，2018（06）：36-38.

［19］ 崇左市乡村办 . 崇左市：以美丽乡村建设为抓手 推进实施乡村振兴战略 [J]. 广西经济，2018（02）：28-29.